本书受河南省软科学研究项目"人工智能赋能制造业价值链升级的作用
（222400410142）；河南省哲学社会科学规划项目"人工智能创新
应性治理研究"（2021cjj126）；河南省高等学校重点科研项目"河
转化的影响因素、模式创新及经济效应"（21A630004）；河南财纟
研项目"全球价值链视角下中国贸易摩擦治理政策研究：理论分析与政策设计"的资助

技术壁垒对我国高技术产品出口的影响研究

蔡静静◎著

Research on the Effect of
Technical Barriers to
Trade on China's High-tech
Products Export

经济管理出版社
ECONOMY & MANAGEMENT PUBLISHING HOUSE

图书在版编目（CIP）数据

技术壁垒对我国高技术产品出口的影响研究/蔡静静著．—北京：经济管理出版社，2022.12
ISBN 978-7-5096-8909-7

Ⅰ．①技…　Ⅱ．①蔡…　Ⅲ．①技术贸易—贸易壁垒—影响—高技术产品—出口贸易—研究—中国　Ⅳ．①F752.62

中国版本图书馆 CIP 数据核字（2022）第 255601 号

组稿编辑：张巧梅
责任编辑：张巧梅　白　毅
责任印制：许　艳
责任校对：董杉珊

出版发行：经济管理出版社
　　　　　（北京市海淀区北蜂窝 8 号中雅大厦 A 座 11 层　100038）
网　　址：www.E-mp.com.cn
电　　话：(010) 51915602
印　　刷：北京晨旭印刷厂
经　　销：新华书店
开　　本：720mm×1000mm/16
印　　张：14
字　　数：228 千字
版　　次：2023 年 2 月第 1 版　　2023 年 2 月第 1 次印刷
书　　号：ISBN 978-7-5096-8909-7
定　　价：88.00 元

前　言

　　技术壁垒是在当前全球贸易摩擦不断蔓延和升级背景下拓展出的新型非关税壁垒。经济全球化背景下全球经济竞争方式和手段日趋多元化，科技竞争成为全球竞争的核心，创新驱动发展已成为世界各国保持经济持续增长、不断提升国家竞争力、适应经济社会需求深刻变化的关键战略。以要素和投资驱动的发展方式已逐步转变为以创新驱动的发展方式，跨国经营、产业与科技的深度融合使国际贸易领域从传统贸易方式向技术领域不断拓展。全球贸易摩擦呈现出新的特征和趋势，贸易摩擦对象由传统产业向高技术、新兴产业转移，贸易摩擦形式则由传统的贸易救济手段向技术壁垒拓展。随着我国全球贸易地位的迅速崛起和高技术产品出口的快速增长，近年来我国遭遇的许多国外技术壁垒开始以知识产权保护为支撑，其中影响最深的当数对知识产权保护最为敏感的高技术产品，我国的高技术产品出口贸易正在遭受技术含量颇高的技术壁垒。因此，研究国外技术壁垒对我国高技术产品出口的影响，成为我国政府完善贸易摩擦治理机制和出口企业冲破进口国技术壁垒的关键问题。

　　本书正是在国际政治经济形势急剧变化、贸易保护主义形势日益严峻的现实背景下，在借鉴国内外相关研究的基础上，基于系统思维综合运用管理科学、技术经济、产业经济、公共政策与计量经济学等多学科理论与方法，研究国外技术壁垒对我国高技术产品出口的影响。本书主要研究内容和创新点包括以下几点：

　　（1）从技术壁垒形成的理论前提与内在动机着手，全面揭示了技术壁垒的形成机理与作用机制。具体地讲，从贸易保护、市场失灵、"南北"差异以及博弈论等多个角度阐释技术壁垒的形成机理；从价格抑制、数量控制以及动态作用三个方面全面解析技术壁垒的作用机制。这为下文构建技术壁垒影响出口贸易的理论框架及进行实证分析奠定了理论基础。

（2）本书综合全球视角和典型国家视角，分析了技术壁垒的实践特征，揭示了我国高技术产品出口遭遇进口国技术壁垒的现状特征和趋势。本书全面收集1995~2016年全球技术壁垒通报数据，并基于全球视角和典型国家视角，构建了全球技术壁垒大样本案例库，深入剖析了全球技术壁垒的实践特征和发展趋势；基于对我国高技术产品出口现状的多维度分析，揭示了我国高技术产品出口遭遇进口国技术壁垒的现状特征和趋势。

（3）本书还揭示了技术壁垒对产品出口的影响机制，构建了技术壁垒影响我国高技术产品出口规模的扩展引力模型，多维度剖析了技术壁垒对我国高技术产品出口规模的影响。本书从理论分析与实证检验两个方面全面解析技术壁垒对我国高技术产品出口规模的影响。在理论分析方面，本书以技术经济学分析的理论框架为基础，揭示了技术壁垒对出口贸易的抑制机制与促进机制；在实证分析方面，考虑高技术产品对知识产权保护的敏感性，本书构建了技术壁垒影响我国高技术产品出口规模的扩展引力模型，并运用平衡面板数据对理论模型进行验证，在识别高技术产品出口影响因素的同时，进一步从总体层面、国家层面、行业层面以及国家—行业层面多维度剖析了技术壁垒与我国高技术产品出口规模间的关系。

（4）基于技术创新与演化博弈理论，从出口企业技术创新的意愿、资源配置、策略选择与创新效果四个层面，分层次深入剖析了技术壁垒对我国高技术产品出口企业技术创新的影响。本书综合运用技术创新与演化博弈理论，在对出口企业技术创新意愿的产生和差异性分析的基础上，构建了技术壁垒下出口企业技术创新意愿分析框架；从出口企业技术创新资源的配置路径、系统构成以及影响机制三个维度，分析了技术壁垒下出口企业技术创新的资源配置效应；基于技术壁垒下出口企业技术创新策略选择模型的演化稳定分析，揭示了技术壁垒下影响出口企业技术创新策略选择的关键因素；通过理论模型构建和实证检验相结合，分析了技术壁垒对我国高技术产品出口企业技术创新效果的影响，揭示了技术壁垒对我国高技术产品出口企业技术创新的影响动因。

目　录

第1章 绪论

在经济全球化背景下，全球经济、贸易竞争方式和手段日趋多元化，科技竞争成为全球竞争的核心之一，创新驱动发展已成为世界各国保持经济持续增长、不断提升国家竞争力、适应经济社会需求深刻变化的关键战略。以要素和投资驱动的发展方式已逐步转变为以创新驱动的发展方式，跨国经营、产业与科技的深度融合使国际贸易领域从传统贸易方式向技术领域不断扩展。全球贸易摩擦呈现出新的特征和趋势，贸易摩擦产生的领域由传统产业向高技术、新兴产业领域转移，贸易摩擦形式则由传统的贸易救济手段向技术壁垒扩展。在此背景下，本章紧密结合全球政治、经济、贸易发展背景，从理论和实践两个层面，阐述了本书的重要意义；对技术壁垒和高技术产品的相关概念进行了界定；明确了本书的研究内容、研究方法、结构安排与主要创新点。

1.1 研究背景与意义

1.1.1 研究背景

受全球范围内经济复苏缓慢及各国关税水平不断降低等因素的影响，非关税措施（Non-Tariff Measures，NTMs），特别是技术性措施正以其灵活多样和科学隐蔽等特点被各国越来越多地采用，以实现各国政府制定的目标。为规范世界贸易组织（WTO）各成员的贸易行为，平衡各成员间的权利和义务，减少和消除贸易中的技术壁垒，最大限度地实现国际贸易自由化和便利化，各缔约方签署了《技术壁垒协定》（TBT 协定）。近年来，将技术性措施作为贸易壁垒，即以技术壁垒（Technical Barriers to Trade，TBT）的形式对本国进出口贸易进行干预和调节也愈加成为新形势下贸易保护主义所广泛采用的手段（Ghodsi，2018）。2017 年世界贸易组织（WTO）秘书处数据显示，2016 年世界贸易组织（WTO）成员国共提交 2324 份（包含勘误）技术壁垒通报。2016 年国家质检总局发布的国外技术性措施对中国出口企业影响调查结果显示：2015 年有 40.0% 的出口企业受到国外技术性措施不同程度的影响，全年出口贸易直接损失 933.8 亿美元，比 2014 年增加 178.6 亿美元，占同期出口额的 4.1%，比 2014 年上升 0.9 个百分点；企业新增成本 247.5 亿美元，比 2014 年增加 25.3 亿美元，占同期出口额的 1.1%。对中国企业出口影响较大的国家和地区是欧盟、美国，受国外技术性措施影响较大的产品则是机电仪器、化矿金属、纺织鞋帽等，具体如表 1-1、表 1-2 所示①。通报数量的上升以及贸易损失的增加，表明了技术壁垒因特有的技术性、针对性和隐蔽性等特点，已成为各成员国用来保护本国产业的手段（Trentin 等，2015）。

表 1-1　2015 年对中国企业出口损失影响排名前五的国家和地区

国家和地区	出口贸易直接损失比重（%）
欧盟	30.0
美国	23.3
拉美	8.1
东盟	7.2
非洲	7.1

资料来源：国家质量监督检验检疫总局 http：//www.aqsiq.gov.cn，经笔者整理所得。

表 1-2　2015 年中国受国外技术性措施影响排名前五的产品类别

产品类别	出口贸易直接损失比重（%）
机电仪器	43.6
化矿金属	20.2

① 详见中国质量新闻网 http：//www.cqn.com.cn/zgzlb/content/2016-12/12/content_3702568.htm。

续表

产品类别	出口贸易直接损失比重（%）
纺织鞋帽	15.6
木材纸张非金属	6.0
农食产品	5.3

资料来源：国家质量监督检验检疫总局 http：//www. aqsiq. gov. cn，经笔者整理所得。

当前，我国经济已由高速增长阶段转向高质量发展阶段，正处在转变发展方式、优化经济结构、转换增长动力的攻关期①。实践表明，我国必须走"以质取胜"的发展道路，建设"制造强国"，实现由"中国制造"向"中国创造"的转变、"中国速度"向"中国质量"的转变、"中国产品"向"中国品牌"的转变，完成"中国制造"由"大"变"强"；我国制造业的主要行业和战略性新兴产业②的产品质量标准应接近或达到国际先进水平，涉及民生产品的安全、健康、环保指标需要达到法律法规和强制性标准要求。大力发展高技术产业是实施创新驱动发展战略的核心要点，不仅能够推动我国制造业从中低端向中高端转变，更会带来经济增长、经济结构优化以及技术溢出等多重积极效应。

2000 年以来，我国高技术产品出口贸易增长迅速。2000 年，我国高技术产品出口贸易总额为 370 亿美元，贸易逆差额为 117 亿美元，占所有商品出口额的14.9%。到 2015 年，高技术产品出口贸易总额达到 6553 亿美元，贸易顺差额为1060 亿美元，占所有商品出口额的 28.8%③，我国高技术产品出口已经迈入了快速发展的新的"黄金时代"。高技术产品出口额的快速增长，反映了我国制造业产品价值含量越来越高，这也是"中国制造"适应产业转型升级、应对全球经济快速发展的必然选择。但是，从当前我国高技术产品出口占比来看，有一定技术含量的标准技术产品出口较多，拥有自主知识产权的原创性研发产品数量相对不足，尤其是关键零部件等。事实上，近年来我国遭遇的国外技术壁垒多以知识

---

① 详见新华网 http：//www. xinhuanet. com/politics/19cpcnc/2017-10/27/c_1121867529. htm。

② 主要包括新一代信息技术产业、高档数控机床和机器人、航空航天装备、海洋工程装备及高技术船舶、先进轨道交通装备、节能与新能源汽车、电力装备、农机装备、新材料、生物医药及高性能医疗器械十个重点突破领域。

③ 中华人民共和国国家统计局. 中国统计年鉴［M］. 北京：中国统计出版社，2016.

产权保护为支撑，更有国家和地区直接以知识产权保护构筑更加隐蔽的技术壁垒，其中波及最深的是对知识产权保护最为敏感的高技术产品，我国的高技术产品出口贸易正在面临技术含量颇高的技术壁垒。

1.1.2 研究目的与意义

技术壁垒是在当前全球贸易摩擦不断蔓延和升级背景下拓展出的新型非关税壁垒。自 1995 年世界贸易组织（WTO）开始实行《技术壁垒协定》之后，技术壁垒的相关研究已受到广泛重视。学者们从不同角度出发研究技术壁垒对产品出口的影响，发现进口国技术壁垒引致的出口成本的增加会严重影响产品的出口规模，进而影响出口企业的资源配置和生产经营战略。目前，大多数关于技术壁垒的文献，集中在对农产品出口的影响研究方面，并未就技术壁垒对高技术产品出口的影响进行深入探究。随着高技术产品在产业结构调整升级和全球价值链体系中的地位日益凸显，如何冲破进口国技术壁垒，运用相关技术法规和技术标准合法地保护高技术产品出口的同时倒逼技术的发展，成为我国由"贸易大国"和"制造大国"向"贸易强国"和"制造强国"转变的重要任务，这更是贯彻落实党的十九大报告中"贯彻新发展理念，建设现代化经济体系"的迫切需要。可见，研究进口国技术壁垒对我国高技术产品出口的影响具有重要意义。

1.1.2.1 理论意义

从理论层面来看，当前针对贸易摩擦的研究主要是从法律、政治经济学等方面展开，对反倾销、反补贴等传统贸易摩擦形式的研究较多，对技术壁垒等新型贸易摩擦形式的研究较少。尤其是基于系统科学和宏观管理角度，将技术壁垒作为系统研究对象，深入剖析技术壁垒给具体产业带来影响的相关研究较为欠缺。随着后危机时代的到来，高技术产业在全球各国经济中的地位越来越高、影响越来越大，高技术产品贸易摩擦也不仅仅针对具体涉案企业，而是会对整个行业、产业造成直接的冲击。贸易摩擦尤其是非关税壁垒对我国高技术产品出口规模和出口的影响是当前亟待研究的重要课题。本书着眼于技术壁垒这一更为灵活隐蔽的非关税壁垒对我国高技术产品出口的影响，能够丰富现有的研究。同时，本书在对技术壁垒产生的历史渊源、实施的理论前提和内在动机进行全面深入梳理并分析的基础上，基于系统思维运用管理科学、技术经济以及产业安全等理论系统深入地分析技术壁垒的作用机理和对出口贸易的影响机制；探索相应的模型与方法来实证考察技术壁垒对我国高技术产品出口的多重影响，提高产业升级与贸易治理政策的科学性和针对性，对于产业政策和贸易政策领域的研究具有较强的理论意义。所以，本书丰富了技术壁垒影响产品出口的复杂性研究。

1.1.2.2　现实意义

从实践层面来看，《技术壁垒协定》规定进口国可以制定产品的技术法规和技术标准来保护其基本安全利益，但若是技术法规对贸易的限制超过其为实现合法目标所必需的限度，那技术壁垒就会变成其实行贸易保护主义的手段和借口。即便并非出于贸易保护主义目的的技术法规和技术标准，也会对贸易产生一定的限制效应，因为出口国企业必须调整出口产品的生产以满足进口国的要求，这种符合成本（Compliance Cost）的存在，可能会影响甚至阻碍两国贸易的正常发展。而技术法规和技术标准会因进口国的个体差异而表现为不同的形式，无形中会再次增加出口国企业的成本，技术壁垒正在逐渐成为各国企业出口所遭遇的普遍障碍。当前，技术壁垒已经超越反倾销、反补贴等传统贸易摩擦，成为我国企业出口遭遇的最大非关税壁垒。此外，在国际竞争异常激烈的今天，高技术产业已经成为全球经济中最具成长性的行业，高技术产品出口比重的大小逐渐成为衡量一个国家科技、经济实力的重要标志。近年来，我国出口商品结构发生了实质性变化，高技术产品出口在对外贸易出口中的占比逐年上升，但仍未成为主导出口产品。从技术壁垒的发展趋势来看，发达国家在开发和应用中占有垄断优势地位，高技术产品所需要和涉及的规则、标准以及协议基本上由发达国家制定，发展中国家只能遵守和执行，处于明显的从属地位，且技术壁垒具有合理性、隐蔽性、歧视性、灵活性、双重性、针对性等特点，天然适合作为高技术产品贸易保护手段。主要进口国技术壁垒实施情况、合理利用其对我国高技术产品出口的积极影响并有效规避消极影响，成为我们亟须研究的重要课题。因此在全面认识技术壁垒的基础上，客观分析全球技术壁垒实践以及我国高技术产品出口遭遇技术壁垒的现状，深度考察技术壁垒对我国高技术产品出口的多重影响，不仅对维护高技术产业安全、提升高技术产品的国际竞争力以及跨国企业的经营能力具有重要作用，而且对于完善我国贸易摩擦治理机制同样具有重大的实践意义。

综上所述，本书充分借鉴现有研究成果，从系统科学、产业发展以及管理决策视角出发，就技术壁垒对我国高技术产品出口的影响展开研究。本书注重理论与实证的结合。理论层面，系统梳理技术壁垒领域相关研究成果，提出现有研究的局限和有待解决的理论问题；实证层面，运用面板数据和扩展引力模型从宏观的总体层面和中观的产业层面实证分析技术壁垒对我国高技术产品出口规模的影响，并基于技术创新与演化博弈理论从微观层面考察技术壁垒对我国高技术产品出口企业技术创新的影响。在此基础上，结合我国贸易政策决策实践和高技术产品特性，从政府宏观管理与企业微观应对层面出发，提出我国高技术产品出口应对国外技术壁垒的策略措施，旨在为我国政府完善贸易摩擦治理机制提供理论依据与现实参考。

1.2 相关概念界定

1.2.1 非关税壁垒

1.2.1.1 非关税壁垒的概念

非关税壁垒（Non-Tariff Barrier），通常也被称为非关税措施（Non-Tariff Measures，NTMs），有别于普通关税的政策措施，这些措施可对国际货物贸易产生潜在的影响，能够改变贸易流量、价格或同时改变这两个方面①。鉴于这一定义较为宽泛，为了更好地确定和区分各种不同形式的非关税措施，对其进行详细分类具有至关重要的意义。

1.2.1.2 非关税壁垒的分类

早在 20 世纪 80 年代，联合国贸易和发展会议（UNCTAD）（以下简称联合国贸发会）就一直积极开展有关非关税措施的相关研究及项目活动。1994 年，联合国贸发会根据自定义的贸易控制措施编码体系（TCMCS）对非关税措施进行分

---

① 详见 http://unctad.org/en/Pages/DITC/Trade-Analysis/Non-Tariff-Measures/What-are-NTMs.aspx。

类，建立了贸易分析与信息系统（Trade Analysis and Information System），这后来也成为收集非关税措施公开信息最全面的数据库。2007~2012 年，联合国贸发会与世界银行、世界贸易组织、经合组织以及国际货币基金组织等多个国际组织的研究小组联合讨论提出有关非关税措施的新的分类，即 UNCTAD（2012）。UNCTAD（2012）将非关税措施分为 16 大类，不仅评述了每大类所包含的各项措施，并在多数情况下提供了有益的例证，以更好地说明问题。各类别如表 1-3 所示。

表 1-3　非关税措施分类

	技术性措施	A 卫生和植物检疫措施
		B 技术壁垒
		C 装运前检验和其他手续
进口	非技术性措施	D 条件性贸易保护措施
		E 出于非卫生和植物检疫或技术壁垒原因而实施的非自动许可、配额、禁令和数量控制措施
		F 价格控制措施，包括额外税费
		G 财政措施
		H 影响竞争的措施
		I 与贸易有关的投资措施
		J 分销限制
		K 售后服务限制
		L 补贴（不包括归入 P7 类的出口补贴）
		M 政府采购限制
		N 知识产权
		O 原产地规则
出口		P 与出口有关的措施

资料来源：联合国贸易和发展会议网站 http://unctad.org/en/PublicationsLibrary/ditctab20122_ch.pdf，经笔者整理所得。

1.2.2　技术壁垒

1.2.2.1　技术性措施

在定义技术壁垒的概念之前，我们有必要了解技术性措施（Technical Measures to Trade) 的概念。根据世界贸易组织（WTO）的定义，技术性措施是指一个国家为合理有序地保证本国国际贸易，以保障国家安全、保护人类健康和安全以及保护环境为目的，对进口商品的品质、安全性能、使用性能、设计及标签说明、包装和产地等做出的技术规定等有效措施。现实中各国实施的技术性措施具有名义上的合理性、形式上的复杂性、内涵上的歧视性、手段上的隐蔽性、提法上的巧妙性、领域上的广泛性以及发展上的动态性等特点。

1.2.2.2 技术壁垒

技术壁垒也称技术性贸易壁垒（Technical Barriers to Trade），是指一个国家以保障国家安全、保护人类健康和安全以及保护环境为目的制定或实施的技术法规、技术标准、合格评定程序及标签标志等技术要求，这些技术措施以限制货物的进口为目的，故意将技术性措施复杂化，甚至使用国内和国外有差别地带有歧视性的双重标准，那么这些技术性措施就成为干扰自由贸易的严重障碍，起到了贸易壁垒的作用。

英文"Barriers"指事物发展进程中遇到的一种障碍，至于这个障碍是客观存在的还是刻意人为的，需要另行界定。世界贸易组织（WTO）的《技术壁垒协议》在考虑了各成员国在偏好、收入、地理状况和其他方面存在合理差异的情况下，赋予各成员国在制定、采用和实施本国技术壁垒方面很大的灵活性。因此一些发达国家以其经济、技术优势对某些参与国际贸易的产品制定和实施很高的技术标准，利用技术壁垒来限制外国相关产品的进入，以保护本国市场和相关产业。由此技术壁垒就成了贸易保护的手段之一，阻碍或限制了国际贸易。

1.2.2.3 技术性措施与技术壁垒的关系

由以上定义可以看出，技术壁垒的设置从表面上来看通常是合理并且合法的，诸如以维护国家安全、保护人类健康和安全、保护生态环境、防止欺诈等为借口，具有形式上的合理、合法性。技术壁垒是由技术法规、技术标准以及合格评定程序等技术性措施构成的。但是反过来，并不是所有的技术性措施都是技术壁垒。

技术壁垒的形成动机具有主观与客观两种形式。有些技术壁垒是某些进口国故意设置的，具有一定的歧视性；而有些技术壁垒的设置并不是出于设置国的主观意愿，有可能是由产品进口国和出口国之间标准、技术和文化的客观差异造成的。但无论是主观动机还是客观动机，若都已对国际贸易造成了不必要的障碍，便形成了贸易壁垒，即技术壁垒。技术壁垒给国际贸易造成不必要的障碍，这是技术壁垒对经济、贸易影响的结果，也是判断一项技术性措施是否为技术壁垒的重要依据。

技术性措施与技术壁垒的关系如图1-1所示。

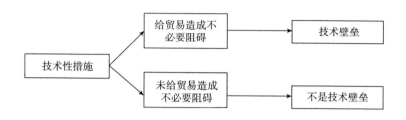

图1-1 技术性措施与技术壁垒的关系

1.2.3 高技术产品

1.2.3.1 经济合作与发展组织（OECD）关于高技术产业的概念界定

国际上界定高技术产业（High-tech Industry）的基本依据通常是技术密集度（即 R&D① 经费投入强度或 R&D 人员投入强度）。1986 年，经济合作与发展组织（OECD）首次正式提出高技术产业的定义，用 R&D 经费投入强度（R&D 经费/总产值）作为界定高技术产业的标准。经济合作与发展组织（OECD）按照国际标准产业分类第 2 版（ISIC-Rev. 2），并依据 20 世纪 80 年代初 13 个经济合作与发展组织（OECD）成员国的有关数据，将技术密集度明显较高的 6 类产业——航空航天制造业、计算机及办公设备制造业、电子及通信设备制造业、医药品制造业、专用科学仪器设备制造业和电气机械及设备制造业确定为高技术产业。

随着经济发展中知识和技术因素占比的增大，产业 R&D 经费投入强度发生了重大变化。因此 1994 年，经济合作与发展组织（OECD）重新计算了制造业的 R&D 经费投入强度。采用 R&D 经费总投入（直接 R&D 经费投入与间接 R&D 经费投入总和）/总产值、直接 R&D 经费投入/总产值、直接 R&D 经费/增加值三个指标，并使用 1973~1992 年 10 个经济合作与发展组织（OECD）典型成员国的相关数据，将技术密集度较高的四类产业：航空航天制造业、计算机及办公设

---

① R&D（即研究与试验发展）是指在科学技术领域，为增加知识总量以及运用这些知识创造新的应用而进行的系统的创造性活动。

备制造业、电子及通信设备制造业以及医药品制造业确定为高技术产业。

随着国际标准产业分类第 3 版（ISIC-Rev.3）的广泛使用，2001 年，经济合作与发展组织（OECD）根据 ISIC-Rev.3 重新界定了高技术产业的分类标准，根据 1991~1997 年 13 个成员国的平均 R&D 经费投入强度（R&D 经费投入/总产值和 R&D 经费投入/增加值），将制造业中的 5 类产业——航空航天制造业，医药制造业，计算机及办公设备制造业，电子及通信设备制造业，医疗、精密和光学科学仪器制造业确定为高技术产业。

1.2.3.2 高技术产品的概念界定

我国高技术产业发展较西方国家起步稍晚，2002 年，国家统计局制定了《高技术产业统计分类目录》（国统字〔2002〕33 号）。2013 年，为界定高技术产业（制造业）统计范围，以《国民经济行业分类》（GB/T 4754—2011）为基础，并借鉴经济合作与发展组织（OECD）关于高技术产业的界定和分类方法，在《高技术产业统计分类目录》（国统字〔2002〕33 号）的基础上修订完成高技术产业（制造业）分类（2013），2013 年版采用了原分类的基本结构框架（详见附录 A）。

我国高技术产业（制造业）是指国民经济行业中 R&D 投入强度（即 R&D 经费支出占主营业务收入的比重）相对较高的制造业行业，包括：医药制造，航空、航天器及设备制造，电子及通信设备制造，计算机及办公设备制造，医疗仪器设备及仪器仪表制造，信息化学品制造 6 大类。本书所涉及的高技术产品即为上述 6 大类高技术制造业行业所生产的产品。

1.3 研究内容与结构安排

1.3.1 研究内容与方法

1.3.1.1 研究内容

本书在当前国际政治经济格局深刻变化、贸易保护主义不断升级的宏观背景下，从保护国内产业安全、量化贸易壁垒影响、维护公平贸易环境、优化贸易摩擦治理机制的角度出发，基于系统思维，综合运用管理科学、技术经济、产业经济、计量经济学、案例分析以及数理统计等学科科学和方法，研究技术壁垒对我国高技术产品出口的影响。本书共分 7 章，具体研究内容如下：

第 1 章为绪论，阐述了本书的研究背景与研究意义，对相关概念进行界定，明确了本书的研究内容与结构安排，并提出本书的研究特色与创新点。

第 2 章为理论基础与文献综述。通过理论研究、文献梳理与资料收集，系统梳理技术壁垒的历史演进，分析与技术性措施相关的协定以及美国、欧盟、加拿大和中国等典型世界贸易组织（WTO）成员国的技术性措施。本书系统揭示技术壁垒的形成机理及作用机制，从贸易保护、市场失灵、"南北"差异以及博弈论四个角度分析技术壁垒的形成机理，阐述技术壁垒实施的理论前提和内在动机，从价格抑制、数量控制以及动态作用三个方面全面解析技术壁垒的作用机制，为下文有关技术壁垒影响出口贸易的理论框架的构建及实证检验奠定理论基础。本书比较分析国内外相关研究，梳理技术壁垒的概念与特征、形成机理和对出口贸易的影响，还对现有研究进行评述与借鉴，并提出重点研究方向。

第 3 章为全球技术壁垒概况及我国高技术产品出口遭遇技术壁垒的现状分析。运用数理统计方法，收集整理 1995～2016 年全球技术壁垒通报数量，详细分析全球技术壁垒的数量特征、标准分类特征和结果分布，剖析复杂经济、贸易、政治环境下全球技术壁垒的实践特征与趋势。以美国、欧盟、加拿大和中国为例，分析上述典型国家技术壁垒的实践特征。运用数理统计方法，从高技术产品的国际市场地位、总体贸易、出口国别和出口产品几个方面分析我国高技术产品出口现状及遭遇技术壁垒的现状与趋势。运用案例分析方法，分析 2015 年我国对最新遭遇国外有关高技术产品重点技术性措施的评议。

第 4 章为技术壁垒对我国高技术产品出口规模的影响。通过理论分析阐述技术壁垒对出口贸易的抑制作用和促进作用，进而在考虑到高技术产品特性的基础上，在引力模型中纳入技术壁垒相关变量，构建扩展的引力模型，采用 2000～2015 年我国同 22 个贸易伙伴国的平衡面板数据进行经验分析，从总体层面、国家层面、行业层面以及国家—行业层面等多个维度定量考察进口国设置的技术壁垒对我国高技术产品出口规模的影响。

第 5 章为技术壁垒对我国高技术产品出口企业技术创新的影响。基于技术创新与演化博弈理论，进一步从微观层面剖析技术壁垒对出口企业技术创新的影响。从理论层面建立技术壁垒下出口企业的技术创新意愿分析框架，剖析技术壁垒对出口企业的创新资源配置效应，进而构建出口企业技术创新策略选择模型；并构建面板数据模型，利用我国高技术产品相关数据对技术壁垒下出口企业的技术创新效果进行实证检验。

第6章为我国高技术产品出口应对技术壁垒的策略。本章根据前述章节的研究结论，提出了我国高技术产品出口遭遇国外技术壁垒时的应对策略。首先，从建立与技术壁垒通报国的磋商机制、推进与技术壁垒通报国的互相认证进程、培育中国标准国际竞争新优势、建立高技术产品技术标准监管体系以及加强对知识产权的管理与保护几个方面提出了在政府层面我国高技术产品出口应对技术壁垒的策略。其次，从积极主动表达对技术性措施的合理诉求、充分发挥供给侧结构改革的主体作用以及加强对科研人员和科研设备的投入力度三个方面给出了在企业层面我国高技术产品出口应对技术壁垒的几点策略。最后，从建立对技术壁垒通报法规的动态跟踪与分析机制、加强熟悉贸易规则和通报法规的律师团队建设以及推动高校与科研院所参与技术壁垒应对工作实务三个方面给出了行业协会、律师团队以及高校与科研院所三个主体应对我国高技术产品出口遭遇技术壁垒时的策略。

第7章为结论与展望。本章对全书主要研究工作和创新工作进行了总结，与此同时，还对不足之处进行了概括，并提出了未来的研究方向。

1.3.1.2 研究方法

本书综合运用系统科学、管理科学、产业经济以及计量经济学等相关学科理论，结合文献研究、实地调研、专家访谈和案例深描等多种方法，坚持理论分析与实证分析相结合、定量分析与定性分析相结合、结构化分析与动态分析相结合的科学研究方法。

在研究过程中进行大量的实地调研和专家访谈，注重理论和实践的紧密结合。走访相关涉案企业，从微观层面了解我国高技术产品出口企业参与国际化竞争面临的机遇、挑战以及当前遭遇技术壁垒的现状。调研高技术产业协会，从中观层面获取涉案产业发展的一手数据，剖析技术壁垒对我国高技术产业发展的多重影响。访谈政府相关负责人，从宏观层面探讨我国技术性措施实践与完善技术壁垒应对策略的关键问题。在理论与文献研究基础上，结合实证分析与调研访谈，深入剖析技术壁垒对我国高技术产品出口的影响，以期为我国政府相关部门制定和调整产业政策、完善贸易摩擦治理机制提供经验依据和事实参考。

1.3.2 研究技术路线图

根据研究内容与结构安排，提出本书的技术路线，具体如图 1-2 所示。

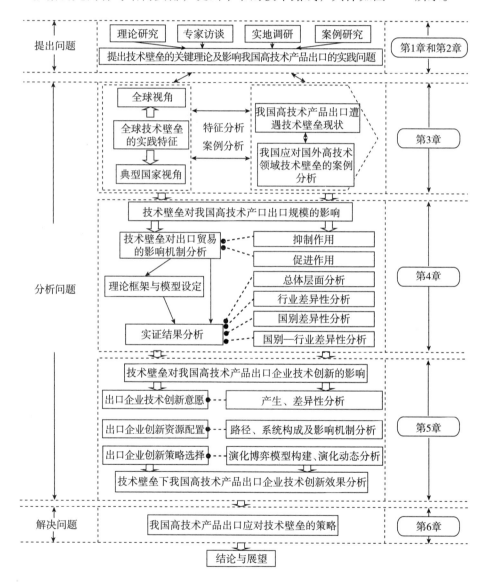

图 1-2 研究技术路线

1.4 研究特色与创新点

目前国内外针对技术壁垒的研究大多基于政治经济学和法律视角，个案和定性分析居多，经验分析也多以农产品为例，而从系统科学和产业安全视角出发，就技术壁垒对高技术产品出口的影响进行定量研究的成果较少，缺乏对技术壁垒形成机理与影响机制的深入探讨，特别是尚未形成技术壁垒对我国高技术产品出口影响的系统研究。本书综合运用管理科学、技术经济、产业经济以及计量经济学等相关理论与方法，剖析国外技术壁垒对我国高技术产品出口的影响。在研究过程中，一是注重全面翔实的经验数据支撑，从全球视角和典型国家视角出发系统剖析全球技术壁垒的实践特征和发展趋势；二是注重理论基础的全方位剖析和梳理，从形成机理和影响机制两个层级推进理论框架的构建；三是注重理论分析的科学性与实证检验的有效性的有机结合，通过分层次构建理论分析框架，从出口规模和出口企业技术创新两个角度剖析国外技术壁垒对我国高技术产品出口的影响，为我国政府相关部门制定和调整产业政策、贸易政策提供经验依据和事实参考。本书的主要创新点如下：

（1）综合全球视角和典型国家视角，分析了技术壁垒的实践特征，揭示了我国高技术产品出口遭遇进口国技术壁垒的现状特征和趋势。具体地，全面收集1995~2016年全球技术壁垒通报数据，基于全球视角和典型国家视角，构建了全球技术壁垒大样本案例库，深入剖析了全球技术壁垒的实践特征和发展趋势；基于对我国高技术产品出口现状的多维度分析，揭示了我国高技术产品出口遭遇进口国技术壁垒的现状特征和趋势。

（2）揭示了技术壁垒对出口贸易的影响机制，构建了技术壁垒影响我国高技术产品出口规模的扩展引力模型，多维度剖析了技术壁垒对我国高技术产品出口规模的影响。本书从理论分析与实证检验两个方面全面解析技术壁垒对我国高技术产品出口规模的影响。理论分析方面，本书以技术经济学分析的理论框架为基础，揭示了技术壁垒对出口贸易的抑制机制与促进机制。实证分析方面，考虑高技术产品对知识产权保护的敏感性，本书构建了技术壁垒影响我国高技术产品出口规模的扩展引力模型，并运用平衡面板数据对理论模型进行验证，在识别高技术产品出口影响因素的同时，进一步从总体层面、国家层面、行业层面以及国家—行业层面多维度剖析技术壁垒与我国高技术产品出口规模间的关系。

（3）基于技术创新与演化博弈理论，从出口企业技术创新的意愿、资源配置、策略选择与创新效果四个层面，分层次深入剖析了技术壁垒对我国高技术产品出口企业技术创新的影响。本书综合运用技术创新与演化博弈理论，在对出口企业技术创新意愿的产生和差异性分析的基础上，构建了技术壁垒下出口企业技术创新意愿分析框架；从出口企业技术创新资源的配置路径、系统构成以及影响机制三个维度，分析了技术壁垒下出口企业技术创新的资源配置效应；基于技术壁垒下出口企业技术创新策略选择模型的演化稳定分析，揭示了技术壁垒下影响出口企业技术创新策略选择的关键因素；将理论模型构建和实证检验相结合，分析了技术壁垒对我国高技术产品出口企业技术创新效果的影响，揭示了技术壁垒对我国高技术产品出口企业技术创新的影响动因。

1.5　本章小结

本章对技术壁垒及高技术产品出口的研究背景加以阐述，指出了深入研究技术壁垒对高技术产品出口的影响的必要性，厘清非关税壁垒、技术壁垒和高技术产品的相关概念，阐明本书的主要研究内容和研究方法，明晰本书的研究框架、研究路线及创新点，为后续的深入研究提供了方向，有助于笔者把控本书的全局方向和框架。

第2章　理论基础与文献综述

1995 年，世界贸易组织（WTO）开始实行《技术壁垒协定》，除了《技术壁垒协定》之外，世界贸易组织（WTO）协议中与技术壁垒有关的协议还有很多，诸如《与贸易有关的知识产权协议》（*The Agreement on Trade-Related Aspects of Intellectual Property Rights*）、《信息技术协议》（*The Information Technology Agreement*）、《民用航空器贸易协定》（*The Agreement on Trade in Civil Aircraft*）和《服务贸易总协定》（*The General Agreement on Trade in Services*）等。这些协议的签订和技术的不断发展，使得技术壁垒成为各国学者研究的热点。在此背景下，结合全球技术壁垒的实践问题，本章首先系统梳理技术壁垒的历史渊源，分析技术壁垒实施的理论前提与内在动机，并从技术壁垒的概念与性质、形成机理以及对出口贸易和高技术产品出口的影响出发，对现有研究进行归纳、总结与借鉴，并对现有文献进行述评与展望，进而提出本书的切入点和理论分析框架。

2.1　技术壁垒的历史演进

2.1.1　技术壁垒协定

2.1.1.1　《技术壁垒协定》的形成

20 世纪六七十年代，随着科学技术的发展，特别是新科技革命蓬勃兴起，工业制成品的技术含量越来越高，技术要求和技术标准的不同，越来越明显地对国际贸易造成了阻碍作用。肯尼迪回合（1964~1967 年）结束时，关税及贸易总协定（General Agreement on Tariffs and Trade，GATT）各缔约方开始认识到技术法规、技术标准和合格评定程序对贸易造成的问题。20 世纪 80 年代末，世界银行的一项研究发现，从 20 世纪 60 年代至 80 年代，发达国家的非关税壁垒明显加强，1966 年受非关税壁垒影响的工业制成品的百分比为 5%，这一比例在 1986 年增加到了 51%。20 世纪 70 年代初，发达国家采用了大约 850 种非关税壁垒，而到 20 世纪 80 年代其采用的非关税壁垒的数量已经增加到 1000 多种。20 世纪 70 年代后，国际贸易中直接限制进口的各种壁垒在减少，而技术壁垒则呈现不断上升趋势。关税及贸易总协定各成员方呼吁在新的贸易回合谈判中就此新的情形进行谈判。因此，1970 年关税及贸易总协定新成立了一个工作组，主要负责评估非关税壁垒对国际贸易造成的影响，并根据评估结果给出结论：技术壁垒是各成员方出口商所面临的最大的非关税壁垒。从此，逐渐开始了东京回合（1973~1979 年），就如何限制技术壁垒进行多边谈判。

以上是开始《技术壁垒协定》谈判的大环境，率先提出进行谈判的是美国。从肯尼迪回合到东京回合，国际贸易中的主要经济强国的相对分量开始发生变化。在此期间欧洲共同体（以下简称欧共体）逐渐成为世界上最大的贸易实体。日本经济发展迅速，成为三大贸易强国之一。20 世纪 60 年代末，欧共体在创建欧洲大市场的过程中最先意识到技术壁垒的严重性，并认识到各种各样的技术标准、技术法规和行政性管理规定会对贸易造成障碍。于是 1969 年欧共体通过了"消除商品贸易中技术壁垒的一般纲要"。这一行动使美国大为震惊，唯恐这些措施在美国和欧共体之间筑起一道牢固的技术壁垒，使美国利益受损。"二战"后的日本以贸易立国，通过发展对外贸易，成功地带动了国内经济的发展，同时也有力地保护了本国民族工业，这与日本带有强烈保护色彩的技术标准和技术法规密不可分。日本制定了名目繁多的技术法规和技术标准，其中与国际标准相一致的只占极少数，且要求当国外产品进入日本国内市场时，不仅其产品要符合国际标准，还必须与日本的标准相吻合。当时，欧共体和日本的很多标准限制了美国产品的进入，美国产品面临的冲击较大。于是，美国极力倡议在关税及贸易总协定的框架内拟订一个"关于贸易中技术壁垒的协定"。其结果是东京回合中美国、日本、欧共体联合主导和掌握着谈判的步调、内容和方向。经过几年的艰苦谈判，拟订了防止技术壁垒的协定草案。该草案于 1979 年 4 月签署，1980 年 1 月 1 日正式生效。彼时，该协定作为诸边协定，共有 47 个缔约方签署，且主要为发达国家。

《技术壁垒协定》的宗旨是为推动和保证国际贸易自由化和便利化，在技术法规、技术标准、合格评定程序及标签标志制度等技术要求方面开展国际协调，遏制以带有歧视性的技术要求为主要表现形式的贸易保护主义，最大限度地减少和消除国际贸易中的技术壁垒，为世界经济全球化服务。该协定的产生对于推动国际贸易，防止各缔约方将技术法规、技术标准和合格评定程序作为贸易保护主义的工具起到了积极的作用。

2.1.1.2 《技术壁垒协定》概要

国际上现行的《技术壁垒协定》是在 1991 年于乌拉圭回合谈判中重新修订的，并于 1994 年在马拉喀什正式签署生效。由于乌拉圭回合达成的是一揽子规定，所以世界贸易组织（WTO）的全体成员都是《技术壁垒协定》的成员，截至目前共 164 个成员国①。其核心内容是在认识到技术法规、技术标准和合格评定程序能为提高生产效率、推进国际贸易、保护国家根本安全利益等做出重大贡献并积极鼓励制定它们的同时，确保这些技术法规、技术标准和合格评定程序不给国际贸易带来不必要的障碍。《技术壁垒协定》规定了各成员方必须共同遵循的国际贸易准则，是世界贸易组织（WTO）各成员权利与义务相平衡的具体体现。《技术壁垒协定》正文可分为 6 个部分，共 15 条 89 款 40 子项，三个附件是其不可分割的组成部分，其文本结构如表 2-1 所示。

表 2-1 《技术壁垒协定》的文本结构

	序言
第 1 条	总则
	技术法规和标准
第 2 条	中央政府机构制定、采用和实施技术法规

① 详见 https://www.wto.org/english/res_e/booksp_e/anrep_e/anrep17_chap3_e.pdf。

续表

	序言
第 3 条	地方政府机构和非政府机构制定、采用和实施技术法规
第 4 条	标准的制定、采用和实施
第 5 条	中央政府机构的合格评定程序
第 6 条	中央政府机构对合格评定的认可
第 7 条	地方政府机构的合格评定程序
第 8 条	非政府机构的合格评定程序
第 9 条	国际和区域体系
	信息和援助
第 10 条	关于技术法规、标准和合格评定程序的信息
第 11 条	对其他成员的技术援助
第 12 条	对发展中国家成员的特殊和差别待遇
	机构、磋商和争端解决
第 13 条	技术壁垒委员会
第 14 条	磋商和争端解决
	最后条款
第 15 条	最后条款
附件 1	本协定中的术语及其定义
附件 2	技术专家小组
附件 3	关于制定、采用和实施标准的良好行为规范

资料来源：世界贸易组织（WTO）网站 https：//www.wto.org/english/res_e/publications_e/tbttotrade_e.pdf，经笔者整理所得。

2.1.1.3　《技术壁垒协定》的主要原则

（1）最少贸易限制原则。最少贸易限制原则指产品标准的实施应该是最小贸易限制的，不超过国际标准所要求的限度，不得对国际贸易造成不必要的障碍；如果导致采用技术法规、技术标准和合格评定程序的情况已不复存在，或者由于情况变化而能采用对贸易限制程度较低的方式加以处理，则不应继续维持这些技术性措施。根据《技术壁垒协定》的规定，只要适当，各成员应根据产品具体的性能要求，而不是按照设计标准或说明性特征来阐述技术性措施，这些规定有助于实现最少贸易限制原则（《技术壁垒协定》第 2.8 条），且在考虑产品性能时，着眼点应是其基本安全性能。例如，对于"防火门"这种产品的技术法规应该规定这种门能够通过所有必要的防火测试，至于门的材质、式样、尺寸、加工工艺等都可在具体的产品标准中予以规定。因此，它可以规定"这种门必须能够通过 30 分钟防火测试"，而不是规定用什么材料、怎样生产等。假如"这种门必须是钢质的，一寸厚，门框焊接"的规定则是不被允许的。对自愿性标准的选择是企业和消费者的自主市场行为，不应受到限制。

（2）非歧视原则。非歧视原则包括两方面，即最惠国待遇和国民待遇。《技术壁垒协定》第 2 条第 2 款①规定，各成员在制定和实施技术法规和技术标准时，给予从任意成员国进口的产品的优惠不得低于国内同类产品（即国民待遇）和其他成员同类产品的待遇（即最惠国待遇）。从市场准入的角度来看，一是本国的技术法规、技术标准和合格评定程序的要求对所有成员方应一视同仁，没有差别；二是对于本国企业产品和国外企业产品进入本国市场的要求、标准和待遇均应是平等一致的。由此可见，最惠国待遇是指对从不同成员进口的同类产品给予相同的待遇，对某一成员的产品既不能给予特殊照顾，也不能提出更苛刻的要求，但建立自由贸易区的商品除外；国民待遇是指对于从国外进口的产品应视为本国产品，在税收、监管等方面给予同样的待遇，不得因其是进口产品而受到歧视或表现出差别待遇。

（3）协调性原则。由于各国科学技术发展的不平衡、经济实力和发达程度的差异，加之以政治、社会、文化和历史因素，各国所制定和实施的技术性措施千差万别，因而国际贸易中的技术壁垒比比皆是。要抑制和消除各成员之间的技术壁垒，首先要实现各国间技术法规、技术标准等技术性措施的协调统一，而采用统一的国际标准则是协调各国技术性措施最简便、最有效的方法。

国际贸易实践表明，在世界贸易组织（WTO）框架下达成的政治协定需要技术协定的支持。国际标准是开展国际经济合作、进行技术交流的桥梁，是规范国际贸易中技术要求以及技术行为的依据。世界贸易组织（WTO）并未建立自己的标准化组织，它利用一些国际组织，如国际标准化组织（International Organization for Standardization，ISO）、国际电工委员会（International Electrotechnical

---

① 详见 https：//www.wto.org/english/docs_e/legal_e/17-tbt_e.htm。

Commission，IEC）和国际电信联盟（International Telecommunication Union，ITU）等制定的国际标准，对各成员国的技术法规、技术标准等技术性措施进行协调。在制定相关技术法规和技术标准时，世界贸易组织（WTO）首先采用的国际标准是 ISO、IEC 等标准；其次采用的是诸如欧洲标准委员会、欧洲电工委员会等一些区域性标准化组织的标准；最后采用的是其他发达国家的标准，如英国的 BS（Britain Standard）标准、德国的 DIN（Deutsches Institut für Normung）① 标准等。此外，被很多国家采用的标准，如美国材料与试验协会的 ASTM（American Society of Testing Materials）标准、美国分析化学家协会的 AOAC（Association of Official Analytical Chemists）标准等，通常也可以被认为是国际标准。

（4）等效和相互承认原则。如上所述，国际标准是协调各成员技术法规和技术标准的基础。然而"协商一致"的要求使得国际标准的制定通常需要较长的时间。各成员方采用和执行国际标准的时间也不尽相同，且采用的程度亦各有差异。此外，并非所有成员国技术法规和技术标准的制定都以国际标准为基础，且因相关技术细节的复杂性，所有成员无法完全保持技术性措施的一致。鉴于以上种种原因，各国谈判代表共同协商出了一个互补的方式以达到技术协调。《技术壁垒协定》规定，为了在各成员之间更广泛地实现技术协调，即使其他成员的技术法规不同于本国的法规，只要这些法规同样能够实现与自己法规相同的目标，各成员也应积极考虑接受这些法规，此即为等效性原则。同时，世界贸易组织（WTO）倡导各成员之间进行相互认证，承认商品原产国的检验及认证结果，在避免重复检验的同时达到提高效率、减轻出口企业负担的效果。

（5）透明度原则。上述原则中，最少贸易原则、非歧视性原则是实现自由贸易的基础，协调性原则和等效及相互承认原则是推进自由贸易的必经之路，而透明度原则则为实现自由贸易提供了技术保障。若各成员方能够提前知晓其他成员制定相关产品技术法规和技术标准的进展情况，其就能够根据进口国的要求对自己出口产品的相关标准进行改进和调整，在出口产品之前达到进口国的相关要求，减少因不符合进口国技术法规和技术标准而遭受退货的损失，进而有效地减少国际贸易摩擦。同时，出口成员国也有机会借此就进口国的不合理规定提出自

---

① 此为德语，英文为"German Institute for Standardization"，即德国标准化学会。

己的意见和建议，促使进口国按照世界贸易组织（WTO）原则对其不合理的技术性措施进行修改，从而有效保护本国出口产业和企业的利益。

设立通报咨询机构是实现透明度原则的方式，主要通过及时向世界贸易组织（WTO）秘书处通报讨论中的各项技术性措施，并解答各成员的合理询问。需要注意的是，透明度的要求不仅是对技术性措施的结果而言的，更重要的是要求制定过程的透明度。这就是为什么在《技术壁垒协定》中要求给予其他成员 60 天提意见的时间，要求标准化机构提前半年公布其标准工作计划。对于新加入世界贸易组织（WTO）的成员，只要求通报新起草的技术性措施，包括怎样起草、出于什么考虑、对贸易有什么影响等，这些内容在专门的通报表格中都有相应的栏目。具体通报哪些技术性措施由各成员国在起草或拟议过程中判断，若采用国际标准或其中的相关部分，不必通报；不对贸易产生很大影响的，不必通报；而在判断不准的情况下，可予以通报。

（6）对发展中国家实行差别和优惠待遇原则。《技术壁垒协定》签署的一个重要基础就是：承认发展中国家在制定和实施技术法规、技术标准以及是否符合技术法规和技术标准的评估程序方面可能会遇到特殊困难。对这一原则的贯彻集中体现在"协定"第 11 条和第 12 条①，"协定"规定各成员在接到其他成员国尤其是发展中国家成员的请求时，应就其技术法规和技术标准的制定，设立国家标准化机构和参加国际标准机构，并设立对该发展中国家境内所采用标准的符合性进行判断的评定机构，对这些国家的生产者如何利用本国的政府或非政府机构所实施的合格评定体系所需采取的步骤等提出建议，并给予必要的技术援助。此外，《技术壁垒协定》还规定各成员尽可能采取合理措施，保证在发展中国家成员提出请求时，国际标准化机构能够就对发展中国家有特殊利益的产品制定国际标准的可能性进行审议，并根据审议结果尽可能地制定这些标准。鉴于发展中国家成员在经济、贸易发展方面的特殊需要，各成员国在制定技术法规、技术标准和合格评定程序时，应确保以上技术性措施不会给发展中成员的出口带来不必要的障碍。

---

① 详见 https：//www.wto.org/english/docs_e/legal_e/17-tbt_e.htm。

2.1.2　典型世界贸易组织（WTO）成员国的技术性措施体系

技术性措施主要通过技术法规、技术标准以及合格评定程序等加以实施。下面基于技术法规、技术标准与合格评定程序三个方面，从体系和管理的角度梳理典型世界贸易组织（WTO）成员的技术性措施，为下文国外技术壁垒对出口贸易的影响进行深入研究及解决实际贸易壁垒问题奠定基础。

2.1.2.1　美国的技术性措施体系

（1）美国的技术法规体系。美国的技术法规体系所涉及的法律法规首先是《美国法典》（*United States Code*）① 或《美国国会法案汇编》（*United States Stat-utes at Large*）② 内包含的永久法律及其他法律，这些法律层次的文件主要是给相关技术法规的制定奠定法律基础，此外也包括一些需要强制执行的技术性规定。其次是《联邦法规汇编》（*Code of Federal Regulation*）③ 内所涉及的部门法规和其他一些与之相关的管理规定，这也成了联邦技术法规的主体和主要表现形式。最后是从本地管理需求的角度出发，各州及地方政府所制定的众多技术法规和技术规范，从地位上来看，各州制定的技术法规与联邦法规同等重要，且分布范围更为分散和复杂。

尤为注重制造商发布的合格声明，是美国制定技术法规时非常重要的指导思想。所谓制造商的合格声明，也通常称为合格评定最原始和最简单的表现形式。无论是政府抑或私人机构，美国市场上绝大多数的交易通常仅有买方和卖方，没有其他第三方的参与。政府为了实现其市场保护的目标，一方面会依据制造商公

---

　　① 《美国法典》是美国众议院法律修订委员会制定和发布的美国永久性法律汇编。除《独立宣言》《联邦条例》《美国宪法》等少数几个宪法性质的法律文件外，联邦国会将所颁布的法律按照主题汇编成《美国法典》共 50 篇。1952 年，美国国会授权编纂的《美国法典》出版。每六年整理发布出版一次。

　　② 《美国国会法案汇编》是由国会制定通过的法律汇编。在每届国会结束后，每一届国会通过的法律会由官方出版机构再编印一个官方法律汇编，称为《美国国会法案汇编》。汇编按照时间顺序编排，其中包括了有关法律修订的相关信息。

　　③ 《联邦法规汇编》是美国行政部门和有关政府机构在《联邦记事》（*Federal Register*）上颁布的永久性法规的文件汇编，共分为 50 篇，与技术性措施相关的 CFR 主要包括：第 7 篇——农业；第 9 篇——动物和动物产品；第 15 篇——商业和对外贸易；第 24 篇——住房和城市发展；第 40 篇——环境保护；第 42 篇——公共卫生；第 47 篇——电信；第 49 篇——运输；等等。CFR 每年修订一次，全部内容分为四部分，每季度修订一部分。技术性措施领域所涉及的有关联邦政府部门颁布的强制性技术法规，都可以从中找到最新版本。

布的合格声明以及产品标签和广告的真实性等制定技术法规；另一方面也常常会需要相关行业进行自我约束。为了提高行业声誉，要为产品制造商提供有关产品质量安全的保证，使产品达到最低质量或安全要求。许多行业贸易协会可不必通过政府制定有关法规，自身就可以通过实施产品认证等合格评定制度来达到以上目标。但若所生产的产品不符合相关要求，相关政府机构或部门有权对产品制造商采取强制性措施。此外，若政府机构认为产品制造商公布的合格声明或行业自我约束政策的有效力度不够，相关政府部门就会直接参与并对产品进行强制性合格评定。

（2）美国的技术标准体系。美国的技术标准体系是自愿标准体系，即各相关部门和机构自愿编写、自愿采用。美国国家标准学会（American National Standards Institute，ANSI）常常在自愿性国家标准体系中担当协调者的角色，然而 ANSI 本身并不参与技术标准的制定。在技术标准的制定过程中发挥主导作用的主要是一些专业和非专业的标准制定组织、各行业协会以及相关的专业学会。各级政府部门如农业部、环保局、食品与药物管理局以及消费品安全委员会等，也可能会参与各自领域标准的制定，但是这些标准通常都属于需要强制性执行的标准，从《技术壁垒协定》定义的角度来看，这些标准大多属于技术法规的范畴。在制定相关技术法规时，美国相关法律通常会要求并鼓励引用自愿标准，一旦其被引用到技术法规的制定中，自愿标准就会成为事实上的强制性标准。此外，在激烈的市场竞争及消费者或用户自愿选择的前提下，产品制造商所面临的自愿标准也远非自愿采用，通常带有"准强制"色彩。

美国技术标准体系具有独特的优势，主要表现为其是基于动态结构的分散体系，这种动态结构以政府机构、公众利益机构、私人机构和公司等机构为中心，它们对于本部门所需要的标准最为清楚不过。这种以机构为中心的分散体系使各相关利益方尤为关注自身问题，并根据特定问题制订可行性计划。由于没有一个标准化体系能够满足不同机构的不同需要，标准制定中不同机构的同时参与使得标准更加有效，且这种参与形式也间接地鼓励了创新和竞争。此外，当各个机构之间出现交叉，或机构出现变化，或全国需要统一时，ANSI 则可以提供必要的帮助和协调。这种以机构为中心的分散体系给予相关部门制订工作计划的自由，在必要时国家标准战略又可以为之提供指南和引导，进而发掘了标准制定过程中各机构的创造力，并提高了标准的有效性。美国国家标准战略中所包含的一系列战略目标，可以被广泛应用于各机构，各机构根据其对本机构的重要性来采用不同的战略目标。同时国家也鼓励各相关利益方各自制定适合自身的目标。

（3）美国的合格评定体系。美国的合格评定体系呈现出动态性、复杂性、多层次和市场推动的特点，在一定程度上，政府、工业界和私人机构都参与到这个体系中，呈现"规定性"和"市场性"的特征。首先，一些产品和服务必须符合相应的法律法规，除了要符合全国联邦法规的要求之外，各州都可以根据自身实际情况制定法规，甚至一些由私人机构所制定的规范也经常会被州、市和更低级别的政府采用并实施。联邦法规的合格评定要求包括美国国家电气规范（National Electrical Code，NEC）规定的安装要求、美国职业安全和卫生署（Occupational Safety and Health Administration，OSHA）规范的工作场所安全要求、美国联邦通信委员会（Federal Communications Commission，FCC）在电磁兼容及抗干扰方面的法规、美国食品和药物管理（Food and Drug Administration，FDA）在食品、药品及医疗器械方面的要求。不难看出，美国的合格评定体系具有"规定性"特征。其次，不同产品必须满足的标准不同，需要通过的测试或获得合格评定的程度也不尽相同。比如，有些产品的标准是为了达到一致性而制定出的工业规范，产品制造商可以简单地声明符合这些规范，而采购产品的商业机构可能会要求产品满足更高的技术标准和质量要求，因而它们自己会对产品进行评定。就高风险产品（多数为日常消费品）和材料（如防火产品和建筑材料）而言，更高的安全性是买方和用户最为看重的产品标准和要求，因此，独立的第三方机构会在产品进入市场前对其进行合格评定。由此可以看出，美国的合格评定体系又表现出"市场性"特征。

2.1.2.2　欧盟的技术性措施体系

（1）欧盟的技术法规体系。欧盟技术法规主要表现为基于各种条约所制定的规范性法律文件，由欧盟理事会和欧盟委员会制定，条约主要包括《欧洲煤钢共同体条约》《欧洲经济共同体条约》《欧洲原子能共同体条约》《欧洲联盟条约》四个基础条约，主要形式为指令，也有很少部分以条例和决议的形式发布。

欧盟技术协调指令包括旧方法指令（Old Approach Directives）① 和新方法指令（New Approach Directives）②，最常见的为新方法指令。新方法指令的内容仅满足与卫生和安全有关的基本目标，主要包括与产品安全、工业安全、人身健康以及消费者权益保护等内容有关的指令。以下主要围绕新方法指令介绍欧盟的技术性措施体系。

《欧洲联盟条约》规定，欧盟承担的任务应当由欧洲议会（European Parliament）、欧盟理事会（Council of European Union）、欧洲委员会（European Commission）、欧洲法院（Court of Justice）和欧洲审计院（Court of Auditors）五个机构来完成。此外，经济与社会委员会、区域委员会为欧盟理事会和欧洲委员会提供咨询性意见。欧盟的法律主要从咨询程序（The Consultation Procedure）、合作程序（The Cooperation Procedure）、共同决策程序（The Co-decision Procedure）和同意程序（The Assent Procedure）四种程序中产生。总体来说，首先提出提案的通常是欧洲委员会，就提案提供咨询的是欧洲议会，最后做出决定的则是欧洲联盟理事会处。相对而言，在欧洲议会中，咨询程序可以被称作"一读程序"，合作程序则是"二读程序"，共同决策程序则是"三读程序"。

最常见的新方法指令就是通过共同决策程序制定的，它在制定过程中采用不同的方式和战略，不同于以往技术性法规规定过细的做法。欧洲委员会首先提出议案，并在欧盟理事会成员国间进行广泛讨论。根据《技术壁垒协定》有关透明度的规定，欧盟将议案向 WTO/TBT 委员会进行通报。同时欧洲议会环境和人身健康委员会等对议案进行研究，并提出修改建议。欧盟理事会将受理议会的"一读"结果，各成员国将努力在此基础上达成理事会的共同立场，次共同立场

---

① 1985 年前的技术协调指令通常对产品的规格和技术要求做出详细规定，要求成员国完全执行。按照这种方法制定的欧盟指令主要集中在药物、农药、食品添加剂和机动车辆等领域。这在三要素协同作用机理的理论研究中，可归为"规定型技术法规"。规定型技术法规是指确定了达到特定结果方法的一类技术法规，它确定了要达到特定结果的方法，其焦点集中在达到目标的唯一途径上。因此，规定型技术法规的最大特点是其具有方法上的确定性。

② 1985 年，欧共体理事会颁布了《关于技术协调与标准的新方法的决议》（85/C136/01），建立了以新方法指令为主体的较完善的技术法规体系。新方法指令的特点是只在安全、健康、环保等方面制定基本的、强制性的要求，达到指令目标要求的途径是多方面的、有选择余地的，而对指令要求的符合程度则由相应的合格评定程序予以判定。在三要素协同作用机理的理论研究中，这种类型的技术法规可归为"功能导向型技术法规"。功能导向型技术法规以精确的术语规定了要达到的目标，但允许通过对实体本身进行调控来确定其达到结果的方法。

送回议会进行"二读"。其他所有世界贸易组织（WTO）成员提出的意见将在议会结束"一读"和理事会形成共同立场前给予答复。议会"二读"的结果送回理事会，以便与理事会就议会提出的最终修正案达成一致。若一致意见达成，议案将被通过；若意见不能达成一致，则在理事会和议会之间启动一个调解程序（见图 2-1）。

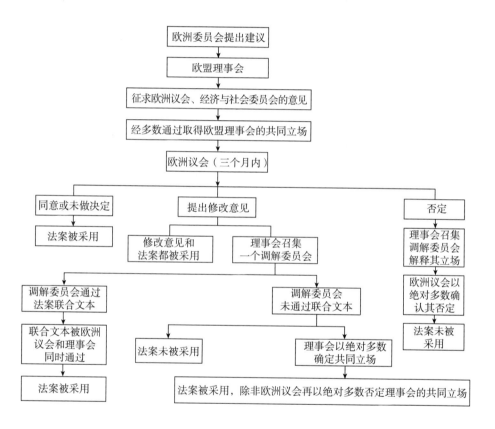

图 2-1　欧盟立法的共同决策程序

资料来源：中国技术性措施网 http：//www.tbtsps.cn/page/trade/wenkushow/showswf.jsp？id＝d31b0 fd-bac90ced2。

（2）欧盟的技术标准体系。这里依然围绕新方法指令介绍欧盟的技术标准体系。新方法指令规定相关产品须符合所规定的基本要求，并且如果产品符合所提供的协调标准，就可以推断该产品满足相应基本要求。这里的协调标准指欧洲标准，是根据欧盟委员会和欧洲标准化组织制定的通用指南制定的，提议制定以及发布者为欧盟委员会。欧洲标准属于非强制性技术规范，是欧洲标准化组织为满足重复或持续使用的目的而制定的，主要是用来代替相应的国家标准。值得注意的是，协调标准并非欧洲标准体系中的一个特殊类别，其主要是为了给作为技术规范存在的欧洲标准赋予一个法律地位，故而在新方法指令中采用了这一术语。

对于制造商而言，协调标准并不具有强制性，只要能够选择合适的方式证明产品与标准相符合即可。如果协调标准已经被公布在欧盟公报上且已被转换为国家标准，那么此时采用协调标准就可以推断产品符合指令的基本要求，即"符合性推断"。此外，并非所有的欧盟成员国都必须对协调标准进行转换，由于欧洲标准的转换具有一致性，制造商可以采用任何转换的国家标准，并在此基础上做出符合性推断。制造商也可以选择采用其他标准（如采用美国标准），但是不采用协调标准通常会需要制造商履行额外的义务，即制造商必须证明使用其他标准也可以满足指令规定的基本要求。证明方式可以是通过相关技术文件，或者通过第三方的测试，抑或二者兼有。

在新的协调标准指令体系下，欧洲标准化委员会（Comité Européen de Normalisation，CEN）、欧洲电工标准化委员会（European Committee for Electrotechnical Standardization）和欧洲电信标准协会（European Telecommunications Standards Institute，ETSI）是欧盟指定的三个制定协调标准的主要的区域性标准化组织。它们在为欧盟起草标准的同时，还为欧盟各成员国的有关机构起草标准。

（3）欧盟的合格评定体系。1989年，欧共体理事会公布了《关于合格评定全球方法的决议》（90/C10/01）用以使其制定的技术法规得到有效实施。该"决议"列明了合格评定的总体政策和基本框架，规定了在技术协调指令中采用的合格评定程序，用以明确产品对相关技术法规和协调标准要求的符合性，保证并提高进入市场的产品质量。1993年，欧共体理事会又通过了《关于合格评定程序各阶段的模式和CE合格标志①的贴附及其使用规则的决定》（以下简称《决定》）（93/465/EEC），该《决定》对"关于合格评定全球方法的决议"进行了补充，明确了新方法指令中将要使用的合格评定的指导原则和具体程序，同时还规

---

① CE合格标志是一种安全认证标志，被视为制造商打开并进入欧洲市场的护照。

定了加贴和使用 CE 标志的规则。

具体来说，欧盟的合格评定程序可细分为 8 种基本模式和 8 种派生模式。这些模式因产品生产的不同阶段（例如设计、定型、完全生产）、有关评定的类型（例如文档审查、型号批准、质量保证）和承担评定的主体（制造商或指定机构）的不同而有所不同。根据不同的模式，合格评定活动以第一方（制造商）或者第三方①为基础进行。

在每一项新方法指令中，欧盟均明确规定了对所涵盖产品的合格评定程序，并在评定过程中，要求根据产品的危险程度采用相适应的合格评定方法。指令中给出的不同合格评定模式给了制造商一定的选择空间。NB 机构根据每个相关指令中规定的合格评定程序进行合格评定，以保证产品进入市场前符合该指令的基本要求。

2.1.2.3 日本的技术性措施体系

（1）日本的技术法规体系。日本和美国一样不存在独立的技术法规类别，只有在工业安全、产品安全、保护消费者权益以及人类健康方面制定的有关产品的"技术基准""技术规则"才是技术法规。根据日本《进口贸易管理令》，日本针对某些商品、进口国或地区、贸易方式、结算方式等做出特别规定或限制，进口商在上述情形中进行进口时须获得经济产业省（Ministry of Economy, Trade and Industry）的进口审批许可。进口闲置商品名录中列出了实行配额管理的进口商品，包括 73 种非自由化商品，还包括对进口商品原产地或装运地的审批规定。除了上述进口许可和数量限制以外，日本还有众多法律法规，包括许多标准等技术性要求，对产品的市场准入进行限制。其中"二战"后日本制定的《工业标准化法》通过制定和采用日本工业标准（Japanese Industrial Standards, JIS），实施 JIS 标志制度和实验室认可制度，推动日本的工业标准化，从而提高了工业产品的质量，促进生产合理化，推动商业公平化。

（2）日本的技术标准体系。日本的技术标准主要包括工业标准（JIS）和农业标准（Japanese Agriculture Standards, JAS）。其中 JIS 涉及各种工业及矿产品，

---

① "第三方"指欧盟认可的合格评定机构，因在《欧盟官方公报》上向各成员通报其名录而被称为 NB 机构，即 Notified Body。

但是药品农用化学品、化学肥料、丝织品和食品及农林产品除外。日本的工业标准化在国家、工业行业部门和公司三个层次上进行推动。JIS 是自愿采用的国家标准，即同一行业的公司的共同需求会导致建立工业协会标准，而更广泛的需求会推动 JIS 的制定。许多基于保护人身健康和环境的技术法规都采用 JIS 标准，被技术法规采用的 JIS 标准达数千项。JAS 制度由两个制度组成，其中之一是 JAS 标准制度，该制度以促进农林物资的质量改善、生产的合理化、交易的简单化与公正化、使用或消费的合理化为目的，对通过农林水产大臣制定的 JAS 标准、检查合格的制品贴附 JAS 标志；另一个制度是质量标示标准制度，规定所有的制造业者、销售业者须按照农林水产大臣制定的质量标准进行标示，以帮助消费者进行选择。

（3）日本的合格评定体系。在日本，合格评定程序由政府负责管理，具体的质量检验、认证以及实验室认可的工作则由经济产业省负责。日本有 25 种认证制度，这些认证制度、合格评定程序和技术标准一起对进口产品设置了重重障碍。日本的认证制度和合格评定程序分强制性和自愿性两类。强制性认证和合格评定以法律形式颁布执行，其认证和评定的对象主要是消费品、电气产品等；自愿性认证采用"JIS"认证标志，主要适用于强制性以外的产品，通常由企业自愿申请。此外，在进口某些产品前，日本进口商不仅要对产品的国内市场情况进行全面的动态调查，做出定性定量分析，还要对进口产品进行质量认证，或对其生产工艺和生产方法进行合格评定。

2.1.2.4 中国的技术性措施体系

（1）中国的技术法规体系。在我国，符合《技术壁垒协定》定义，具有技术法规特征的规范性文件散见于各种法律、行政法规、部门规章以及大量的规范性文件中。这些技术法规在发展国内经济、促进对外贸易、规范市场经济秩序、保护消费者合法权益中起到了基础作用。目前我国已先后发布实施了《计量法》《标准化法》《产品质量法》《食品卫生法》《进出口商品检验法》等 20 多部与技术性措施相关的法律和一大批由国务院、中央各部委局根据实际情况制定的与上述法律相配套的技术性法规、部门规章。各级地方人大、政府也制定了许多地方性的法规、规章与之配套。

（2）中国的技术标准体系。我国目前已构建起自己的技术标准体系。1988

年，在总结我国标准化工作 40 年正反两方面经验和《标准化管理条例》实施 10 年来所遇到的问题的基础上，为发展社会主义市场经济、促进技术进步、改善产品质量、提高社会经济效益、维护国家和人民利益，我国颁布实施了《标准化法》。随后在 1990 年，国务院根据《标准化法》发布了《标准化法实施条例》，对标准化工作的管理体制、标准的制定与修订、强制性标准的范围、相关法律责任等内容给出了更为具体的规定。其后标准化主管部门又加强了国家和地方的企业、农业、能源、技术引进和设备进口的标准化，并设置全国专业标准化技术委员会，针对信息分类编码、商品条码、企事业单位和社会团体代码以及采用国际标准等方面颁布了部门规章。同时电子、机械、化工以及出入境检验检疫等 14 个行业的主管部门也制定了本行业的标准化规章；各地方政府也制定了 15 个关于标准化工作的地方性法规。2017 年，科技部、质检总局、国家标准委联合发布的《"十三五"技术标准科技创新规划》又明确了技术标准战略的重点任务，强化了标准化对产业升级和科技创新的重要意义，也标志着我国技术标准体系的进一步完善①。

（3）中国的合格评定体系。自 1978 年我国恢复在国际标准化组织（International Organization for Standardization，ISO）的成员国地位以来，便积极研究合格评定制度及相应的国际规范，目前已形成适应我国现实需要的合格评定体系。当前我国正在实施的合格评定工作有出入境检验检疫，产品质量监督抽查，强制性、自愿性产品认证，质量、环境和职业健康安全等管理体系认证，实验室、认证机构、培训机构认可，咨询机构备案，认证人员注册以及计量认证和注册等。合格评定体系的建立对提高我国产品质量和国际市场竞争力、维护产业安全和国家利益、推动产业技术创新和产业升级起到了积极作用。

本小节从技术法规、技术标准和合格评定体系三个方面系统梳理了以中国、美国、欧盟、日本为代表的世界贸易组织（WTO）典型国家和地区的技术性措施体系。对比来看，美国、欧盟和日本等发达国家和地区均已建立起了非常成熟的技术性措施体系，我国的技术性措施体系仍有很大的完善空间。且由此可以发

---

①　资料来源：国家质量监督检验检疫总局 http://www.aqsiq.gov.cn/zjxw/zjxw/zjftpxw/201706/t2017 0629_492027.htm。

现，具体某类或者某个产品面临的技术壁垒对相关产业和企业的发展非常重要，这也是从事技术性措施管理协调工作的有关部门最终需要解决的重点问题。深入研究产品层面遭遇技术壁垒的影响对完善我国的技术性措施体系具有重要的理论和现实意义。

2.2 技术壁垒的形成机理与作用机制

技术法规、技术标准、合格评定程序等技术性措施作为技术壁垒的表现形式，是保障国际贸易顺利进行的重要规则，具有合理性的一面。然而技术性措施独有的灵活性、复杂性以及隐蔽性等特点又容易使其被滥用成为贸易保护主义的手段，从而变为技术壁垒。那么技术壁垒是如何形成的？其实施的理论前提和内在动机是什么？它是通过什么样的作用机制对产品生产、产品价格以及企业行为产生影响的？本小节从以上问题出发，从贸易保护、市场失灵、"南北"差异以及博弈论等角度来分析技术壁垒的形成机理；从价格抑制、数量控制以及动态作用三个方面来全面解析技术壁垒的作用机制。

2.2.1 技术壁垒的形成机理

2.2.1.1 贸易保护理论与技术壁垒的形成

第二次世界大战后，贸易自由化成为国际贸易发展的主旋律，即在国家贸易体制中，在自由贸易和贸易保护两种成分并存的情形下，抑制贸易保护、提高贸易自由化程度成为主旋律。一个国家是实行自由贸易还是贸易保护，总是以国家利益为基本原则的。那些总体上倾向于实行自由贸易的国家，在某些特殊产业或部门也会采取贸易保护政策；而那些总体上实行贸易保护政策的国家，在某些产业或部门又实行着自由贸易政策。值得注意的是，站在自由贸易和贸易保护较量最前线的总是那些具有强大经济实力的国家，它们大力倡导自由贸易的同时往往又在积极地实行贸易保护。如 2017 年 8 月 18 日美国对我国发动单边主义贸易保护的"301"调查，其表面上是针对我国违反美国知识产权和强制美国企业做技术转让的调查，实际是借知识产权保护之名，行贸易保护之实，以重振美国经济。一国设置技术壁垒的最主要原因，通常是要借贸易保护来获得短期和长期的贸易利益，技术壁垒的盛行正是这些国家极力倡导推动的结果。因此在研究技术壁垒的问题时，有必要对技术壁垒存在的理论基础——贸易保护理论进行梳理。

（1）贸易保护的理论基础。贸易保护理论与政策最早可以追溯到 15～17 世纪的重商主义主张的"货币差额论"与"贸易差额论"。1875 年前后，发生了第一次贸易保护主义的高潮。老牌资本主义国家中的德国、法国以及美国为发展本国幼稚工业产业，通过建立严格的保护关税制度，实行贸易保护政策。代表性观点为汉密尔顿的"保护关税论"与李斯特的"保护幼稚工业论"。"保护关税论"认为，为了保护和发展制造业，政府应加强干预，实行关税保护制度；"保护幼稚工业论"则指出保护关税的主要对象应当是新兴的、幼稚的以及面临国外强有力竞争且具有发展前途的工业产业，对这些工业产业应给予不同程度的保护，如对于建立和经营时需要大量资本、具有大规模机械设备、技术水平较高的工业产业应给予特别保护。

资本主义大危机后，出现了第二次贸易保护主义的高潮。由于垄断的普遍存在和危机的深刻冲击，该时期各国都主要实行贸易保护政策。代表性观点为"超贸易保护主义""普雷维什的中心—外围论"以及"战略性贸易政策论"。"超贸易保护主义"认为不仅要保护幼稚工业产业，更要通过关税和非关税的政治、经济保护措施，加强对本国已高度发展或出现衰落的垄断产业的保护，从而加强对国外市场的垄断。"普雷维什的中心—外围论"认为在国际贸易中，发达国家构成国际经济的中心——技术的创新者和传播者，发展中国家构成国际经济的外围——技术的接受者和模仿者，并进一步指出，外围国家与中心国家保护政策的性质不同。外围国家保护政策的实施是以发展本国工业为基本目标，有利于世界经济的全面发展；中心国家保护政策的实施是以对外围国家的歧视和遏制为基本目标，不仅不利于外围国家的发展，更会对世界经济的发展产生阻碍。因此，"普雷维什的中心—外围论"认为中心国家要放宽对外围国家的贸易限制，并减少对外围国家工业品的进口歧视。"战略性贸易政策论"则主张通过生产补贴、出口补贴以及关税等一系列政策干预手段扶持本国特定产业，鼓励并推动其产品出口，通过抢占他国市场份额和获取部分他国企业的垄断利润，推动专业化分工朝着有利于本国产业发展的方向转化。

20世纪70年代中期后，出现了"管理贸易论"与"新贸易保护主义"，这也被称为第三次贸易保护主义的高潮，至今仍在延续。"管理贸易论"的措施主张以非关税壁垒为主，采用单边、双边、多边协调管理防护解决国际贸易问题，其实质则是协调性保护，将贸易保护制度化、合法化进而隐形化，即通过各种复杂巧妙的进口管理办法和合法的协定来达到贸易保护的目的。其中最为典型的做法为1974年美国贸易法中的"301"条款，通过立法形式，使得管理贸易法律化。"新贸易保护主义"采用更为灵活、更有针对性的保护手段，不仅涉及货物贸易，还包括知识产权、投资等领域。此外，它还更加关注政治、社会以及环境等综合问题，更加强调人、社会与自然环境的和谐发展，因此具有强烈的人文导向，更具有合理性和隐蔽性。

此外，关税总协定和世界贸易组织（WTO）的成立大大降低了关税和其他非关税壁垒的贸易保护作用，而技术壁垒凭借其独有的灵活性、隐蔽性、复杂性以及影响范围的广泛性等特点，正在逐渐成为各国实行贸易保护的主要手段。

（2）技术壁垒的贸易保护作用。一个国家设置技术壁垒主要是要借由贸易保护的手段，获得短期和长期的贸易利益。假定国家A是某产品的进口国，为了保护本国在该行业的贸易利益，A国颁布了一项技术性措施构成技术壁垒，阻碍该产品从他国出口至本国，达到对该行业进行贸易保护的作用。这里使用提供曲线来分析技术壁垒的贸易保护作用，提供曲线指的是一个国家为了进口特定数量的商品而愿意出口的商品数量，它同时包含了供给和需求两方面的因素，也即相互需求曲线。如图2-2所示，横轴商品X表示A国的出口商品、他国的进口商品；纵轴商品Y表示A国的进口商品、他国的出口商品。D_1表示自由贸易条件下A国的提供曲线，D_1^*为对应的他国的提供曲线，E_1为自由贸易的均衡点，M_1为A国的无差异曲线。假定A国为减少本国的商品进口而设置技术壁垒，那么A国的提供曲线将会向纵轴方向移动，且设置的技术壁垒越是严苛，提供曲线D_1移动的幅度将会越大。此时A国提供曲线移动到D_2，与他国提供曲线D_1^*相交于点E_2，A国的无差异曲线为M_2，高于原来的M_1，说明技术壁垒能够提高本国出口商品的贸易条件和消费者的效用水平，增加本国贸易利益，具有贸易保护的作用。

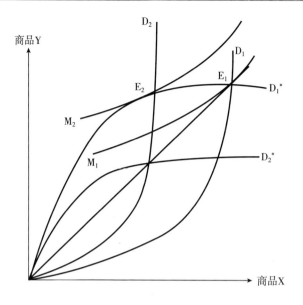

图 2-2　技术壁垒的贸易保护作用

2.2.1.2　市场失灵理论与技术壁垒的形成

市场失灵理论认为，信息不对称或不完全、外部性、公共物品和垄断的存在使市场难以解决资源配置的效率问题，导致市场失灵。为了克服市场失灵并实现资源配置效率的最大化目标，就必须要通过政府政策的适度干预。而技术壁垒的设置则可以在一定程度上解决市场失灵时出现的信息不对称、负外部效应以及公共物品不足等问题。

（1）解决信息不对称。经济活动中的信息不对称或者不完全可能会导致道德风险和逆向选择。在国际贸易中，生产者和出口商会掌握更为完全的商品信息，而消费者和进口商对商品信息的掌握则要由生产者和出口商愿意透露商品信息的多少来决定，这种信息不对称的现象将会增加消费者的消费成本并进而带来逆向选择问题。一方面，生产商不会主动将相关商品信息透露给消费者；另一方面，消费者因缺少专业知识背景不了解商品的生产、销售等信息，无法衡量商品的质量和价格，因此其愿意支付商品的价格并不会随着生产者生产商品质量的提高而增加。在这种不完全信息的情况下，生产者和出口商就会存在道德风险，具有通过生产和销售低质量产品来欺骗消费者的动机；生产者和出口商将不再生产和销售高质量产品，转而通过低价销售低质量产品来获取利润，市场上就会出现"劣币驱逐良币"的现象，即低质量产品淘汰高质量产品。

为了改善和纠正以上市场失灵带来的信息不对称问题，需要政府制定相关贸易政策或者规则保护消费者。政府通过制定严格的技术法规、技术标准、合格评定程序以及明确产品的包装、标签等要求来约束生产者和出口商，使其保证达到并提升生产产品的最低质量和性能，这些措施和要求也在客观上促成了技术壁垒的实施。

（2）减轻贸易风险和负外部性效应。在全球化的商品贸易中，负外部性指一国的生产和消费的行为和决策影响了其他国家的生产和消费，导致后者在无法获得补偿的情况下额外支付了成本费用。进口国在进口商品时既给消费者带来了商品的使用效用，也可能同时会携带外来物种和动植物疾病或细菌进入本国，这些外来物种和动植物疾病或细菌会威胁本国人民的健康和生态环境安全，给国际贸易带来风险并产生负外部效应。根据我国环保部的数据，2015年我国已发现560多种外来入侵物种，并且正呈逐年增长的趋势，已严重威胁我国生态环境、经济发展和人民群众健康①。因此，进口国通过严格的认证制度、检验检疫制度等技术性措施，对进口商品进行严格检查和控制，能够有效减轻贸易风险和负外部效应。

（3）解决公共物品不足。公共物品是指由政府部门提供，且由全社会成员共同使用和享有的物品。贸易发展过程中常常会涉及许多公共利益问题，诸如产品质量、信息安全、环境保护以及人类和动植物的健康与安全等问题。凭借单个生产者的经济实力并不能负担获得这些公共物品的投入成本，且生产者常常会出现"搭便车"行为，这就导致出现公共物品供应不足的问题。于是就需要政府通过政策的适度干预和法律法规的约束机制来向社会提供公共物品，比如通过制定严格的技术标准、技术法规保证公共产品的质量和安全，制定健康和卫生标准保证人类和动植物的健康与安全，规定污染物最低排放标准保护环境等，这些措施均为技术壁垒的表现形式。由此可以看出，技术壁垒可以作为给社会提供公共

---

① 资料来源：中华人民共和国环境保护部《2016中国环境保护公报》http：//www.zhb.gov.cn/hjzl/sthj/201706/t20170606_415460.shtml。

物品的保障，且因技术法规和技术标准等一经颁布便具有了公共物品的属性，因此技术壁垒本身也可以看作是一种特殊的公共物品。

2.2.1.3　技术壁垒形成的"南北"差异分析

所谓"南北"差异是指发达国家和发展中国家在经济、技术、体制机制及意识形态等方面的差异。在对技术壁垒的使用上，发达国家通常是技术壁垒的实施者，发展中国家则是发达国家的实施对象，虽然发展中国家正在开始逐渐建立自己的技术壁垒体系，但其在运用和实施上仍然和发达国家存在层次差异。而"南北"经济、技术和需求水平的差异客观上促成了技术壁垒的形成。

（1）"南北"经济水平差异。一国的经济实力通常会决定其在全球经济政治活动中拥有的政治权利，而政治权利反过来又会影响各国的经济利益。首先，经济发展水平的差异往往会导致南北国家权利的不对等。经济水平的差异本身就意味着权利上的不对称，在经济发展方面，发展中国家通常高度依赖于发达国家，这种基于经济发展的优势必然会转化为政治地位上的优势。其次，相对于发展中国家来说，发达国家的市场经济制度更加成熟、完善，在全球经济、贸易规则的制定过程中，发达国家通常会占据主导地位，而发展中国家影响甚微。如《世界贸易组织协议》尽管以追求贸易自由化、公平化为服务宗旨，但是由于美国、欧盟等发达经济体在世界贸易组织规则的制定中起主导作用，因此颁布的世界贸易组织规则还是有利于维护发达国家利益的。世界贸易组织有关技术壁垒的协议和规则也主要是由发达国家制定的。可以说，发达国家是国际规则的主要制定者，发展中国家则只能被动地接受国际规则。对于发展中国家而言，只有与国际技术标准、技术法规接轨，才能缩小与发达国家之间的差距，消除技术壁垒的阻碍。

（2）"南北"需求水平差异。消费者的需求差异给发达国家和发展中国家之间带来了无形的贸易障碍。马斯洛的"需求层次理论"将需求分为五个层次，人只有满足了较低层次的需求，才会对更高层次的需求有所渴望。由于发达国家和发展中国家人民收入水平和生活水平存在巨大差异，消费者偏好也呈现出差异性。在基本需求得到满足以后，发达国家消费者已经进入较高的需求层次，它们更关注生态保护，人类、自然和谐发展的大目标。比如，发达国家更关注动物生活福利，要求进口的动物产品不仅质量符合要求，更要享有起码的生活福利，而这些标准和要求对于发展中国家的消费者而言则是不予考虑的。又比如在欧盟，消费者通常会要求政府制定更为严格的技术标准和技术法规，以保护自身利益。此外，相关的消费者协会和环保组织也会积极采取行动，要求实施与绿色生产、绿色产品等有关的法律法规。比如欧盟一些成员国的许多消费者有时宁可购买成本更高、价格昂贵的环保产品，也不会选择价格较低的非环保产品。因此，只有"南北"之间消费者的需求差异缩小，产品的技术壁垒才有可能减弱。

（3）"南北"技术水平差异。1961 年，美国学者 Posner 最早提出技术差距理论，该理论将技术看作是一种生产要素，认为各个国家的技术发展水平存在差异，而这种技术上的差距会使得技术水平高的国家在技术上具有比较优势，进而能够生产并出口技术密集型产品。随着技术被技术水平较低的进口国模仿，掌握模仿技术的进口国会自行生产进口产品，这种比较优势也会逐渐消失。

在技术水平上，南北国家存在很大差异，发达国家通常是技术领先国，发展中国家通常是技术模仿国。在一定时期内，处于技术领先地位的发达国家是新技术产品的出口方，享有出口技术密集度高的产品的比较优势。随着技术的转移和扩散，其他国家如发展中国家也会创新或者模仿进而逐渐达到该技术水平，由产品的进口方转变为出口方。然而，这种技术转移通常会存在一定的时间滞后性，并且需要花费一定的成本。此外，技术领先的国家会持续开发、研制新产品，随之而产生的新的技术标准也会越来越高。因此可以看到，发达国家和发展中国家之间的"南北"技术差异可能将会一直保持。在技术模仿过程中，虽然发展中国家会持续努力缩短模仿时间，消除技术差距。但在一定时期内，在先进技术方面保持垄断地位能够给技术领先的发达国家带来巨大的经济效益，因此发达国家不会轻易放弃其在技术上的领先地位。而发展中国家作为技术引进国和技术模仿国，在新技术的更新和发展上落后于发达国家，导致其往往处于被动的跟随地位。

在全球贸易发展和经济竞争中，发达国家凭借其先进的技术标准、严格的技术法规等不断生产和出口具有先进性、可靠性以及竞争性的产品，因而常常在国际贸易中占据主导地位。然而，由于发展中国家经济和技术水平远落后于发达国家，技术标准、技术法规等在制定水平和内容上与发达国家相比存在较大的差距，出口产品往往达不到发达国家规定的标准，出口贸易受到技术壁垒的阻碍。而一旦发展中国家跨越了发达国家设置的技术壁垒，发达国家就会采取更为先进和复杂的技术性措施，形成新的技术壁垒来代替。由此可以发现，由于发达国家与发展中国家之间的"南北"技术差距只会缩小但并不会消失，因此技术壁垒也就不会消失。其动态发展过程如图 2-3 所示，其中，横轴为进（出）口数量，纵轴为发达国家进口时的技术标准，S_1 和 S_2 表示发展中国家出口时的超额供给数量。当发达国家的技术标准为 T_1 时，发展中国家出口数量为 Q_1，其余的产品则不能进入进口国市场。若发展中国家改进生产技术，提升技术标准，此时因技术标准的提高，其对发达国家的出口数量增加至 Q_2；但发达国家通常不会停止技术更新，此时会将技术标准提升至 T_2，发展中国家的出口产品数量会受到更高的 T_2 技术标准的限制，出口数量由 Q_2 减少至 Q_1^*。因此可以看出，技术壁垒的更新和超越速度不仅取决于技术引进国的模仿能力和国内产业的技术创新能力，还取决于技术壁垒设置国的技术创新能力，本质上取决于国家间的相对技术差距和技术追赶速度。

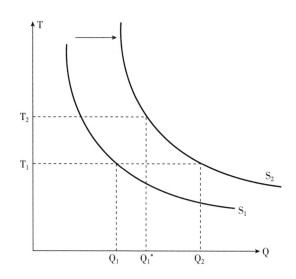

图 2-3　技术壁垒的动态发展过程

2.2.1.4　技术壁垒形成的博弈分析

技术壁垒的形成可能是基于贸易保护、市场失灵以及技术、经济、需求水平的差异，也有可能是各利益相关方相互博弈的结果。本部分从各国政府政策间博弈以及国家内部各利益方之间相互博弈的角度出发，利用博弈论的"囚徒困境"模型以及完全信息动态博弈模型进一步分析技术壁垒形成与实施的内在动机。

（1）各国政府政策间的博弈分析。假设现有两个国家甲与乙，其分别生产各自具有比较优势的产品 X 和 Y，同时甲国从乙国进口自己处于比较劣势的产品 Y，乙国从甲国进口自己处于比较劣势的产品 X，且两国均使用技术壁垒作为限制进口的措施，两国的博弈策略和利益所得如图 2-4 所示。其中，括号第一个数字表示甲国的利益所得，第二个数字为乙国的利益所得。由图 2-4 可看出，当甲、乙两国均设置技术壁垒时，两国的收益所得均为 0；当甲、乙两国均不设置技术壁垒时，两国的利益所得均为 1。但是由于甲、乙两国在决策前并不知道对方是否会设置技术壁垒，两国设置技术壁垒的可能性均为 50%，因此这里分析甲、乙两国在不知道对方决策之前的收益情况。

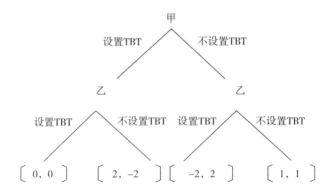

图 2-4 甲、乙两国设置技术壁垒时的博弈模型

首先，甲国设置技术壁垒时的最优收益 $M_1 = 0 \times 0.5 + 2 \times 0.5 = 1$；甲国不设置技术壁垒时的最优收益 $M_2 = -2 \times 0.5 + 1 \times 0.5 = -0.5$。其次，乙国设置技术壁垒时的最优收益 $N_1 = 0 \times 0.5 + 2 \times 0.5 = 1$；乙国不设置技术壁垒时的最优收益 $N_2 = -2 \times 0.5 + 1 \times 0.5 = -0.5$。

由于 $M_1 > M_2$，$N_1 > N_2$，设置技术壁垒是两国的占优策略，因此理性的国家出于追求收益最大化的目的，均会选择设置技术壁垒。此外，由于发达国家在经济、技术方面处于领先地位，设置技术壁垒时通常不会担心发展中国家也通过设置技术壁垒进行报复。因此，发达国家通常会有意愿主动设置技术壁垒，而发展中国家通常只能被动跟随。

（2）国家内部各利益方的博弈分析。技术壁垒既是各国政府之间博弈的结果，又是各国内部各利益方之间相互博弈的结果。技术壁垒会对国内生产商的资源配置和消费者的福利产生影响，理性的生产商和消费者对不同政策也有不同的反应和偏好，为实现自身利益最大化，必定会通过各种途径施加各种影响以实现各自的偏好。消费者人数众多、利益分散，每个消费者难以察觉技术壁垒实施中自身福利的损失；而生产者关注的多是产品生产和销售过程中的成本和优势，其产品成本的降低和优势地位的维持通常需要贸易保护政策的实施。因此，技术壁垒的形成又是国家内部各利益方政治、经济力量博弈的结果。由此，假设一国国内政府会选择设置或不设置技术壁垒两种策略，而国内生产商会选择生产或者不生产某种产品，消费者会选择购买或者不购买这种产品，那么国内各利益方的完全信息动态博弈过程如图 2-5 所示。其中，括号内第一个数字表示三方博弈下政府的利益所得，第二个数字为生产商的利益所得，第三个数字为消费者的利益所得。

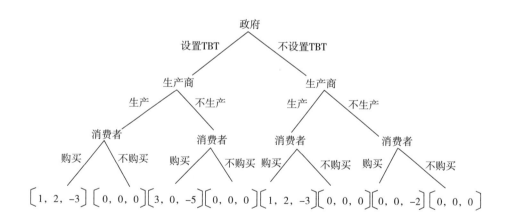

图 2-5　政府、生产商、消费者的动态博弈过程

当政府采取不设置技术壁垒的决策时，产品可以自由进入本国市场，消费者可以选择购买国内生产商生产的产品，也可以选择购买国外进口的产品，此时由于进口产品的价格低于国内生产商生产的产品价格，消费者愿意损失 2 个单位的利益所得来购买进口产品，而此时政府和国内生产商的利益所得均为 0，因此国内生产商会希望政府对进口产品设置技术壁垒。而政府通常会考虑到这种情况长期存在下去不仅导致本国贸易逆差，且国内市场上该种产品一旦被国外生产商垄断，也将阻碍国内生产商和国内该行业的发展，故而政府会通过设置技术壁垒作为贸易保护的手段保护国内生产商。

当政府采取设置技术壁垒的决策时，会增加国外出口商的出口成本，抑制国外该种产品对本国的出口，本国进口产品数量减少，产品价格提高。此时，因供给量的减少，国内该产品的价格会高于国际市场价格。而同时因设置技术壁垒带来的成本的增加，会导致国外出口商出口至本国的产品价格提高，且高于国内生产商生产的产品价格。此时，如果消费者购买国内生产商生产的产品，将会损失 3 个单位的利益所得，而国内生产商将会有 2 个单位的利益所得，政府也会有 1 个单位的利益所得；如果消费者购买进口产品，将会损失 5 个单位的利益所得，而政府将会有 3 个单位的利益所得，国内生产商的利益所得则为 0。可以发现，政府采取设置技术壁垒的决策之后，消费者购买该产品的利益所得减少，因此消费者会希望政府取消技术壁垒，从而形成了政府、国内生产商、消费者三者间的博弈，这也是技术壁垒形成的内在动机。

2.2.2 技术壁垒的作用机制

2.2.2.1 技术壁垒的价格抑制机制

进口国设置技术壁垒，要求国外产品在进入本国市场之前必须通过相关的技术标准、技术法规的审查或者合格评定程序的认证等，这就要求出口国企业在进入进口国市场之前必须完成相应的检验、认证等合格评定程序并支付相应的费用，进而导致出口产品的成本增加、出口价格提高，降低其在进口国市场上的价格竞争力，使出口国企业的利润下降甚至出现亏损，从而达到抑制国外产品的出口及限制本国进口该产品的目的。

为简化分析，假设出口国出口的产品 X 的产量与进口国对产品 X 的进口数量相同，且产品 X 为非垄断性产品，关税为零，以此分析技术壁垒的价格抑制机制。如图 2-6 所示，曲线 AC 表示技术壁垒设置前产品 X 的单位成本曲线，此时，出口产品 X 在进口国市场上的价格和单位成本分别为 P_0 和 C_0，出口数量为 Q_0，则出口产品 X 的单位收益为 P_0-C_0，总收益为（P_0-C_0）Q_0；进口国设置技术壁垒后，出口国出口产品 X 时会产生各项额外费用（C_1、C_2、C_3……），致使单位成本曲线 AC 逐渐向右上方移动，出口产品 X 的单位成本增加至 AC+C，其中 $C=C_1+C_2+C_3+\cdots\cdots$。如果 $C_0+C>P_0$，则出口产品 X 的单位成本大于价格，出口企业出现利润亏损，会选择退出出口市场；若 $C_0+C<P_0$，则出口产品 X 的单位成本小于价格，相比技术壁垒设置前出口企业单位收益减少了 C。此外，当 AC 移动至 $AC+C_1$ 时，在出口量 Q_0 不变的情况下，出口企业必须将产品 X 的价格提高至 C_1，才能保证不出现亏损，但是出口价格的提高会削弱产品 X 在进口国的市场竞争力，出口国若想打破技术壁垒的限制，出口企业需要将出口产品 X 的出口量由 Q_0 增加至 Q_1 甚至更高，通过降低出口产品的单位成本，进而取得在进口国市场的竞争优势。

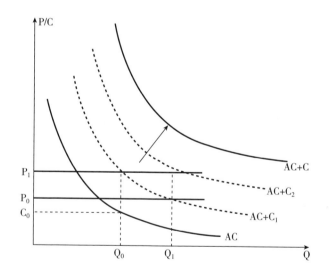

图 2-6　技术壁垒的价格抑制机制

2.2.2.2　技术壁垒的数量控制机制

进口国设置技术壁垒，最直观的结果是会对出口国的出口产品数量产生明显的控制作用。如图 2-7 所示，假设短时间内进口国国内的供给和需求状况不变，

D 为进口国消费者对进口产品 X 的国内总需求曲线，S 为进口国企业对本国市场的供给曲线。进口国设置技术壁垒之前，产品 X 的均衡价格为 P_0，国内总需求数量为 Q_1，其中进口各国国内企业提供的数量为 Q_2，剩余部分 Q_1-Q_2 由出口国企业提供，即进口国通过进口获得。

当进口国针对产品 X 设置技术壁垒时，短期内出口国企业的出口产品 X 会有部分因无法满足进口国的技术标准、技术法规等而无法进入进口国市场，进口国国内总供给量的下降将导致产品 X 价格上涨至 P_1。此时进口国国内总需求量下降至 Q_3，国内企业的供给量增加至 Q_4，剩余部分 $Q_3-Q_4=Q_4Q_3$ 通过进口获得。由此得到，设置技术壁垒之后，出口国的出口数量减少了 $Q_2Q_4+Q_3Q_1$。因此可以发现，技术壁垒具有数量控制机制，进口国设置的技术壁垒会控制出口国的出口数量，且技术壁垒越严格，这种数量控制作用越明显。

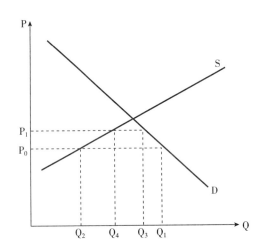

图 2-7　技术壁垒的数量控制机制

2.2.2.3　技术壁垒的动态作用机制

上文从静态角度剖析了技术壁垒对出口的作用机制，结果发现进口国设置的技术壁垒对出口国的出口产品具有价格和数量的双重抑制作用。然而，技术壁垒与其他非关税壁垒的主要区别就在于，技术壁垒是随着技术的变动和优化而不断变化的。因此在分析技术壁垒的作用机制时，有必要考虑技术变动及技术优化的因素。本部分从技术优化的动态视角来考察技术壁垒的作用机制。

从动态角度来看，技术壁垒仅仅只是进口国相对于出口国在某一产品或者技术领域的暂时性的技术领先，且这种领先并不会长期存在，因此技术壁垒也可以说是临时性的贸易壁垒。而进口国设置技术壁垒与出口国跨越技术壁垒之间会产生两国间各种力量的较量，同时也是两国之间贸易利益重新分配的动态博弈过程。当出口国遭遇技术壁垒时，出口企业依据进口国规定的新的技术标准、技术法规而提升产品质量，改进技术之后，就突破了技术壁垒的价格和数量的双重抑制。随着技术的发展，新技术所要求的更高的技术标准会不断出现，新的技术壁垒的抑制作用又会不断出现。如图 2-8（a）所示，横轴表示产品 X 的出口量，纵轴 T 表示产品 X 的技术标准。当技术标准为 T_1 时，只有标准达到或者高于 T_1 的产品 X 才可以进入进口国市场，此时对应的产品 X 的出口数量为 Q_1；当进口国通过设置技术壁垒将产品 X 的技术标准提高到 T_2 和 T_3 时，出口数量会分别减少至 Q_2 和 Q_3。如图 2-8（b）所示，如果出口国提高了本国的技术水平，面对进口国更高的技术标准 T_2 和 T_3，此时相比于图 2-8（a），产品 X 的出口数量明显增加，表明有更多的产品 X 达到了进口国的技术标准且顺利进入进口国市场。

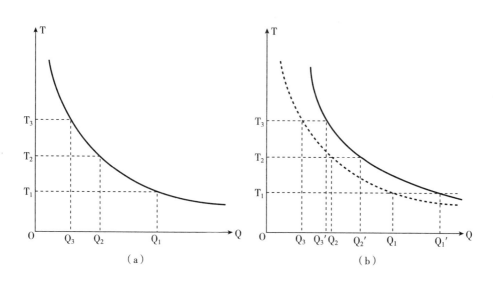

（a）　　　　　　　　　　　　（b）

图 2-8　技术壁垒的动态作用机制

2.3 国内外技术壁垒研究综述

全球贸易摩擦的不断蔓延和升级对世界各国进出口贸易和产业安全产生了新的冲击。其中，技术壁垒作为新型贸易摩擦的一种重要表现形式，从 20 世纪 50 年代起，就受到了广大学者，包括许多国际机构和组织如世界贸易组织（WTO）、联合国粮农组织（FAO）、联合国贸易与发展大会（UNCTND）等的广泛关注。本部分从技术壁垒的概念性质、形成机理以及对出口贸易的影响等角度出发，对已有研究文献进行梳理、归纳与借鉴。

2.3.1 技术壁垒的概念与性质研究

在以往的研究中，诸多学者和国际组织分别从不同视角入手，尝试回答"什么是技术壁垒"这一基本问题。但无论是国际多边协定，还是国内外学者，对技术壁垒的概念界定至今都尚未达成共识，可以说技术壁垒定义的混乱是对其研究进展缓慢的原因之一（Hillman，1991）。由于研究视角的不同，不同学者对技术壁垒的内涵所做出解释的侧重点是不一样的，但都具有一定的合理性，都说明了技术壁垒某方面的问题。从表 2-2 可以看出，早期学者或国际组织对技术壁垒概念的界定主要分为以下几类：

（1）认为世界贸易组织（WTO）中规定的与贸易有关的技术性措施即为技术壁垒。世界贸易组织（WTO）的《技术壁垒协议》（1995）规定，技术壁垒指一国政府或非政府机构以维护国家安全、保护人类健康和安全、保护生态环境、防止欺诈行为以及保证产品质量为由，采取一些强制或非强制性的技术性限制措施与法规，这些措施成为其他国家商品和服务自由进入该国市场的障碍。国内学者夏友富、俞雄飞和李丽（2002）将技术壁垒概念分为狭义和广义两种，狭义的技术壁垒主要包括世界贸易组织（WTO）中《技术壁垒协议》规定的技术法规、技术标准以及合格评定程序；广义的技术壁垒则将动植物检验检疫措施（SPS）、产品的包装与标签标志要求以及绿色壁垒、信息技术壁垒等也纳入其中。但实际上，这些措施和要求也经常以技术法规、技术标准以及合格评定程序的方式表现。而 Partiti（2017）认为社会和环境可持续发展领域和私人标准也应和世界贸易组织（WTO）中规定的技术壁垒的适用范围相一致。

（2）研究成果最为丰富也最具有代表性的观点是"技术性措施说"。该观点认为技术壁垒是指通过强制性和非强制性限制措施规定产品的某些标准和法规，并旨在检验产品是否符合相关技术标准、技术法规，确定商品质量以及为适应由此而带来的认证、审批以及试验程序而造成的贸易阻碍。Baldwin（1970）认为若技术法规和标准成为不必要的贸易阻碍，则应当予以消除。Stephenson（1997）、Thornsbury（1998）则认为技术壁垒是非关税壁垒中贸易限制法规的一种形式。Roberts（1999）从经济学的外部性出发，将技术壁垒界定为各国对在本国市场销售的国外产品进行管理的相关法规及标准，认为各国设置贸易壁垒，实质上是为了解决产品生产、分配以及消费过程中的市场失灵问题，这表明了技术壁垒利用校正市场无效的目的来遮掩其贸易保护的实质。Allen 和 Sriram（2000）、Fischer 和 Serra（2000）从内容上进行界定，直接将技术法规、标准、检验检疫措施等在边境对产品进口进行限制和延误的措施视为技术壁垒。国内学者叶柏林（1992）从标准化的视角出发，认为技术壁垒不仅涉及规定、标准与法规，还包含对产品是否符合技术法规以及对产品质量和使用性能进行的认证、审批以及试验等的一些程序。赵春明（2001）认为技术壁垒是进口国对出口国出口产品的一种歧视，通过设置专门的贸易障碍，来达到限制或阻止外国商品进入本国国内市场，保护国内产品生产企业和产业的目的。持这类观点的学者通常认为，成为阻碍其他商品自由进入一国的强制性和非强制性技术性措施都是技术壁垒（蔡茂森和朱少杰，2003；蒋国瑞和赵书良，2004）。

（3）从技术壁垒的双重性质来看技术壁垒的定义。此类观点认为技术壁垒兼有合理性与不合理性。Gandal 和 Shy（2001）认为技术壁垒具有"双重性"，一方面它可以矫正外部性，另一方面又会限制国外商品的进口，保护本国国内生产者。Otsuki 等（2000）认为世界贸易组织（WTO）的《技术壁垒协议》规定了一系列辨别"保护主义"标准的原则，因此可以利用协议中的规定来判断技术壁垒的双重属性。WTO/TBT 协议基于合理的使用目的以及适度的保护水平两个要素来认定技术壁垒的合理存在。张海东和朱钟棣（2005）认为消除或者克服技术壁垒的提法体现了对于技术壁垒认识上的偏差，只注意到了其对贸易的限制作用，却忽视了其中正当合理的性质及其维护国际贸易秩序的积极作用，并在此基础上提出了技术性壁垒理性化的概念。邓竞成（2003）指出技术壁垒本身具有保护国家安全、人民和动植物健康安全、环境以及阻碍进口商品进入的双重性质。杭争（2003）认为技术壁垒具有调控经济贸易利益的积极作用和增加贸易成本、形成贸易阻碍、引起贸易争端的消极作用。这类观点虽然认识到了技术壁垒的两面性，但并未把技术性措施的积极作用从技术壁垒概念的范畴中进行有效剔除，对技术壁垒的界定仍然不够清晰。技术壁垒与其他非关税壁垒相比，具有更为鲜明的特点，从出发点来看具有合理性，从形式上来看具有合法性，从保护方式上来看具有隐蔽性，从实施效果方面来看具有歧视性，而从保护内容方面来看又具有广泛性等特征。对这一观点研究的逐渐深入，表明学者们对技术壁垒的全面性认识在不断加强。

（4）从技术壁垒的产生原因来看技术壁垒的定义。此类观点一般涉及技术壁垒的判定问题，为甄别技术性措施与技术壁垒提供了可以参考的方法。Thornsbury（1998）认为技术壁垒的实施是理性经济个体的偏好以及其政治影响力与政府之间相互作用的均衡结果。国家质量技术监督管理局管理研究所将技术壁垒视为不同国家间在标准、法规、合格评定程序等方面存在体制差异的结果。Maskus 和 Wilson（2001）认为可以通过五个要素来鉴别一项技术性措施是否能够称为技术壁垒。当技术标准具备了增加成本、高于实现的政策目标、歧视性、破坏性以及谨慎性这五大要素时，就成了能够对贸易造成阻碍的技术壁垒。高文书（2003）在对技术壁垒成因进行分析的基础上，认为技术壁垒是由于各国技术性措施的体系不同、水平不同、信息不足、不能相互协调或歧视性实施进而给国际贸易造成的障碍。

此外，各国际组织和经济体对技术壁垒概念的界定也不尽相同，但都以世界贸易组织（WTO）的规定为基本原则。

表2-2 不同研究者或组织有关技术壁垒概念内涵的观点分类

关于技术壁垒概念内涵的观点分类	代表性研究者
认为世界贸易组织（WTO）中规定的与贸易有关的技术性措施即为技术壁垒	世界贸易组织（WTO）（1995）；夏友富（2002）；王志芳（2006）；Partiti（2017）

续表

关于技术壁垒概念内涵的观点分类	代表性研究者
"技术性措施说"认为技术壁垒是指通过强制性和非强制性限制措施规定商品的某些标准和法规，并旨在检验商品是否符合相关技术标准、技术法规、确定商品质量以及为适应由此而带来的认证、审批以及试验程序而造成的贸易阻碍	Baldwin（1970）；叶柏林（1992）；Alan（1995）；Donna（1999）；Allen 和 Sriram（2000）；Fischer 和 Serra（2000）；赵春明（2001）；王荣艳（2002）；蔡茂森（2003）；蒋国瑞（2004）
从技术壁垒的双重性质定义技术壁垒，认为技术壁垒兼有合理性与不合理性	Otsuki 等（2000）；Gandal 和 Shy（2001）；邓竟成（2003）；杭争（2003）；鲍晓华（2005）；张海东（2005）；鲁丹萍（2006）；罗小明和王岚（2007）
从技术壁垒的产生原因定义技术壁垒，一般涉及技术壁垒的判定问题，为甄别技术壁垒提供了可以参考的方法	Thornsbury（1998）；国家质量技术监督管理局管理研究所（1998）；Maskus 和 Wilson（2001）；高文书（2003）

资料来源：笔者根据相关文献整理所得。

2.3.2　技术壁垒的形成机理研究

关于技术壁垒的形成机理，国内外学者的研究角度各不相同，本部分从市场失灵、技术差距、政治经济学以及博弈论几个方面对现有研究进行总结梳理。

2.3.2.1　基于市场失灵与技术差距的技术壁垒形成机理研究

WTO/TBT 协定指出，在适当条件下，一国或地区可以使用技术性措施来解决因信息不对称、公共物品不足以及负外部性等问题引致的市场失灵问题[①]。对于市场失灵问题，Akerlof（1970）用二手车交易市场模型解释了市场交易中的信息不对称问题，认为交易双方的信息不对称会带来严重的市场失灵问题。Roberts 等（1999）认为技术壁垒产生的主要原因就是纠正产品在生产、分配和消费过程中产生的负外部性。美国农业部经济研究局（United States Department of Agriculture, Economic Research Service）从提高进口国福利的角度出发，同样认为解决市场失灵问题是技术壁垒形成的重要原因之一。国内学者张海东（2004）认为技术壁垒具有合理保护的性质，纠正和减轻市场失灵是促使技术壁垒形成的原因之一。喻跃梅（2005）从技术选择角度着手，分析了技术水平差异、政府措施和网络外部性条件下技术壁垒的形成机制。鲍晓华（2005）指出"南北"国家间技

---

① WTO/TBT 协议 2.2 条款，详见 https：//www.wto.org/english/docs_e/legal_e/17-tbt_e.htm。

术水平的差异也是技术壁垒形成的重要因素，技术水平高的国家更倾向于设置技术壁垒，而技术水平低的国家则更易遭受技术壁垒。杨波（2007）认为政府干预仅仅是技术壁垒形成的重要步骤和外在原因，技术水平的差距才是技术壁垒形成的内在原因。

2.3.2.2 基于政治经济学与博弈论的技术壁垒形成机理研究

国内外学者多从政治经济学角度出发，结合博弈理论，通过国家之间以及国家内部各政治经济集团之间的相互博弈来分析技术壁垒形成的内在动机。Richard（1974）通过对"公共利益理论""利益集团""俘获理论"的分析指出，纠正市场失灵并不是制定技术法规的唯一目的，利益集团寻找利益最大化才是技术法规制定的最重要原因。Peltzman（1976）从政治经济学角度出发，认为商品交易实质就是财富的转移，利益集团为了保证财富的分配，通常会要求设置各种壁垒实行贸易保护。Thornsbury（1999）对美国农产品出口存在技术壁垒的政治经济因素进行了评价。国内学者盛斌（2002）最早开始从政治经济学的角度研究我国的对外贸易政策，主要集中在关税和非关税壁垒这两个方面。翟东升和魏薇（2005）认为政府行为是影响技术壁垒形成的重要因素。鲍晓华和朱钟棣（2006）以技术壁垒为例分析了贸易政治经济学在中国的适用性，并进一步考察了"国家利益"和"利益集团"两个指标对技术壁垒形成的混合影响。赵美英（2007）从新政治经济学视角出发，使用双寡头模型分析了技术壁垒的形成机制，并指出其基于贸易保护目标的实质。罗秀娟（2009）从国家间贸易政策博弈和国家内部各利益方相互博弈的角度出发，构建博弈模型，阐释技术壁垒形成的内在动机，由此分析其给各利益集团带来的不同影响。王杰（2010）、王焕曦和孙炳娜（2010）运用"利益集团"、博弈论等理论对技术壁垒的形成机理进行了多维度的系统分析，认为技术壁垒的形成是主观与客观、经济与政治等多种因素相互作用和制衡的结果。江凌（2012）从贸易保护的政治经济学的角度阐释了技术壁垒的形成动因，并扩展了最小质量标准（MQS）模型，进一步分析了国内利益集团对政府设置技术壁垒决策的影响。辜秋琴和张成松（2014）从代理理论的新视角出发，在研究中纳入非对称信息，运用博弈方法分析指出发达国家和发展中国家明显的技术信息差异是技术壁垒形成的重要原因。

2.3.3　技术壁垒对出口贸易的影响研究

当前国内外学者有关技术壁垒对出口贸易的影响的研究成果颇丰，大多采用局部均衡分析、可计算的一般均衡、博弈论等分析方法，集中于对贸易效应、经济效应和福利效应等的分析上。结合本书需要，本部分从技术壁垒对贸易流量、成本增加以及出口企业的影响三个维度对现有文献进行总结和梳理。

2.3.3.1　技术壁垒对贸易流量的影响研究

技术壁垒通常是由拥有技术优势的进口方对处于技术劣势的出口方采取的贸易保护手段，因此早期学者对技术壁垒的研究侧重于研究发达国家的技术壁垒对其进出口贸易流量的影响以及发展中国家遭受技术壁垒时其进出口贸易流量的变化。

技术壁垒对贸易流量的影响首先体现在贸易规模上，集中体现为对进口和出口贸易流量的影响。Calvin 和 Krissoff（1998）通过建立局部均衡模型，定量分析了日本的技术壁垒对美国苹果出口的影响，结果表明日本为了保护本国苹果出口商而设置的有关苹果的卫生检验检疫制度限制了美国苹果的出口。Moenius（2004）以农产品贸易为例，运用贸易引力模型，研究发现，进口国单方设置的标准会阻碍农产品贸易发展，而双方统一适用的标准则可以促进贸易的发展。Wilson 和 Otsuki（2004）以香蕉出口贸易为例，采用来自经济合作与发展组织（OECD）的 11 个进口国和 21 个对香蕉出口贸易依赖度高的发展中国家（包括拉丁美洲、亚洲和非洲的一些国家）的贸易数据，实证分析农药残留标准对香蕉出口贸易流量的影响，结果显示，该标准每提高 1%，香蕉出口额会减少 1.63%。Iacovone（2005）以黄曲霉毒素标准作为衡量坚果贸易中遭遇技术壁垒的指标，运用引力模型分析其对 21 个拉丁美洲国家坚果出口至欧盟的影响，结果表明，技术壁垒每提高 1%，出口额会减少 0.67%。Otsuki 等（2008）同样以黄曲霉毒素标准作为衡量谷物与干果出口中遭遇技术壁垒的指标，研究了欧盟实施的技术壁垒对非洲国家的谷物与干果出口的影响，结果显示，技术壁垒提高 10%，谷物与干果的平均出口额就会降低 11%。Arita 等（2015）研究探讨了美国和欧盟所采取的技术壁垒、卫生和植物检疫措施（SPS）对农产品贸易的影响，并以估计的从价关税等值（Valorem Tariff Equivalents）来考察影响的幅度，结果发现欧盟技术壁垒对美国禽肉、猪肉和玉米出口的阻碍作用最大，从价关税等值平均高达102%、81%和79%；而美国技术壁垒对欧盟水果、蔬菜出口的平均从价关税等值约为37%～45%。Kapuya（2015）利用改进的引力模型分析了南非柑橘出口主要市场的技术壁垒对其出口贸易的影响，结果发现，消除技术壁垒能够使南非对欧盟的柑橘出口增加0.1%。Wood等（2017）运用引力模型和泊松伪极大似然法分析了中国的技术壁垒对韩国出口贸易的影响，结果表明，利用技术壁垒通报数量的覆盖率和频率指数估算的中国的技术壁垒与韩国农产品出口呈显著正相关关系，但以覆盖率估算的中国的技术壁垒对韩国制造业出口和整体出口起到抑制作用。

由于不同国家和地区的技术法规和标准各异，不同行业生产产品的技术含量也不同，因此技术壁垒对国际贸易流量的影响存在明显的国别差异（鲍晓华和朱达明，2014）。技术壁垒会抑制发展中国家对发达国家的出口贸易，但却不会影响发达国家以及发展中国家对发展中国家的出口贸易，有时甚至还起到促进作用（Disdier等，2008；Uprasen，2012）。Essaji（2008）采用海关编码为HS8的美国农业、矿业和制造业的进口数据，使用工具变量法解决技术法规的内生性，考察了美国实施技术壁垒对其进口贸易的影响，结果证实，技术壁垒实质上阻碍了发展中国家对美国的产品出口。Herzfeld等（2011）主要分析了两项私营食品标准的采用对贸易流量的影响，研究结果表明，两项技术标准的使用会阻碍发展中国家进入相关产品的出口市场，这主要是因为发达国家拥有庞大的认证机构和组织，这些第三方的认证能够加强现有的贸易联系，进而阻碍发展中国家的进入。Li和Beghin（2012）根据相关国际贸易的经验研究，使用荟萃分析法（Meta-Analysis）解释了技术壁垒对贸易的影响，分析结果显示，技术壁垒的相关技术标准和法规会使发展中国家在向发达国家出口农业和食品行业的相关产品时受到阻碍。Bao和Qiu（2012）、Bao和Chen（2013）运用1995～2008年100多个世界贸易组织（WTO）成员国的相关数据分析了技术壁垒对各个国家贸易表现的影响，研究发现，发达国家实施的技术壁垒对贸易产生负面影响的可能性会更大；而发展中国家实施的技术壁垒则会对贸易流量产生更大的积极影响，且这种积极影响主要表现在对其他发展中国家的出口上。Clougherty和Grajek（2014）

评估了 ISO9000 标准[①]对跨国贸易的影响，发现 ISO 标准丰富的发达国家在标准化中受益最多，对于 ISO 标准较弱的发展中国家来说，由于成本的影响，ISO9000 则成为技术壁垒的一种表现形式。Beghin 和 Maertens（2015）的研究表明，进口国设置的技术壁垒对国际贸易流量的影响因进口国的经济发展水平和生产技术水平的差异而不同，技术壁垒对南方国家贸易的影响要大于北方国家。Zhang（2016）从技术壁垒对发展中国家的潜在影响着手，构建了一个分析农药减量方法对蔬菜成本和产量影响的经济计量模拟框架，实证研究结果表明，日本严格的技术标准短期内严重阻碍了我国的蔬菜出口。

国内部分学者认为技术壁垒对出口具有贸易抑制作用（刘汉成和夏亚华，2010；陈晓娟和穆月英，2014；李祎雯等，2017；赵红霞和李栋，2017；陈晓和王婷婷；2017）。吴秀敏和林坚（2004）认为技术壁垒对中国农产品的出口在短期和长期内均具有贸易限制、贸易禁止和贸易转移效应。黄冠胜（2007）在全面分析我国农产品贸易的现状和特点的基础上，从定性分析的角度出发，认为农产品遭遇的技术壁垒不仅会造成我国农产品国际贸易持续逆差，而且会缩小农产品国际市场的范围。王英（2008）认为在农产品国际贸易中，技术壁垒的实施会产生诸多消极影响，如带来我国农产品出口企业市场份额的减少，失去贸易机会甚至退出市场，大幅度降低出口企业信誉，降低农产品国外消费者信心等，最终可能会影响我国农产品贸易的平衡发展。孙龙中和徐松（2008）通过深入分析技术壁垒对我国农产品出口贸易的消极影响，指出技术壁垒已经成为中国农产品出口的最大阻碍。鲍晓华（2010）运用 2000~2007 年中国与 57 个国家的谷物出口贸易数据，研究了黄曲霉毒素最大限量标准对中国谷物出口的影响，结果发现，中国谷物对标准更宽松国家的出口规模要明显大于标准更严格国家，说明标准越严格对中国谷物出口的限制效应越大。徐维和贾金荣（2013）从自贸区的视角出发，利用 2002~2009 年中国出口至东盟、欧盟和北美三大自贸区农产品的贸易数据，建立引力模型考察技术壁垒对中国农产品出口的影响，结果表明，自贸区内的技术壁垒会显著抑制中国农产品的出口，技术壁垒每增加 1%，中国对东盟、

---

① ISO9000 标准是国际标准化组织（ISO）在 1994 年提出的概念，是指由 ISO/Tc176（国际标准化组织质量管理和质量保证技术委员会）制定的国际标准。

欧盟和北美的农产品出口分别减少 0.146%、0.110% 和 0.087%。詹晶和叶静（2013）基于向量自回归（VAR）模型实证考察了日本技术壁垒对中国农产品出口影响的动态趋势，结果表明，日本技术壁垒对中国农产品出口的贸易限制效应是长时间持续的。陈晓娟和穆月英（2015）研究了韩国设置的技术壁垒对中国农产品出口的影响，结果证明，韩国设置的技术壁垒具有明显的贸易保护性质，抑制了中国对韩国农产品的出口。刘双芹和李芝（2016）分析了美国技术壁垒对中国出口贸易的影响，结果表明，美国技术壁垒对中国出口贸易具有较强的贸易抑制效应，美国技术壁垒通报量每增加 1%，中国对美国的出口额将减少 0.1775%。

也有部分学者认为技术壁垒的贸易效应具有双重性，既会随着时间发生变化，也可以通过技术手段和政府管理改进（孙晓琴和吴勇，2006；李健，2008）。李春顶（2005）认为技术壁垒对贸易的抑制效应只是暂时的，长期来看抑制效应会消失，促进效应会显现。何正全和王慧君（2009）梳理了农产品领域全球最具代表性的技术壁垒措施，在此基础上系统解析技术壁垒对中国农产品出口的有利影响，并以茶叶出口为例佐证了上述论点。陈新华等（2010）研究了技术壁垒对我国食用油料出口的影响，通过联立方程组以及对我国食用油料产品 Armington 弹性的估计发现，在确保国内食用油料需求不出现大幅度波动的前提下，技术壁垒的实施能增加国内食用油料的出口和种植的效益。徐维和贾金荣（2011）使用 2000~2009 年中国对美国、欧盟和日本农产品出口的面板数据，建立引力模型考察技术壁垒对中国农产品出口的影响，结果表明，美国、欧盟和日本向世界贸易组织（WTO）提交的技术壁垒通报数的对数值每提高 1%，我国出口额的对数值将增加 0.388%，说明技术壁垒能够刺激我国农产出口。鲍晓华和朱达明（2015）通过分析 1995~2009 年全球 112 个国家的技术壁垒通报数据和双边贸易流量发现，出口国遭遇技术壁垒的贸易限制效应和其人均收入水平成反比，且出口国可以通过提高本国生产技术水平和政府管理能力来降低进口国技术壁垒带来的贸易限制效应。宋玉臣和臧云特（2016）采用时变参数向量自回归模型，从时间和时点两个层面实证研究日本技术壁垒对我国农产品出口的影响，结果表明，日本技术壁垒对我国农产品出口存在显著的短期负面效应，然而其倒逼机制会促使中长期内积极效应凸显，提升农产品市场调整效率。李芳（2017）以我国农产品遭遇美国技术壁垒为例，分析了影响我国农产品出口的技术壁垒相关因素，研究显示，农药投入量、化肥施用量等反映我国农产品质量的因素为最重要因素。

2.3.3.2　技术壁垒对出口成本的影响研究

技术壁垒对出口成本的影响主要表现为其对出口企业带来的成本增加的影响（Coglianese 和 Sapir，2107；Colares 和 Canterberry，2017）。经济与合作发展组织对美国、日本、英国和德国的通信设备、奶制品和汽车配件三个行业的 55 个企业的管理者进行调查，考察技术标准与合格评定程序对贸易造成障碍的程度，结果表明技术壁垒将给小企业带来 0~10% 成本的增加，阻碍其进入其他市场。Gandal 和 Shy（2001）认为标准化的实现有利于产品在全世界范围内生产和消费，但对于出口国来说，标准的转化则会带来出口成本的增加。Maskus 等（2005）运用 16 个发展中国家 12 个行业的企业层面的数据，建立超越对数成本函数模型，实证研究符合进口国要求的技术标准和技术法规对短期生产成本的影响，结果发现，为达到符合进口国标准的要求，增加 1% 的遵循技术标准的投入，将使生产成本增加 0.06%~0.13%，同时使固定成本增加 4.7%，即标准确实导致了短期生产成本的增加。Henson 等（2005）将技术壁垒带来出口成本的增加分为两部分：一次性初始成本（One-time Costs）和持续成本（On-going Costs）。Mcdaniels 和 Karttunen（2016）实证分析了 2010~2014 年世界贸易组织（WTO）成员国在 STCs（Specific Trade Concerns，具体贸易问题）遭遇的合格评定程序问题，结果表明，因合格评定程序带来的重复、拖延或歧视将会大大增加出口企业的贸易成本，成为最经常引起贸易问题的节点。Zhang（2016）通过研究日本严格的技术标准对中国蔬菜出口的影响，考察技术壁垒对发展中国家的潜在影响，并在此基础上提出了一个可用于分析农药减量途径对蔬菜成本和产量影响的经济计量模拟框架。Orefice（2017）运用 1996~2010 年 WTO/STCs 数据库的最新数据进行经验分析，证明技术壁垒作为非关税壁垒的一种重要形式，给国际贸易中出口国家带来了贸易成本的增加。

国内学者蔡茂森和朱少杰（2003）将技术壁垒给进口企业带来的成本增加分为四个部分：认证费用、适应性费用、销售成本以及其他的派生费用和成本，技术壁垒通过将成本施加于产品价格进而阻碍产品进口。顾江和杨红利（2003）分析了动植物卫生检验检疫（SPS）措施导致出口产品成本上升的因素，证实了 SPS 措施会通过成本增加带来出口产品价格的上升。鲍晓华（2005）提出了测度动植物卫生检验检疫（SPS）措施的成本收益方法，识别和度量了技术壁垒带来的出口成本。李春顶（2006）将技术壁垒带来的成本增加看作保护成本，并将其与产业保护政策、关税以及其他非关税贸易措施进行了成本收益的对比，结果发现，技术壁垒的直接保护成本最高。黄志刚（2008）构建了技术壁垒对出口国经济效应的分析模型，估计出其弹性系数条件，结果表明，进口国提高技术壁垒的符合成本将使本国生产企业利润不断增加，外国出口企业的利润不断下降。许统生等（2012）分析了 1996~2009 年中国主要农产品的平均贸易成本，结果发现，中国农产品的贸易成本高于制造业产品，而技术壁垒是其贸易成本增加的主要原因。鲍晓华和朱达明（2014）以 1995~2008 年 105 个世界贸易组织（WTO）成员国的技术壁垒通报数构造了进口覆盖率作为技术壁垒的量化指标，研究了技术壁垒对出口的边际效应，结果发现，进口国的技术壁垒影响了出口国出口的变动成本和固定成本，由此影响了贸易国出口量的调整和出口概率的变动。李富（2018）采用 CCR 模型分析了在贸易伙伴国设置技术壁垒的情形下中国与"一带一路"沿线国家的贸易情况，研究发现，一个国家过多地实施技术壁垒会增加贸易成本，对贸易自由化形成阻碍。

2.3.3.3 技术壁垒对出口企业的影响研究

不同于反倾销、反补贴等传统贸易摩擦形式通过对存在倾销和补贴的特定出口企业征收反倾销和反补贴税率的方式来解决贸易保护问题，技术壁垒更多的是国家层面通过整体技术法规和技术标准等的制定来对所有与之相关的进口产品进行贸易限制，因此，很难获得企业层面的微观数据。随着世界贸易组织（WTO）有关 TBT-IMS（Technical Barriers to Trade-Information Management System）[①] 和 UNCTAD（联合国贸发会议）有关 TRAINS（贸易分析和信息系统）数据库的完善，以及异质性企业理论、博弈理论等新的研究视角的引入，学者们开始关注技术壁垒对出口企业的影响。对技术壁垒对进出口贸易影响的研究从最初聚焦在阻碍发展中国家产品出口的短期效应阶段，逐步进入研究技术壁垒在促进企业技术创新方面的长期效应阶段。

[①] TBT IMS 数据库包含了所有世界贸易组织（WTO）成员国的 TBT 通报数以及 TBT 委员会发布的 STCs 详细信息，详见 http://tbtims.wto.org/。

国外学者 Felbermayr 和 Jung（2011）从异质性企业理论出发，将技术壁垒看作是进入出口市场的监管成本（Regulatory Costs），研究发现，技术壁垒会引起市场份额的重新分配：低生产效率企业的部分市场份额会被高生产效率企业取代。Vancauteren（2013）使用 1992～2005 年具有企业异质性指标的荷兰食品加工企业微观层面数据，分析欧盟食品法规对企业促进竞争效应（Pro-competitive Effects）的影响，结果发现，小企业、单一产品企业更易受到技术壁垒的影响。Zhou（2013）以中国广州 116 家企业的问卷调查数据为样本，考察技术壁垒和企业技术创新行为的关系，结果发现技术壁垒能够刺激企业进行技术创新，而企业技术创新水平和知识整合能力的提升又能够提高技术壁垒的应对能力。Grant 等（2015）对影响美国九类新鲜水果和蔬菜出口的技术壁垒数据进行重新处理，构建新的计量模型分析技术壁垒对出口的限制效应，研究发现，技术壁垒对出口企业的消极影响会随着企业数量的增加以及企业应对能力的提升而消失。Enbaby 和 Hendy（2016）使用埃及企业层面的数据，将进口国实施的技术壁垒对埃及出口企业的影响分为集约边际（出口流量大小）和广延边际（出口市场数目），结果表明出口集约边际为负，即技术壁垒阻碍了埃及出口企业的出口，出口量减少。Fontagné 和 Orefice（2018）将 TBT-IMS 数据库中技术壁垒委员会提交的 STCs 数据与法国相关出口企业相匹配，得到有关法国企业遭受技术壁垒的企业层面的面板数据，并引入异质性企业理论研究技术壁垒对企业出口边际的复杂影响，研究结果表明，规模较小、生产率较低的出口企业可能因无法承担技术壁垒引致的成本增加而退出出口市场；规模较大、生产率较高的出口企业（High-productive Firms）通常会有多个出口目的地（Multi-destinations），会选择将出口产品转移至没有遭受技术壁垒的市场（TBT-free Markets）。

国内学者多聚焦于研究发达国家技术壁垒对我国出口贸易的影响，认为技术壁垒会推动全球技术进步，加快先进技术的跨国扩散，长期来看对发展中国家出口企业具有激励技术创新的效应（李纪宁和张志会，2009；周勤和田珊珊，2010）。张小蒂和李晓钟（2004）从理论和实证两个层面研究了技术壁垒对农产品出口贸易产生影响的相对性和复杂性，揭示了技术壁垒对我国农产品出口贸易的双重影响：虽然在短期内技术壁垒对出口贸易有抑制作用，但在中长期内却能形成"倒逼机制"促使出口企业改进产品技术，提升出口产品质量。巫强和刘志彪（2007）以进口国产品质量管制为切入点，考察出口国企业技术创新的内在机制，结果表明，虽然技术壁垒构成出口国出口企业的市场进入障碍，但会刺激后者通过技术创新来达到最低技术标准以保持成本优势，且出口企业技术创新利润会随着进口国质量管制水平的高低而变化，存在令出口企业创新利润最大化的质量管制水平。朱信凯等（2008）构建了一个包含三个企业的博弈模型，实证研究了企业规模、企业技术等差异化特征对其应对技术壁垒的影响。李树和陈刚（2009）认为若出口国能在中长期内对技术壁垒进行合理的管理和利用，则技术壁垒可能会成为出口国企业进行产品与技术创新的动力，进而可间接改善出口国贸易条件。刘瑶和王荣艳（2010）研究发现，若发展中国家的低技术企业通过研发和投资使得本国产品达到技术标准来应对发达国家设置的技术壁垒，那么两国企业提供的产品质量都会提高，发达国家高技术企业的利润将会下降。许德友和梁琦（2010）研究表明，进口国设置技术壁垒会激励出口国企业的技术创新，提高出口国企业的利润。姚明月和胡麦秀（2016）通过构建进化博弈模型研究国外技术壁垒对出口国企业的技术创新动力和创新决策的影响，研究结果表明，在技术壁垒条件下，市场份额的增加能够对出口企业的技术创新动力和创新决策起到推动作用，而初始产品质量水平与进口国技术标准的差异程度和创新成本对贸易壁垒的敏感度系数则对出口企业的技术创新动力和创新决策具有反向作用。曹裕等（2017）通过建立考虑产品可替代性的两阶段博弈模型，研究由发达国家和发展中国家组成的双寡头市场下技术壁垒对两家食品企业技术选择决策的影响，研究发现，在技术壁垒存在的情形下，企业的技术选择决策会受到产品处理成本因素的影响，与发达国家相比，该因素对发展中国家的影响更为显著，同时这种影响会随着产品召回系数的增大而进一步加剧。

2.3.4　技术壁垒对高技术产品出口的影响研究

技术壁垒的形成是一国内部政治和经济力量相互作用与平衡的结果（张海东，2004），各国对不同行业保护政策的差异以及不同行业生产技术水平和技术含量的不同，导致了进口国技术壁垒对国际贸易影响的行业性差异。有关技术壁垒对农业和食品行业影响的研究最为丰富（Kapuya，2015；Grant 等，2015；Zhuang 和 Moore，2015；Enbaby 等，2016；Boattoet 等，2016），这些研究均证实

了进口国技术壁垒的实施会对伙伴国农产品的出口贸易产生显著的抑制效应。随着技术的快速发展以及高技术产品在国家政治、经济战略中的重要性日趋凸显，在未来的全球贸易中，知识、技术密集型产品的竞争会日趋激烈，高技术产品等知识、技术密集型产品在国际贸易中的比重将不断提高，有关技术壁垒对高技术产品影响的研究开始出现。以信息产业为例，美国国际贸易委员会采用案例调研法对美国、欧盟、亚洲和拉丁美洲不同国家信息产业（IT）的公司主管、贸易协会和政府官员进行面谈发现，许多 IT 企业认为贸易的主要障碍就是模仿、歧视性检验及认证要求等。如果能够对电子产业不同市场的产品技术规则进行国际协调，那么将助力中小企业进入新的出口市场（Reyes，2011）。Kim 等（2014）选取了 WAPI（Wireless LAN Authentication and Privacy Infrastructure）[①] 和 ZUC（祖冲之算法）[②] 两个案例，从法律层面，尤其是从 WTO 有关技术壁垒的规则方面考察中国的信息安全标准化问题，并指出中国的标准化战略已经达到国际化水平，这来自外国政府和公司的压力，但更主要的还是中国自主创新能力和技术水平的提高。Leeyongky 和천지은（2015）、Seon 和나희량（2015）分别研究了进口国实施的技术壁垒对韩国电子电器产品和信息与通信技术产品出口的影响，结果均证实进口国的技术壁垒会显著减少韩国电子电器和信息与通信技术企业对贸易伙伴国的出口。建立一个各行业内或区域内相统一的国际标准成为短期内解决技术壁垒阻碍国际贸易发展的有效方式（Young，2016；Thow 等，2017）。

　　国内学者有关技术壁垒对高技术产品影响的研究经历了最早从定性分析整体行业遭遇技术壁垒的影响到定性和定量相结合分析某一类别产品遭遇技术壁垒的影响的发展过程。首先，在定性分析技术壁垒对高技术产品影响的研究方面，学者的一致性观点是技术壁垒会阻碍高技术产品出口（庞艳桃和赵玉林，2002；牛

---

　　① WAPI 是一种安全协议，同时也是中国无线局域网安全强制性标准。它与红外线、蓝牙、GPRS、CDMA1X 等协议一样，是无线传输协议的一种，只不过跟它们不同的是它属于无线局域网（WLAN）中的一种传输协议而已，与现行的 802.11B 传输协议比较相近。

　　② ZUC 由中国科学院等单位研制，并由中国通信标准化协会、工业和信息化部电信研究院和中国科学院等单位共同推动纳入 3GPP 新一代宽带无线移动通信系统（LTE）国际标准。祖冲之算法的名字源于我国古代数学家祖冲之，它包括加密算法 128-EEA3 和完整性保护算法 128-EIA3，主要用于移动通信系统空中传输信道的信息加密和身份认证，以确保用户通信安全。2011 年 9 月在日本福冈召开的第 53 次第三代合作伙伴计划（3GPP）系统架构组（SA）会议上，祖冲之算法被批准成为 LTE 国际标准。这是我国商用密码算法首次走出国门参与国际标准制定取得的重大突破。

卫平和李桦，2007；陈原和易露霞，2007）。高俨和王宁（2008）将技术壁垒看作是隐性的贸易摩擦，定性分析了其与中国高技术产品出口的关系，并指出技术引进存在风险、高技术产业发展模式落后以及企业自主知识产权意识薄弱等是这种隐性国际贸易摩擦增长的重要因素。其次，在技术壁垒对高技术产品影响的研究方面，有关技术壁垒对电子信息产品出口影响的研究最为丰富（郑吉昌等，2007；蒋国瑞和周敏，2008）。这主要是由于近年来我国电子信息产品出口贸易额不断增长，但因国内企业标准、专利意识尚薄弱，其他国家为了对本国电子信息产品进行贸易保护，常常会对进口中国的电子信息产品设置技术壁垒。德凯旋（2013）在对中国电子信息产品出口遭受欧盟、美国、日本技术壁垒的原因进行分析的基础上，考察了技术壁垒对中国电子信息产品出口的影响，并通过典型案例分析其具体影响。李思（2017）从定性分析的角度出发，在梳理了中国对美国高技术产品出口的现状的基础上，定性分析了中国遭遇美国技术壁垒的原因，并在此基础上提出了有针对性的应对策略。

此外，部分学者也就技术壁垒对装备制造、医疗器械以及医药品等高端制造、复杂技术领域的高技术产品的影响进行了定性和定量分析。李宝杨和周永亮（2006）通过梳理发达国家医药品领域的技术标准发现，技术壁垒使得中国医药品在进入出口市场时受阻，国际市场竞争力减弱。王绍媛等（2014）从演化博弈角度出发，考察国外典型国家技术壁垒与国内装备制造业技术创新之间的动态演化博弈过程，结果发现，欧盟技术壁垒对中国技术创新影响最大，日本、美国次之。田泽等（2015）以江苏省为调研样本，运用模糊层次分析法对江苏省机电产品出口遭遇的技术壁垒风险进行评价，实证结果表明江苏省机电高端仪器遭遇技术壁垒的风险为2级风险，发生频率相对较高，有一定的波及范围，且风险可控程度偏低。陈耀荣（2017）研究发现，我国医疗器械企业遭遇的外生性技术壁垒，已经导致我国医疗器械出口贸易受到严重阻碍。蔡静静等（2017）基于扩展的贸易引力模型，使用面板数据模型实证考察进口国技术壁垒对中国高技术产品出口的影响，研究发现，中国高技术产品出口受技术性贸易壁垒的影响呈现行业性差异，其中医药制造业受到的抑制效应最大。

2.3.5   文献述评与展望

技术壁垒是近年来贸易摩擦领域研究的热点问题，受经济、技术、体制、卫生以及环境等问题的影响，技术壁垒呈现出其独有的特殊性和复杂性。综合国内外学者的研究来看，伴随着技术壁垒发展的日益隐蔽和普遍，国内外学者对技术壁垒的研究也在逐渐深入和全面，已经在基本问题上形成共识。例如，普遍认为一国设置技术壁垒的真正意图是以保护人民、动植物生命安全为"幌子"来实现贸易保护的最终目的。目前，国内外学者从政治、经济、管理和法律等多重角度，对技术壁垒的理论与实践问题进行研究。一是遵循 WTO/TBT 协定的规定，对技术壁垒的概念性质进行深入探索，重点从技术壁垒与技术性措施的关系、技术壁垒产生的原因以及技术壁垒的双重性三个方面阐述和丰富技术壁垒的概念性质。二是从政治、管理与经济学角度出发，基于政治经济学、管理博弈论以及经济学的市场失灵和技术差距理论多维度解析技术壁垒的形成机理问题，丰富了技术壁垒的理论基础。三是从经济学角度，就技术壁垒对产品出口的影响进行研究，重点阐述技术壁垒对贸易流量、出口成本以及出口企业的影响。

通过对国内外现有文献的梳理可以发现，国内外学者就技术壁垒对国际贸易的影响问题的理论研究来源于具体实践，其丰富的研究成果为相关国家和国际组织制定相关产业政策、贸易政策提供了理论依据与事实参考，也为我国应对国外技术壁垒提供了有益的思路与借鉴。但从研究的广度与深度来看，结合当前复杂多变的国际政治、经济形势，在进一步深化相关的理论与方法的同时，还需拓展技术壁垒对国际贸易产生影响的研究主体：一是对于全球技术壁垒实践特征和趋势的研究，大多是基于技术壁垒通报数量总体层面的单一定量分析和案例层面的定性分析，缺乏运用大样本数据的多维度定量分析；二是对于产品层面技术壁垒对出口贸易影响的研究，现有的研究成果大多聚焦在技术壁垒对农产品领域的影响，虽然有对整体工业行业以及重点高技术产品领域影响的研究，但研究维度单一，并未就技术壁垒对高技术产品出口的复杂影响做更深的阐述，尚未形成系统性的研究成果。

在国际复杂政治、经济、科技环境下，现阶段我国面临的贸易摩擦形势十分严峻，尤其是以技术壁垒为代表的新型贸易摩擦形式，对我国经济发展、产业安全以及企业跨国经营形成了巨大冲击，对我国宏观管理和政策制定提出了新的挑战。随着信息与通信技术的发展，技术标准与知识产权趋于融合（张海东，2008），高技术产品对知识产权保护尤为敏感，以专利、技术等知识产权保护的形式构筑更为严苛和隐蔽的贸易壁垒已经成为技术壁垒的发展新趋势（程恩富和谢士强，2007）。因此，从管理科学、技术经济以及产业安全角度出发，针对我国高技术产品出口遭遇技术壁垒影响的研究亟待深入。特别是在全球贸易、产业与科技创新深度融合的大背景下，我国应如何应对贸易摩擦向知识、技术领域的不断蔓延，合理运用国际通行贸易规则维护我国产业利益已经成为当前政府宏观管理的重大命题。在科学的理论与方法指导下，系统研究我国高技术产品出口过程中遭遇的技术壁垒问题，能够为政府相关部门在世界贸易组织（WTO）框架下灵活选择政策手段进行技术壁垒治理，从容面对跨国经营与产业安全问题提供理论基础与决策参考。

2.4 本书切入点与理论分析框架

2.4.1 本书的切入点

基于当前复杂经济、政治形势下技术壁垒与高技术产品出口之间的紧密联系，根据技术壁垒的历史演进、形成机理、作用机制、国内外研究动态以及已有研究的不足，本书切入点主要有以下几个方面：

（1）在基于全球和典型国家视角系统分析技术壁垒实践特征的基础上，进一步剖析我国高技术产品出口遭遇技术壁垒的现状与趋势。由技术壁垒的内涵及其历史演进可知，相比反倾销、反补贴等传统的贸易摩擦形式，技术壁垒以其隐蔽性、灵活性以及看似公平性正在被越来越多的国家尤其是发达国家采用，成为贸易保护的一种新形式。在国内外已有的研究文献中，对于全球技术壁垒实践特征和趋势的研究，大多是基于技术壁垒通报数量总体趋势的单一定量分析和案例层面的定性分析，缺乏运用大样本数据的多维度定量分析。系统剖析全球技术壁垒的实践特征及我国高技术产品出口遭遇技术壁垒的现状和趋势，能够为深入开展技术壁垒对我国高技术产品出口规模和出口企业技术创新的影响研究提供现实依据。

（2）从理论角度进一步明确技术壁垒对产品出口的影响机制。进口国设置技术壁垒，要求国外产品在进入本国市场之前必须通过相关的技术标准、技术法规的审查或者合格评定程序的认证等，这就要求出口国企业在进入进口国市场之前必须完成相应的检验、认证等合格评定程序并支付相应的费用，进而导致出口产品的成本增加、出口价格提高，降低其在进口国市场上的价格竞争力，使出口企业的利润下降甚至出现亏损。面对进口国设置的技术壁垒，短期内出口企业的应对措施和长期内的应对措施会给产品出口规模和企业内部技术创新带来不同影响。分析与研究不同时期技术壁垒对出口的影响机制，将会为进一步实证度量技术壁垒对我国高技术产品出口规模的影响提供理论依据。

（3）研究与构建技术壁垒影响我国高技术产品出口规模的扩展引力模型，多维度实证度量技术壁垒对我国高技术产品出口规模的影响。从宏观层面来看，技术壁垒对产品出口的影响首先体现在出口贸易流量即出口规模上。当前，我国高技术产品出口已经迈入了快速发展的新的"黄金时代"，高技术产品出口的快速增长，反映了我国制造业产品价值含量越来越高，这也是"中国制造"适应产业转型升级、应对全球经济快速发展的必然选择。对于产品层面技术壁垒对出口规模的研究，现有的研究成果多聚焦在技术壁垒对农产品领域的影响上。因此，考虑高技术产品对知识产权保护的敏感性，研究并构建技术壁垒对我国高技术产品出口规模的影响模型，对于拓展技术壁垒研究主体、完善贸易摩擦治理机制具有重要的理论意义。运用相关数据对理论模型进行验证，从而结合我国高技术产品的具体特点，在识别高技术产品出口影响因素的同时，多维度剖析技术壁垒对我国高技术产品出口规模的影响，对于我国政府和高技术产品出口企业应对国外技术壁垒制定和调整更加合理、科学、有针对性的高技术产业政策、贸易政策具有较强的现实意义。

（4）研究与构建技术壁垒对我国高技术产品出口企业技术创新的影响模型，揭示技术壁垒下出口企业技术创新意愿、资源配置、策略选择和创新效果之间的内在机理，实证检验技术壁垒对我国高技术产品出口企业技术创新效果的影响。

从微观层面来看，受技术壁垒冲击最大的是出口企业，而高技术产品出口企业则是研究开发、生产、销售并出口创新产品或创新技术服务的企业。因此，在系统剖析技术壁垒对我国高技术产品出口规模影响的基础上，从微观层面研究技术壁垒对我国高技术产品出口企业技术创新的影响就变得尤为必要。出口企业作为国际贸易中技术壁垒的直接承受者，在遭遇进口国技术壁垒的情况下，究竟是否会选择技术创新？会选择在什么时机进行技术创新？会产生怎样的技术创新资源配置效应？技术创新资源的重新配置又会使出口企业做出怎样的技术创新策略？最终会带来怎样的技术创新效果呢？从以上问题出发，厘清并揭示技术壁垒下出口企业技术创新意愿、资源配置、策略选择和创新效果之间的内在机理，对于研究与构建技术壁垒对我国高技术产品出口企业技术创新的影响模型具有重要的理论意义。在技术壁垒对我国高技术产品出口企业技术创新效果的影响模型构建的基础上，运用相关数据对理论模型进行验证，分析技术壁垒对我国高技术产品出口企业技术创新效果的影响，能够揭示技术壁垒对我国高技术产品出口企业技术创新的影响动因，将为我国政府相关部门和高技术产品出口企业应对国外技术壁垒提供有益思路与借鉴。

2.4.2　本书的理论分析框架

通过上文对技术壁垒的历史演进、形成机理与作用机制的分析可知，技术壁垒是一项涉及管理、经济、政治和法律等多个领域的复杂系统工程。一般而言，在给定时空中的任何人类实践活动都可以看作是一项系统工程。因此，进口国技术壁垒的实施也可以理解为一项系统工程。本书根据上述国内外研究结果以及系统工程中的一般系统工程理论和控制理论，构建产品进口国设置技术壁垒与出口国应对技术壁垒的输入—输出反馈控制理论模型，具体如图 2-9 所示。图 2-9 中状态 A 表示进口国针对进口产品实施技术性措施的行为阶段；状态 B 表示技术壁垒对出口国产品出口的影响阶段（此时，进口国实施的技术性措施对出口国产品出口造成实质阻碍，成为技术壁垒）；状态 C 表示产品出口国实施技术壁垒应对措施的行为阶段；状态 D 为出口国的技术壁垒应对措施对进口国的影响阶段。

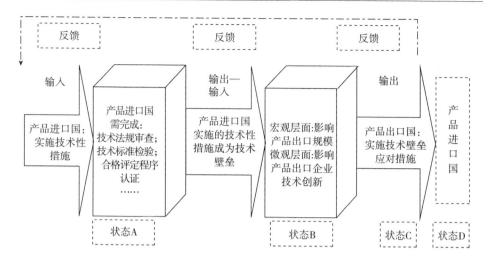

图 2-9　技术壁垒实施的输入—输出反馈控制理论模型

　　本书在构建产品进口国设置技术壁垒与出口国应对技术壁垒的输入—输出反馈控制理论模型的基础上，根据技术壁垒相关理论以及本书的切入点，通过理论研究、专家访谈以及实地调研，从管理科学、产业安全以及系统分析角度提炼并构建了本书的理论分析框架，具体如图 2-10 所示。

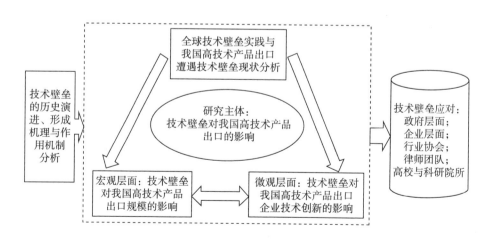

图 2-10　本书的理论分析框架图

　　本书的理论分析框架主要包括三个模块：第一个模块包括技术壁垒的历史演

进、形成机理与作用机制分析；第二个模块包括技术壁垒的实践特征分析、技术壁垒对我国高技术产品出口规模和出口企业技术创新的影响研究；第三个模块为技术壁垒应对措施的提出。各个模块的主要内容在前文已有详细介绍，这里不再赘述。

综上所述，由技术壁垒的相关理论、本书研究的主要问题以及本书的理论分析框架可知，本书研究的主体为技术壁垒对我国高技术产品出口的影响。本书研究的目标为，在系统分析全球技术壁垒实践特征和我国高技术产品遭遇技术壁垒现状的基础上，从理论角度进一步明确技术壁垒对产品出口的影响机制，研究并构建技术壁垒对我国高技术产品出口规模的影响模型，多维度实证度量技术壁垒对我国高技术产品出口规模的影响；研究并构建技术壁垒对我国高技术产品出口企业技术创新的影响模型，揭示技术壁垒下出口企业技术创新意愿、资源配置、策略选择和创新效果之间的内在机理，实证检验技术壁垒对我国高技术产品出口企业技术创新效果的影响。本书研究的目的为，保护国内高技术产业发展，维护本国与他国公平与健康的经贸关系，保持本国与他国平等对话的权利以及反对滥用贸易保护主义，为我国政府完善贸易摩擦治理机制提供理论依据与现实参考。

2.5　本章小结

本章在详细阐释技术壁垒的历史演进过程、形成机理与作用机制的基础上，根据本书的研究目的，从技术壁垒的概念与性质、形成机理以及对出口贸易的影响的角度，对现有研究进行归纳、总结与借鉴，并对现有文献进行述评与展望，进而提出本书的切入点和理论分析框架。首先，从技术法规、技术标准与合格评定程序三个视角着手，从体系和管理的角度出发梳理中国、美国、欧盟、日本等典型世界贸易组织（WTO）成员的技术性措施。对比发现，美国、欧盟和日本等发达国家和地区均已建立起非常成熟的技术性措施体系，我国的技术性措施体系仍有很大的完善空间。其次，从贸易保护、市场失灵、"南北"差异以及博弈论等角度分析技术壁垒的形成机理；从价格抑制、数量控制以及动态作用三个方面全面解析技术壁垒的作用机制。主要结论如下：基于价格抑制和数量控制的静态分析发现，进口国的技术壁垒会带来出口产品成本的增加，使出口价格提高，进而降低出口企业在进口国市场上的价格竞争力，从而达到抑制国外产品出口及限制本国进口的目的，且会对出口国的出口产品数量产生明显的控制作用；进而从技术优化的动态视角考察技术壁垒的双重作用机制。最后，通过对国内外现有文献研究的分析发现，针对我国高技术产品出口遭遇技术壁垒的影响研究亟待深入。本章有关技术壁垒的历史演进、形成机理及作用机制、国内外现有研究文献的分析，以及本书切入点和理论分析框架的提出，为下文有关技术壁垒对产品出口影响模型的构建及实证检验奠定了基础。

第3章 全球技术壁垒概况及我国高技术产品出口遭遇技术壁垒的现状分析

当前，全球价值链分工带来各国对其资源配置、产业分工及在国际生产体系中所处地位的重新定位与认识，不同国家及其产业、企业在全球价值链分工中地位的差异性、利益获取的非均衡性与贸易政策战略导向的动态性，使得各国之间贸易合作与竞争胶着并存，这引起了新的贸易摩擦的蔓延与升级，技术壁垒也由传统产业的低附加值产品向高技术产业的高附加值产品转移。结合全球宏观政治、经济背景，本章在系统梳理1995~2016年全球技术壁垒实践特征的基础上，选取技术性措施体系最为完善[①]且与我国高技术产品贸易往来密切的美国、欧盟、日本三个典型国家（地区）为研究对象，分析1995~2016年美国、欧盟、日本和我国的技术壁垒实践特征以及我国高技术产品出口现状，进一步分析我国高技术产品出口遭遇技术壁垒的现状与趋势，并就我国应对国外高技术领域的技术壁垒实践进行案例分析。

3.1 全球技术壁垒的现状特征

3.1.1 全球技术壁垒通报的数量特征

WTO/TBT协议规定，各成员国有义务向其他世界贸易组织（WTO）成员国

---

① 详见本书第2章2.1.2。

通报本国的相关技术法规、技术标准或合格评定程序，并在发生变化时及时通报变化的情况，以保证其他成员及时了解，采取措施，适应变化，进而保证国际贸易的顺利开展。通常将通报给各国的固定格式的可修改文件称为技术壁垒通报，可用来考察各国技术壁垒的实施情况。1995~2016 年，WTO/TBT 秘书处共发布技术壁垒通报 27640 份。如图 3-1 所示，总体来看，1995~2016 年 22 年间全球技术壁垒通报数量呈整体上升趋势，并在 2016 年达到高峰，通报数量高达 2324 份，且近几年来一直保持着较高水平，通报数量均超过 2100 份。实践表明，技术壁垒对国际贸易具有举足轻重的影响，且随着科技的进步和技术的发展，这种影响也呈现出持续扩大的态势。为此，世界主要贸易国家和地区无不密切关注全球技术壁垒的发展和变化，并积极寻求应对方法。

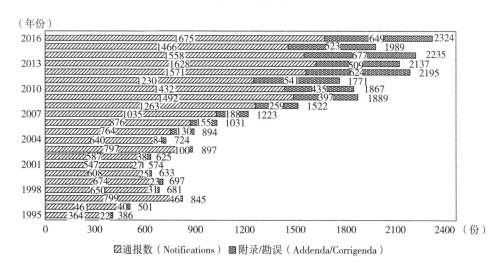

图 3-1　1995~2016 年全球技术壁垒通报数量

资料来源：世界贸易组织 2017 年度报告，经笔者整理所得。

将全球技术壁垒通报数量按通报成员划分①（见表 3-1），可以发现美国是全球技术壁垒通报数量最多的国家，技术壁垒通报数量占全球技术壁垒通报总量的 10.48%，其次是巴西、欧盟、中国和以色列，通报数量均超过 1000 份，前 5 个国家合计 8213 份，占所有技术壁垒通报数量的 29.71%。各通报成员的通报提

---

① 因其他世界贸易组织（WTO）成员 TBT 通报数相对较小，这里仅列出 1995~2016 年 TBT 通报总数高于 80 份的世界贸易组织（WTO）通报成员。

到了下述目标和理由：保护人类健康和安全；防止欺诈行为；消费者保护；质量要求；环境保护；采用新的国内法律和技术；保护动植物生命或健康；协调；向消费者提供信息和标签；节约成本和提高生产力；贸易便利；国家安全要求；降低或去除贸易壁垒。

表3-1　按通报成员划分的1995~2016年全球技术壁垒通报数量

单位：份，%

排名	通报成员	数量	百分比	排名	通报成员	数量	百分比
1	美国	2898	10.48	26	多米尼加	270	0.98
2	巴西	1473	5.33	27	菲律宾	261	0.94
3	欧盟	1362	4.93	28	马来西亚	239	0.86
4	中国	1355	4.90	29	哥斯达黎加	231	0.84
5	以色列	1125	4.07	30	萨尔瓦多	229	0.83
6	沙特阿拉伯	975	3.53	31	印度尼西亚	217	0.79
7	加拿大	968	3.50	32	澳大利亚	214	0.77
8	厄瓜多尔	914	3.31	33	埃及	211	0.76
9	墨西哥	889	3.22	34	乌克兰	188	0.68
10	韩国	871	3.15	35	尼加拉瓜	179	0.65
11	日本	817	2.96	36	新西兰	138	0.50
12	泰国	699	2.53	37	特立尼达和多巴哥	130	0.47
13	哥伦比亚	622	2.25	38	印度	122	0.44
14	阿根廷	610	2.21	39	危地马拉	116	0.42
15	乌干达	604	2.19	40	巴基斯坦	111	0.40
16	智利	562	2.03	41	巴拉圭	109	0.39
17	肯尼亚	539	1.95	42	越南	108	0.39
18	卡塔尔	494	1.79	43	秘鲁	105	0.38
19	巴林	470	1.70	44	土耳其	102	0.37
20	中国台湾	354	1.28	45	格鲁吉亚	101	0.37
21	科威特	354	1.28	46	洪都拉斯	100	0.36
22	阿联酋	349	1.26	47	中国香港	91	0.33
23	南非	337	1.22	48	巴拿马	89	0.32
24	瑞士	299	1.08	49	亚美尼亚	87	0.31
25	阿曼	293	1.06	50	阿尔巴尼亚	85	0.31

资料来源：WTO/TBT-IMS数据库 http：//tbtims.wto.org/，经笔者整理所得。

3.1.2　全球技术壁垒通报的标准分类特征

全球技术壁垒通报涉及的标准范围较广，根据国际标准分类法 ICS① （International Classification for Standards） 的分类标准，本书按照第一级的 40 个标准化专业领域②来说明全球技术壁垒通报的标准分类特征。如图 3-2 所示，编号 67 的食品技术是通报数量最多的标准类别，其次是编号 97 的服务业、文娱、体育以及编号 13 的环境、保健、安全，这也与各成员国通报有关食品安全、动物健康以及环境保护的目标和理由相吻合。除上述三类标准化专业领域之外，其他标准类别均有不同数量的技术壁垒通报。

3.1.3　全球高技术产品遭遇技术壁垒的总体情况

1995 年开始，技术壁垒委员会 （TBT Committee）③ 会围绕一些特别关注议题 （Specific Trade Concerns，STCs） 展开讨论，这些议题主要涉及各成员国密切关注且会对贸易产生重大影响的产业和技术领域。STCs 主要解决成员国间有关技术性措施的分歧，进而帮助化解成员国间潜在的贸易摩擦。其中，委员会高度关注一些违背 WTO/TBT 协议的措施，因这些措施涉及进口国强加的有关标准、测试和认证程序、法规或者标签的要求。早期的 STCs 主要包括食品安全、农产

---

① ICS 主要用于国际标准、区域标准和国家标准以及相关标准化文献的分类、编目、订购与建库，从而促进国际标准、区域标准、国家标准以及其他标准化文献在世界范围内的传播。最早是因世界贸易组织（WTO）委托国际标准化组织（ISO）负责 TBT 协议（贸易技术壁垒协定）中有关标准通报事宜的具体实施，为此世界贸易组织（WTO）秘书处共同起草了一份备忘录，其中明确指出标准化机构在其通报工作计划时，要使用国际标准分类法。

② 各类别的具体范围如下：01 综合、术语学、标准化、文献；03 社会学、服务、公司（企业）的组织和管理、行政、运输；07 数学、自然科学；11 医药卫生技术；13 环境、保健与安全；17 计量学和测量、物理现象；19 试验；21 机械系统和通用部件；23 流体系统和通用部件；25 机械制造；27 能源和热传导工程；29 电气工程；31 电子学；33 电信、音频和视频技术；35 信息技术、办公机械设备；37 成像技术；39 精密机械、珠宝；43 道路车辆工程；45 铁路工程；47 造船和海上建筑物；49 航天器和航天器工程；53 材料储运设备；55 货物的包装和调运；59 纺织和皮革技术；61 服装行业；65 农业；67 食品技术；71 化工技术；73 采矿和矿产品；75 石油和相关技术；77 冶金；79 木材技术；81 玻璃和陶瓷工业；83 橡胶和塑料工业；85 造纸技术；87 涂料和颜料工业；91 建筑材料和建筑物；93 土木工程；95 军事工程；97 家用和商用设备、文娱、体育。

③ WTO/TBT 协议 2.5 条款："一国在准备、采纳或使用可能对其他成员的贸易产生重大影响的技术法规或技术标准时，应根据另一成员的要求，解释该技术法规或技术标准的理由。技术壁垒委员会正是提供这种正当理由的地方。"详见 https：//www.wto.org/english/docs_e/legal_e/17-tbt_e.htm。

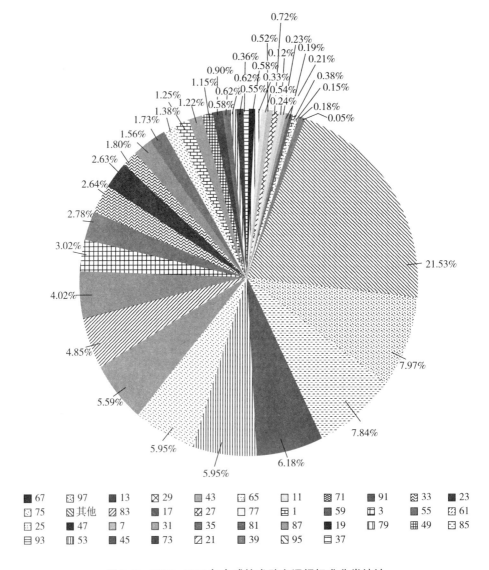

图 3-2 1995~2016 年全球技术壁垒通报标准分类统计

资料来源：ICS 标准分类目录和 WTO/TBT-IMS 数据库 http://tbtims.wto.org/，经笔者整理所得。

品等领域的技术法规，随着科技的快速发展，各个国家的产业政策、贸易政策也在不断调整。

如图 3-3 所示，1995~2016 年，技术壁垒委员会共提出 500 项 STCs，且自 2012 年开始一直居高不下，特别关注议题的数量总体呈增长趋势。其中最被各国关注的 STCs 主要包括对医疗器械（Medical Devices）、医药产品（Pharmaceutical Products）、信息技术（Information Technology Products）以及民用航空用品（Civil Aviation Products）等高技术产品影响较大的一些措施的讨论（WTO Annual Report，2017）。主要包括：电子垃圾（E-waste）的管理和处置、确保信息和通信技术（ICT）安全的条例、与智能手机有关的 4G/LTE 技术以及其他与电子和 IT 产品相关的合格评定程序等规章。

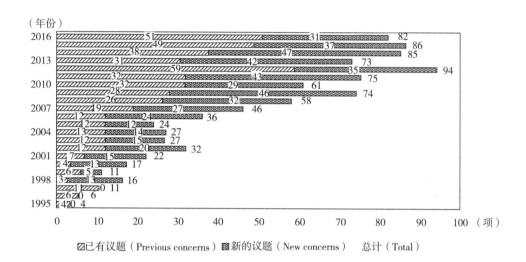

图 3-3　1995~2016 年技术壁垒委员会提出的特别关注议题数（STCs）

资料来源：世界贸易组织 2017 年度报告，经笔者整理所得。

3.2　典型国家（地区）技术壁垒的现状特征

3.2.1　美国技术壁垒实践

3.2.1.1　美国技术壁垒通报的数量趋势

美国是迄今为止全球技术壁垒通报数量最多的国家。自 1995 年以来，截至

2016 年美国已发出 2898 份技术壁垒通报，占全球技术壁垒通报总量的 10.48%。如图 3-4 所示，美国技术壁垒通报与全球技术壁垒通报数量趋势保持高度一致，均呈现快速增长趋势，且在 2016 年达到最高，技术壁垒通报数量高达 442 份。2014 年技术壁垒通报数量为 181 份，为 2010 年以来的最低值，同比 2013 年下降了 32.71%，而 2015 年开始技术壁垒通报数量则呈爆发式增长。究其原因，主要是 2013 年，为鼓励各国政府消除和防止一些不必要的与标准相关的贸易壁垒（Unwarranted Standards-related Barriers to Trade），美国在一些重要的贸易和经济论坛（如 WTO、APEC）提出了许多新的举措，启动了跨大西洋贸易和投资伙伴关系（Transatlantic Trade and Investment Partnership，TTIP）谈判①，并试图主导跨太平洋伙伴关系协议（Trans-Pacific Partnership Agreement，TPP）②。这也是美国为了加强其在全球技术创新和新产业领域的监管，通过加强区域经济合作打开新的市场空间，确保美国企业能够自由进入这些最具活力的出口市场所做的实践。

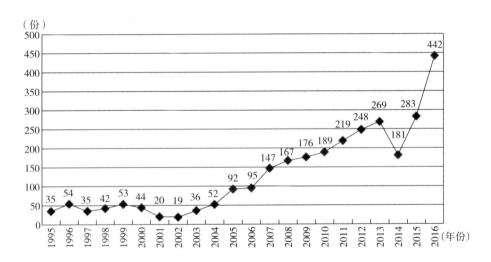

图 3-4　1995~2016 年美国技术壁垒通报数量

资料来源：WTO/TBT-IMS 数据库 http：//tbtims. wto. org/，经笔者整理所得。

---

① TTIP 是美欧双边自由贸易协定，谈判重点致力于解决市场准入和监管法规、非关税壁垒以及市场规则三个关键性问题。

② TPP 是由亚太经济合作组织成员国中的新西兰、新加坡、智利和文莱四国发起、从 2002 年开始酝酿的一组多边关系的自由贸易协定。2009 年 11 月 14 日，美国总统奥巴马宣布美国将参与 TPP 谈判；2017 年 1 月 23 日，美国总统特朗普签署行政命令，正式宣布美国退出 TPP。

3.2.1.2 美国技术壁垒通报的标准分类特征

美国技术壁垒通报涉及的标准范围十分宽泛，共涉及 37 个标准化专业领域。如图 3-5 所示，美国的重点通报领域相对集中，为编号 13 的环境、保健与安全，技术壁垒通报高达 654 份，占所有标准分类的 24.9%。其他技术壁垒通报数量较多的标准化专业领域有编号 97 的家用和商用设备、文娱、体育 311 份，占比 11.83%；编号 67 的食品技术 278 份，占比 10.58%；编号 43 的道路车辆工程 257 份，占比 9.79%；编号 71 的化工技术 204 份，占比 7.75%。

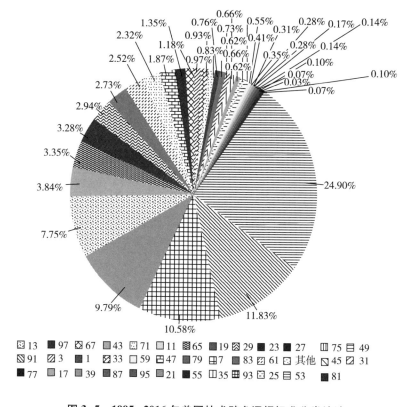

图 3-5 1995~2016 年美国技术壁垒通报标准分类统计

资料来源：ICS 标准分类目录和 WTO/TBT-IMS 数据库 http://tbtims.wto.org/，经笔者整理所得。

3.2.2 欧盟技术壁垒实践

3.2.2.1 欧盟技术壁垒通报的数量趋势

1995 年以来，截至 2016 年欧盟共发出 1362 份技术壁垒通报。如图 3-6 所示，欧盟的技术壁垒通报数量趋势并没有固定的周期特征。1995~2007 年基本保持小幅波动，通报数量和差异都较小。其中 2009 年和 2011 年欧盟技术壁垒通报数量有两个峰值，分别为 142 份和 136 份，为历年最高。究其原因，2008 年国际金融危机爆发之后，全球贸易保护力度不断加强，欧盟开始表现出以技术壁垒为主的贸易保护趋势，技术壁垒通报数量急剧增加。近几年来，随着金融危机影响的逐渐削弱以及区域经济一体化的不断发展，欧盟积极参与到全球区域一体化的进程中，与秘鲁、韩国、墨西哥、南非和智利以及已加入欧盟关税同盟、与欧盟签有《联系国协定》的国家或地区签署并已生效了 28 个自由贸易协定；而跨大西洋贸易与投资伙伴协定（TTIP）则体现了欧盟作为传统主导国际经济、贸易的发达经济体，在应对新经济形势的挑战中，力求通过谋求合作来维持其在世界经济、国际贸易以及全球治理中的主导权。

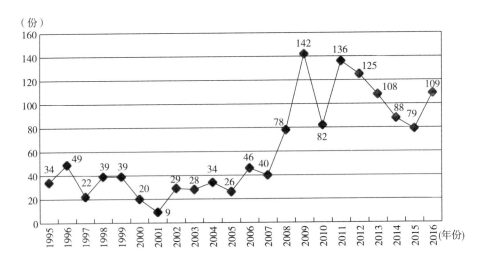

图 3-6　1995~2016 年欧盟技术壁垒通报数量

资料来源：WTO/TBT-IMS 数据库 http：//tbtims.wto.org/，经笔者整理所得。

3.2.2.2　欧盟技术壁垒通报的标准分类特征

欧盟技术壁垒通报的标准范围共涉及 35 个标准化专业领域。如图 3-7 所示，欧盟的重点通报为编号 65 的农业，技术壁垒通报 366 份，占所有标准分类的 26.83%。其他技术壁垒通报数量较多的标准化专业领域为编号 67 的食品技术

248 份，占比 18.18%；编号 71 的化工技术 153 份，占比 11.23%；编号 97 的家用和商用设备、文娱、体育 79 份，占比 5.79%；编号 29 的电气工程 67 份，占比 4.90%。

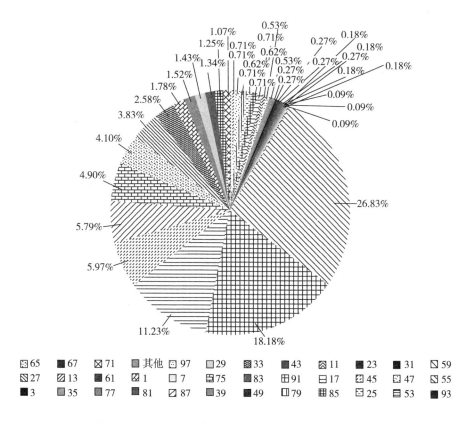

图 3-7　1995~2016 年欧盟技术壁垒通报标准分类统计

资料来源：ICS 标准分类目录和 WTO/TBT-IMS 数据库 http://tbtims.wto.org/，经笔者整理所得。

3.2.3　日本技术壁垒实践

3.2.3.1　日本技术壁垒通报的数量趋势

1995 年以来，截至 2016 年日本共发出 817 份技术壁垒通报。如图 3-8 所示，日本的技术壁垒通报数量呈现不规则的周期波动。截至 2016 年，日本技术壁垒通报共经历 4 个波峰，分别是 1995 年、2000 年、2003 年和 2008 年，技术壁垒通报数量分别为 48 份、56 份、54 份和 55 份。以 4 年为 1 个周期划分，2000~2003 年是日本技术壁垒通报的高峰期，共发出 178 份技术壁垒通报；其次是 2006~2009 年的 175 例。受到金融危机影响，为保护国内产业、振兴国内经济，2008 年，日本共集中发出 55 份技术壁垒通报，加大了贸易保护力度。2008 年之后，日本的技术壁垒通报数量总体呈下降趋势。

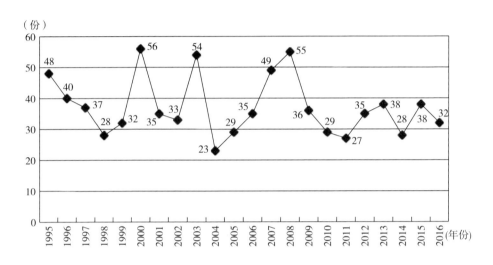

图 3-8 1995~2016 年日本技术壁垒通报数量

资料来源：WTO/TBT-IMS 数据库 http://tbtims.wto.org/，经笔者整理所得。

3.2.3.2 日本技术壁垒通报的标准分类特征

日本技术壁垒通报的标准范围共涉及 33 个标准化专业领域。如图 3-9 所示，日本的重点通报为编号 67 的食品技术，技术壁垒通报 139 份，占所有标准分类的 17.00%，以及编号 11 的医药卫生技术，技术壁垒通报 124 份，占所有标准分类的 15.13%。这和日本技术壁垒通报的有关食品安全、保护人类健康和安全的目标和理由相吻合。其他技术壁垒通报数量较多的标准化专业领域为编号 33 的电信、音频和视频技术 98 份，占比 11.96%；编号 43 的道路车辆工程 61 份，占比 7.49%；编号 97 的家用和商用设备、文娱、体育 49 份，占比 6.05%。

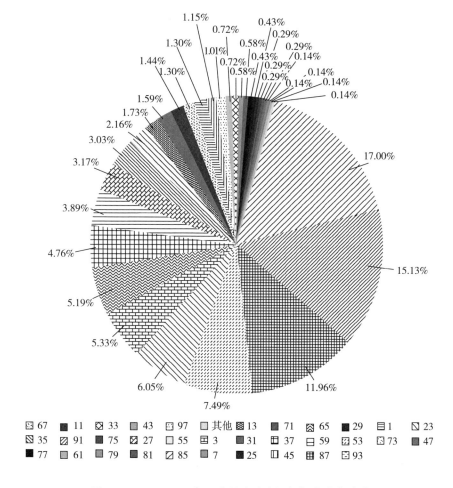

图 3-9　1995~2016 年日本技术壁垒通报标准分类统计

资料来源：ICS 标准分类目录和 WTO/TBT-IMS 数据库 http：//tbtims. wto. org/，经笔者整理所得。

3.2.4　我国技术壁垒实践

3.2.4.1　我国技术壁垒通报的数量趋势

2001 年 12 月 11 日，我国正式加入世界贸易组织（WTO），因此有关技术壁垒通报的数据起始时间为 2002 年。2002 年以来，截至 2016 年我国共发出 1355 份技术壁垒通报。如图 3-10 所示，同欧盟一样，我国的技术壁垒通报数量趋势并没有固定的周期特征。其中值得注意的是 2008 年和 2009 年我国技术壁垒通报数量呈现两个显著高峰值，分别为 245 份和 226 份，远远高于其他年份。究其原因，2008 年国际金融危机爆发之后，全球贸易保护力度不断加强，与我国贸易往来最为密切的国家欧盟、美国、日本等发达国家和地区开始表现出以技术壁垒为主的贸易保护趋势，我国深受其害，为了应对日益剧烈的贸易摩擦、保护国内经济稳定发展，技术壁垒通报数量急剧增加。近几年来，随着金融危机影响的逐渐削弱以及区域经济一体化的不断发展，我国也在积极参与到全球区域经济一体化的进程中，与东盟、东盟（10+1）升级、韩国、澳大利亚、新西兰、新加坡、巴基斯坦、智利、秘鲁、哥斯达黎加、冰岛、瑞士以及格鲁吉亚等国家和地区签署并已生效了 13 个自由贸易协定①。我国不断完善双边和多边自由贸易框架，推动了全球自由贸易进程，技术壁垒通报数量也在逐渐减少。

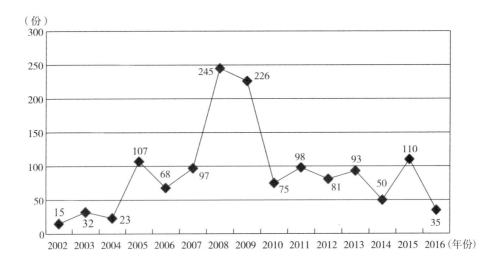

图 3-10   2002~2016 年我国技术壁垒通报数量

资料来源：WTO/TBT-IMS 数据库 http://tbtims.wto.org/，经笔者整理所得。

3.2.4.2   我国技术壁垒通报的标准分类特征

我国技术壁垒通报的标准范围同美国一样十分宽泛，共涉及 37 个标准化专业领域。如图 3-11 所示，我国的重点通报为编号 13 的环境、保健与安全，技术

---

① 详见中国自由贸易区服务网 http://fta.mofcom.gov.cn/。

壁垒通报 183 份，占所有标准分类的 13.53%，以及编号为 43 的道路车辆工程和编号为 65 的农业，技术壁垒通报分别为 130 份和 128 份，分别占所有标准分类的 9.62% 和 9.45%。这和我国技术壁垒通报的有关保护人类健康和安全以及食品安全的目标和理由相吻合。其他技术壁垒通报数量较多的标准化专业领域为编号 29 的电气工程 103 份，占比 7.58%；编号 27 的能源和热传导工程 88 份，占比 6.52%；编号 71 的化工技术 74 份，占比 5.46%。

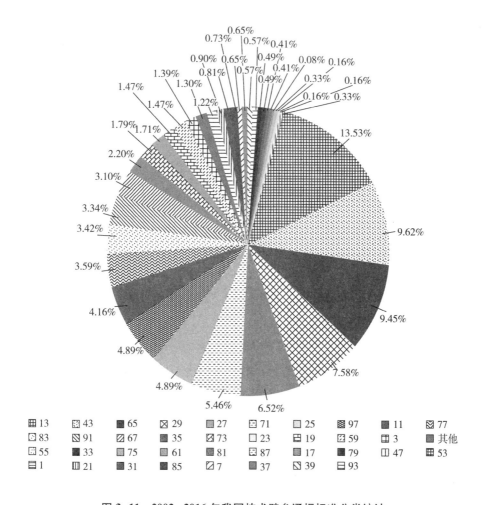

图 3-11　2002~2016 年我国技术壁垒通报标准分类统计

资料来源：ICS 标准分类目录和 WTO/TBT-IMS 数据库 http://tbtims.wto.org/，经笔者整理所得。

3.3 我国高技术产品出口遭遇技术壁垒的现状

3.3.1 我国高技术产品出口现状

3.3.1.1 我国高技术产品出口总体情况

自加入世界贸易组织（WTO）以来，随着经济、科技以及对外贸易的快速发展，我国高技术产品出口规模不断扩大。如表 3-2 所示，2001 年我国高技术产品出口总额为 465 亿美元，2015 年为 6553 亿美元，15 年间增长了 14.1 倍；与进口的贸易差额也由 2001 年的逆差 177 亿美元发展到 2015 年的顺差 1060 亿美元；出口总额占工业制成品的比重也有所增长，由 2001 年的 19.4% 增加到 2015 年的 30.2%。根据世界银行的最新数据，2015 年，我国已经成为仅次于欧盟的高技术产品第二大出口经济体①，美国、新加坡、韩国和日本紧随其后。

表 3-2　2001~2015 年我国高技术产品出口情况

年度	出口总额（亿美元）	与进口的贸易差额（亿美元）	占所有产品出口总额比重（％）	占工业制成品比重（％）
2001	465	−177	17.5	19.4
2002	679	−150	20.8	22.8
2003	1103	−90	25.2	27.3
2004	1654	41	27.9	29.9
2005	2182	205	28.6	30.6
2006	2815	342	29	30.7
2007	3478	608	28.6	30.1
2008	4156	738	29	30.7
2009	3769	671	31.4	33.1

---

① 详见 https://data.worldbank.org.cn/indicator/TX.VAL.TECH.CD? view=chart。

续表

年度	出口总额 （亿美元）	与进口的贸易差额 （亿美元）	占所有产品出口 总额比重（%）	占工业制成品 比重（%）
2010	4924	797	31.2	32.9
2011	5488	856	28.9	30.5
2012	6012	943	29.3	30.9
2013	6603	1021	29.9	31.4
2014	6605	1091	28.2	29.6
2015	6553	1060	28.8	30.2

资料来源：2002~2016 年《中国科技统计年鉴》和《中国高技术产业统计年鉴》，经笔者整理所得。

除了 2008 年受金融危机的影响，2009 年我国高技术产品出口额略有回落之外，2001 年以来我国高技术产品出口总额整体呈现稳步增长的趋势（见图 3-12）。且高技术产品出口占所有产品出口总额的比重也稳中有升，受 2001 年中国加入世界贸易组织（WTO）的影响，2001~2004 年比重增幅较大，由 2001 年的 19.4%增长到 2004 年的 29.9%，增幅达到 54.1%；2004 年以来高技术产品出口占所有产品出口总额的比重一直较为稳定，基本保持在 30%左右。

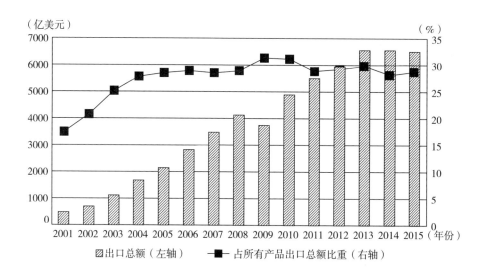

图 3-12 2001~2015 年我国高技术产品出口总额及占所有产品出口总额比重趋势图

资料来源：2002~2016 年《中国科技统计年鉴》和《中国高技术产业统计年鉴》，经笔者整理所得。

3.3.1.2　我国高技术产品出口结构分布

（1）出口目标市场分布。2015 年，我国高技术产品出口的主要目的地为欧盟、美国等发达国家和地区。从地区分布来看，中国香港地区、美国和韩国分别占我国高技术产品出口总额的 28.9%、18.4% 和 6.2%；从经济区域联盟来看，欧盟占我国高技术产品出口的 14.5%，东盟占 8.4%。中国香港地区多为中转贸易，最终目标市场仍为欧盟和美国，近年来其占比稳步上升，表明中国香港地区的出口中转地位明显提高。分具体技术领域看，出口规模最大的计算机与通信技术领域出口主要集中在中国香港地区、美国和欧盟，三地共占我国该领域出口的66.4%；电子技术出口主要集中在中国香港地区，占我国该技术领域出口的 43.7%①。

（2）出口技术领域分布。从出口技术领域分布看，如表 3-3 所示，2015 年计算机与通信技术、电子技术领域出口总额遥遥领先于其他技术领域，且电子技术领域出口增长速度明显高于其他高技术产品技术领域，计算机与通信技术、计算机集成制造技术领域的出口增长呈现下滑趋势。在我国高技术产品出口的各类技术领域中，计算机与通信技术领域仍居绝对领先地位，出口额高达 4418.9 亿美元，占高技术产品出口总额的 67.4%，同比下降了 3.7 个百分点。电子技术领域出口额居第二位，为 1255.4 亿美元，占高技术产品出口总额的 19.2%，比上年增长 9.6%。而航空航天技术、生物技术以及材料技术等高附加值技术领域的出口额很少，三者合计占高技术产品出口总额的 2.2%，但均较上年有所增长，且航空航天技术领域出口较上年增长最多，为 11.9%。当前计算机与通信技术、电子技术等高技术产品中的低附加值产品比重较大，航空航天技术等高附加值产品比重较少，表明我国高技术产品出口结构有待优化。

表 3-3　2015 年我国高技术产品出口技术领域分布

技术领域	出口额（亿美元）	占总额出口（%）	较上年增长（%）
合计	6553.1	100	-0.8

---

① 详见科技部科学技术司 http://www.most.gov.cn/kjbgz/index_5.htm。

续表

技术领域	出口额（亿美元）	占总额出口（%）	较上年增长（%）
航空航天技术	73.3	1.1	11.9
生物技术	6.9	0.1	5.2
计算机集成制造技术	125.1	1.9	−3.3
计算机与通信技术	4418.9	67.4	−3.7
电子技术	1255.4	19.2	9.6
生命科学技术	245.9	3.8	2.7
材料技术	62.3	1.0	2.2
光电技术	357.3	5.5	−1.6
其他技术	8.0	0.1	5.6

资料来源：海关总署 http://www.customs.gov.cn/，经笔者整理所得。

（3）出口贸易方式分布。加工贸易（进料加工贸易和来料加工装配贸易）在我国高技术产品出口的比重仍居领先地位，是我国高技术产品出口的主要贸易方式，但近年来其所占比重持续下滑，2015 年首次跌破 60%，为 59.1%（见图 3-13）。而一般贸易出口虽然占我国高技术产品出口贸易的比重较小，但 2002 年以来一直保持稳定增长，2015 年达到 22.8%，为历年最高。由于加工贸易比重过高，高技术产品获得的国内增加值较低，当前我国高技术产品出口贸易方式有待转变。

此外，我国高技术产品贸易出口企业分布较为集中，以外商独资企业为主，中外合资企业次之。如图 3-14 所示，2015 年，外商独资企业在我国高技术产品出口额中的份额依然最大，为 53.5%，但比上年下降了 0.8%。以私营企业为主的其他类型企业占高技术产品出口额比重为 23.5%，比上年提高了 3.5%，继续保持稳步上升趋势。同时，国有企业占高技术产品出口贸易的比重较少且波动较少，自 2005 年以来一直保持在 7% 左右。

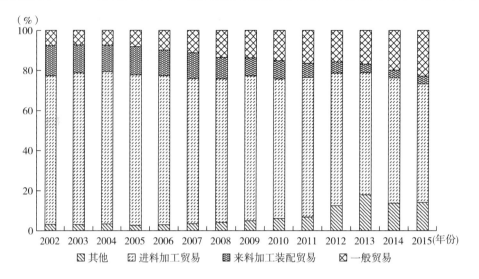

图 3-13　2002~2015 年我国高技术产品出口贸易方式分布

资料来源：海关总署 http：//www. customs. gov. cn/，经笔者整理所得。

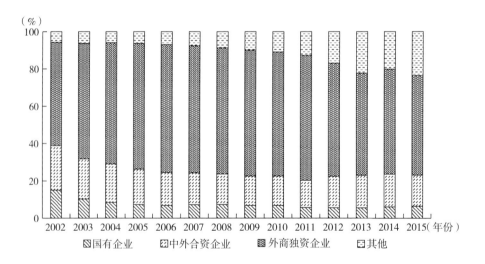

图 3-14　2002~2015 年我国高技术产品出口企业性质分布

资料来源：海关总署 http：//www. customs. gov. cn/，经笔者整理所得。

3.3.2　我国高技术产品出口遭遇技术壁垒的现状

自 2006 年开始，国家质检总局（现国家市场监督管理总局）每年会对上一年度我国企业遭遇国外技术壁垒影响情况进行抽样调查，成为反映我国产品出口遭遇技术壁垒的晴雨表。2016 年，国家质检总局组织开展了 2015 年国外技术壁垒对中国出口企业影响的调查，从全国随机抽取了 4132 家出口企业进行了问卷调查。调查依据 HS 编码，将我国出口企业分为七大类（见表 3-4）。其中机电仪器类企业主要生产和出口高技术产品领域内的机械设备、航空器、船舶、光学仪器以及医疗设备等产品，因此本部分通过分析机电仪器类企业遭遇技术壁垒的情况透视我国高技术产品出口遭遇技术壁垒的现状。

表 3-4　我国出口产品遭遇技术壁垒分类与 HS 编码对照

企业类别	HS 编码	产品名称
机电仪器类	84-93 章	机械设备、车辆、航空航天器、船舶、光学仪器、医疗设备等
农食产品类	1-24 章	农产品、动植物产品、食品、饮料、酒、烟草等
化矿金属类	25-38 章、72-83 章	矿物产品、化学产品、贱金属及其制品等
纺织鞋帽类	50-67 章	天然纤维、化学纤维、纺织品、服装、鞋、帽类等
橡塑皮革类	39-43 章	塑料、橡胶、皮革、皮毛及其制品等
玩具、家具类	71 章、94-97 章	珠宝、贵金属及其制品、家具、玩具、艺术品及杂项制品等
木材纸张非金属类	44-49 章、68-70 章	木及木制品、纸浆及纸制品、印刷品、矿物材料制品等

资料来源：国家质检总局 http：//www.aqsiq.gov.cn/《中国技术性措施报告 2016》，经笔者整理所得。

3.3.2.1　我国高技术产品出口遭遇技术壁垒的企业贸易损失分析

从出口企业遭受的贸易损失形式来看，进口国常常以我国企业出口产品不能满足其特定的技术要求为由取消订单，或通过对货物进行扣留、销毁、退回、改变用途、降级处理等方式，使我国出口企业遭受损失。如表 3-5 和图 3-15 所示，2015 年，我国企业遭遇技术壁垒损失的主要形式是丧失订单，在全部损失中所占的比重为 58%，波及 390 个企业，其中受到影响的小型企业数量多于大型企业①；其次是退回货物，在全部损失中所占比重为18%，波及107家企业，同样受到影响的小型企业数量更多。表明小型企业由于受技术、生产和管理等制约，更容易受到技术壁垒的影响。

表3-5　2015年我国高技术产品出口企业遭遇损失的主要形式　　单位：家

	大型企业数	小型企业数	合计
丧失订单	149	241	390
扣留货物	7	27	34
销毁货物	15	4	19
退回货物	45	62	107
口岸处理	3	33	36
改变用途	2	9	11
降级处理	9	25	34
其他	27	17	44
合计	257	418	675

资料来源：国家质检总局 http://www.aqsiq.gov.cn/《中国技术性措施报告2016》，经笔者整理所得。

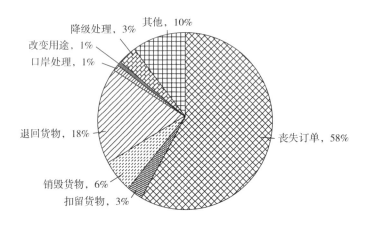

图3-15　2015年高技术产品出口企业遭遇损失形式的占比

资料来源：国家质检总局 http://www.aqsiq.gov.cn/《中国技术性措施报告2016》，经笔者整理所得。

① 国家质检总局将抽样调查的所有企业按出口额由大到小的顺序排列，若前N家企业出口额占到该类企业总出口额的80%，则称这N家企业为该类企业中的大型企业，其他企业为该类企业中的小型企业。

从出口企业遭受的直接损失额来看，由于进口国家和地区经济发展水平、经济结构及政府宏观管理政策等方面的不同，其设置的技术壁垒对我国高技术产品出口企业产生的影响也存在差异。如表 3-6 所示，2015 年我国高技术产品出口企业遭受的直接损失额为 407.17 亿美元，较 2014 年增加了 95.43 亿美元，与其他各类企业相比受国外技术壁垒影响最大。欧盟和美国作为我国高技术产品出口的两个主要市场，其设置的技术壁垒给我国出口企业造成的损失远大于其他国家和地区，直接损失额分别为 95.74 亿美元和 56.29 亿美元。此外，从出口企业总体来看，小型出口企业遭受的直接损失额高达 354.14 亿美元，远高于大型企业 53.03 亿美元的损失额。

表 3-6　2015 年我国高技术产品出口企业在不同目标市场所遭受的直接损失额

单位：亿美元

	大型企业	小型企业	总计
美国	9.67	46.62	56.29
欧盟	12.98	82.76	95.74
日本	0.70	2.83	3.53
东盟	3.35	45.56	48.91
韩国	0.73	5.05	5.78
俄罗斯	6.76	22.75	29.51
加拿大	0.08	20.50	20.58
澳大利亚	4.01	4.62	8.63
非洲国家	10.02	30.18	40.2
拉美国家	2.86	54.27	57.13
西亚国家	1.00	21.01	22.01
其他	0.86	18.00	18.86
总计	53.03	354.14	407.17
与 2014 年相比变动额	0.65	94.78	95.43

资料来源：国家质检总局 http://www.aqsiq.gov.cn/《中国技术性措施报告 2016》，经笔者整理所得。

3.3.2.2　我国高技术产品出口遭遇技术壁垒的企业应对成本分析

进口国设置的技术壁垒常常会给出口企业带来新增成本。为满足进口国家或地区对产品的新要求，出口企业需要完成对产品进行认证、测试以及检验注册等合格评定程序，或者改进产品生产技术、更换产品包装及标签、对产品进行其他处理，或办理其他手续，从而增加出口成本。如表 3-7 所示，2015 年我国高技术产品出口企业产生了 151.06 亿美元的新增成本，比 2014 年增加了 57.01 亿美元，仍然是所有企业中新增成本最多的。为适应美国和欧盟的相关技术要求，出口企业分别产生了 28.57 亿美元和 45.19 亿美元的新增成本，分别比 2014 年增加了 9.5 亿美元和 16.2 亿美元。从出口企业规模来看，我国高技术产品小型出口企业产生了 129.64 亿美元新增成本，比 2014 年增加了 52.25 亿美元，明显高于大型企业 4.76 亿美元的新增成本，占所有高技术产品出口企业新增成本总额的比例高达 85.8%。

表 3-7　2015 年我国高技术产品出口企业在不同目标市场的新增成本

单位：亿美元

	大型企业	小型企业	总计
美国	4.77	23.80	28.57
欧盟	8.52	36.67	45.19
日本	0.63	2.69	3.32
东盟	0.43	9.62	10.05
韩国	0.35	2.89	3.24
俄罗斯	2.82	6.83	9.65
加拿大	0.22	1.89	2.11
澳大利亚	0.11	2.16	2.27
非洲国家	0.37	18.65	19.02
拉美国家	0.90	2.85	3.75
西亚国家	1.76	10.93	12.69
其他	0.55	10.68	11.23
总计	21.42	129.64	151.06
与 2014 年相比变动额	4.76	52.25	57.01

资料来源：国家质检总局 http：//www.aqsiq.gov.cn/《中国技术性措施报告 2016》，经笔者整理所得。

3.3.2.3　我国高技术产品出口企业遭遇技术壁垒的原因分析

出口企业一般会受生产技术达不到国外技术要求、标准、限量等，认证、注册周期长、费用高以及为达到国外要求导致成本过高等因素制约，导致订单丢失或者货物被退回等，给企业带来巨大损失。图 3-16 显示了 2015 年我国高技术产品出口企业在出口时遭遇国外技术壁垒的主要原因。无论是从高技术产品出口企业总体来看，还是从企业规模来看，企业认为制约出口的最重要的原因是为达到国外要求导致成本过高，其次为技术水平达不到要求以及认证、注册周期长且费用高等原因。

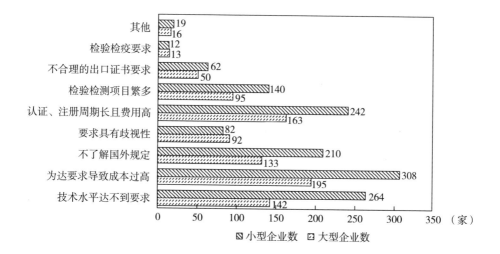

图 3-16　我国高技术产品出口企业遭遇技术壁垒的原因

3.3.2.4　我国高技术产品出口企业应对技术壁垒的情况分析

出口企业在遭遇到国外技术壁垒时，通常选择向有关部门报告并加强企业管理，改进技术，增强自主创新能力，从而提高自身竞争力。如图 3-17 所示，我国高技术产品出口企业在遭遇国外技术壁垒时，均把提高自身竞争力作为首要举措，在审视过企业内部原因的基础上，尝试与国外进口商进行交涉，尽最大努力保留住原有订单，然后是向其他相关部门如国家质检总局等部门报告，寻求进一步的应对举措，只有极少数的企业会选择停止出口。

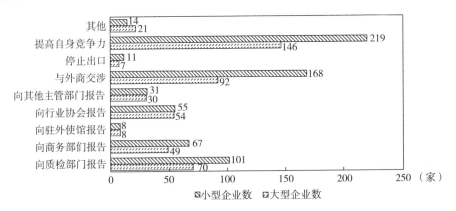

图 3-17　我国高技术产品出口企业遭遇技术壁垒的应对措施

3.3.3　我国高技术产品出口遭遇技术壁垒的趋势

由于技术壁垒具有合理性、隐蔽性、歧视性、灵活性以及双重性等特点，天然适合做高技术产品贸易保护手段。且随着我国高技术产业自主创新能力和研发能力的提升，我国高技术企业也在逐渐掌握自主的核心知识产权。因此，世界各国尤其是发达国家，必然会不断强化技术壁垒措施的制定和实施。未来我国高技术产品出口所面对的技术壁垒将向多内容、多领域以及更加隐蔽的方向发展。

首先，与知识产权保护结合形成更为隐蔽的技术壁垒。专利和技术标准结合形成的标准壁垒是更为严苛和隐蔽的知识产权化技术壁垒。尤其是在高技术产业领域，发达国家及跨国公司利用强大的技术优势，将国际标准和专利相结合，形成知识产权化的技术壁垒。由于高技术产品制定技术标准时没有国际公认的成熟技术可供使用，高技术领域的技术成果几乎都被专利技术覆盖，这就使得高技术产品贸易无法绕开知识产权化的技术壁垒：产品的生产和贸易不仅要按照产业标准进行生产，还不能在知识产权上侵权，否则产品无法进入他国市场，即使成功进入他国市场也会因为专利纠纷影响产品贸易。而因为标准和知识产权紧密结合在一起，按照产业标准生产就要采用相关的专利，就必须要缴纳高额的专利费用，以确保生产和销售的权利，不然就构成典型的专利侵权。尤其是随着我国高技术产品贸易的迅速发展，出口规模的不断扩大，我国遭受知识产权化技术壁垒的行业在不断扩大，几乎所有高技术产品都遭受巨大的不利影响。

其次，技术壁垒涉及内容进一步扩展。随着我国高技术产业自主创新能力和研发能力的提升，单纯的技术法规和技术标准并不能给当前我国高技术产品的出口带来多大影响。因此，环境保护、劳工权益等内容越来越受到发达国家的关注，并积极推动这些领域的技术壁垒和相关举措出台。目前，低碳领域的技术法规和技术标准越来越多且日趋复杂，低碳标准的不统一将使我国高技术产品出口面临更加严峻的技术壁垒形势。此外，高技术产品技术壁垒正在从有形商品的生产、贸易领域扩张到高技术服务领域。越来越多的国家开始着手制定与服务相关的技术法规和技术标准，并用于合格评定。由于服务贸易领域的技术法规、技术标准和合格评定程序与货物贸易存在差距，使得我国在服务贸易领域落后于发达国家。因此，技术壁垒向高技术服务领域扩张，必将给我国高技术产业带来更多困扰。

3.4　我国应对国外高技术领域技术壁垒的案例分析

WTO/TBT 协定规定，成员国应在不歧视的情况下，允许其他成员国以书面形式对其技术壁垒通报措施提出合理意见，根据请求就这些意见进行专门讨论，并应将这些书面评议意见和讨论结果考虑在内[1]。密切关注国外的技术壁垒通报法规，是关系到我国能够切实享受 WTO/TBT 协定所赋予权利的关键。2015 年，我国跟踪了部分世界贸易组织（WTO）成员国的技术壁垒通报措施[2]，对其中357 项进行了评议，并最终就68 件国外技术壁垒通报发出书面评议意见，其中评议重点涉及的领域如机电效能、车辆和医药品等与高技术产品密切相关。本节以我国对国外高技术领域重点技术壁垒通报措施的评议为例，就相关评议意见进行深入分析，所得结论对于促进高技术产品的技术交流和改进高技术产业内的技术路线，以及保护我国高技术产业的健康发展，具有重要的现实意义。

---

① WTO/TBT 协议 5.6.4 条款，详见 https：//www.wto.org/english/docs_e/legal_e/17-tbt_e.htm。
② 技术壁垒通报的评议工作时效性强、专业覆盖面广，通常需要调动社会各方面的力量和积极性共同参与研究。参与评议的专家主要来自国家质检总局、商务部、国家发展和改革委员会、工业和信息化部、农业部、卫生部、环保部、交通运输部、铁道部、国家认监委、国际标准委等部委以及高校、研究院所和各行业协会。

3.4.1　对美国高技术领域技术壁垒通报措施的评议

3.4.1.1　对美国电灯节能标准的评议

2015 年 2 月，美国发布了 G/TBT/N/USA/800/Add.3 号技术壁垒通报，内容为美国能源部（Department of Energy，DOE）在联邦纪事中公布了关于高压气体放电（High-Intensity Discharge，HID）灯节能标准的决定提案公告（Notice of Proposed Determination，NOPD）[①]。这份通报初步将三类潜在标准 HID 灯确定为技术上不可行或经济上不合理。

中方首先赞同美国能源部（DOE）就提案给出的技术可行性和经济合理性的评估结果，支持美国根据评估结果，取消 HID 灯节能标准提案的决议。其次，在美国拟定的有关 HID 灯能效标准的通报草案中，规定了 EL1、EL2 和 EL3 三个能效等级，但并未对其最低能效标准做出明确要求。以常见的 150W 金卤灯为例，按照草案中表 IV.6 的公式进行计算，其中等级 EL2 和 EL3 的能效要求分别为 87.3lm/W 和 100lm/W。考虑到欧盟现有相关条例 EuP（Enter-using Products）指令 No.245/2009 中规定第二阶段（即 2015 年 4 月起）对金卤灯的最低效能要求为 75lm/W，第三阶段（2017 年 4 月起）最低效能要求为 85lm/W，根据 WTO/TBT 协定第 2.4 条[②]要求，如果美国将来考虑重新采用新的 HID 灯能效标准提案，那么需要充分考虑规定此最低效能要求的科学依据和合理性。

3.4.1.2　对美国有毒物质管理法规的评议

2015 年 1 月，美国发布了 G/TBT/N/USA/692/Add.1[③] 和 G/TBT/N/USA/951[④] 两项技术壁垒通报，随后又在 2 月发布了 G/TBT/N/USA/962[⑤] 号通报，主要内容是美国环保署（Environmental Protection Agency，EPA）根据有毒物质控制法（Toxic Substances Control Act，TSCA）颁布在现存有关联苯胺基化学物质重要新用途规则（Significant New Use Rule，SNUR）中增加 9 种新的联苯胺基化学物质。规定要求制造（包括进口）或加工以上相关化学物质的企业必须要在开

---

① 详见 http://www.gpo.gov/fdsys/pkg/FR-2015-02-04/html/2015-02157.htm。
② WTO/TBT 协定 2.4 条款，详见 https://www.wto.org/english/docs_e/legal_e/17-tbt_e.htm。
③ 详见 http://www.gpo.gov/fdsys/pkg/FR-2014-12-29/html/2014-29887.htm。
④ 详见 http://www.gpo.gov/fdsys/pkg/FR-2015-01-07/html/2014-30829.htm。
⑤ 详见 http://www.gpo.gov/fdsys/pkg/FR-2015-02-02/html/2015-01721.htm。

始制造或加工前至少 90 天内将其指定为一项重要的新用途来通知 EPA。这些通知将使得 EPA 有机会评估与重大新用途有关的活动，并在必要时根据当时提供的信息进行评估，有机会防止潜在的、不合理的风险的出现。此外，EPA 对信息收集活动的法规清单编号进行了技术修订，将管理和预算署（Management and Budget，OMB）规定的编号归类在此项法规的信息收集活动中。

中方经过研究讨论，对美国以上通报内容中存在的问题给出了以下书面评议意见：

首先，在 G/TBT/N/USA/962 号技术壁垒通报中，提出 27 种化学物质应根据 SNUR 实施生产前通知（Pre-manufacture Motices，PMNs），但其中有 22 种化学物质并没有相应的 CAS 登记号[①]。在 G/TBT/N/USA/951 号通报中，提出 13 种化学物质应根据 SNUR 实施 PMNs，但是其中有 10 种化学物质并没有相应的 CAS 登记号。在 G/TBT/N/USA/692/Add.1 号通报中，提出 9 种化学物质应根据 SNUR 实施 PMNs，但是基于商业机密协议的原因其中有 5 种化学物质同样没有相应的 CAS 登记号。这在相关产品进入美国时，会给提前确定该产品是否属于提前申报的范围造成困难。因此，建议美国相关部门进一步明确通报中提及化学物质的具体名称和相应的 CAS 登记号，抑或提供相关方法能够对某种化学物质进行确认是否属于上述范围。

其次，在 G/TBT/N/USA/692/Add.1、G/TBT/N/USA/951 以及 G/TBT/N/USA/962 号技术壁垒通报实施后，根据 TSCA 中 Section 12（b）的规定，在美国出口企业向中国出口通报中的化学物质时，为了便于下游产品返回美国，中方有义务要求美国出口企业向中国政府提供其根据法规要求向 EPA 提交的任何相关数据，以及与之有关的规则、条文、命令等文件。

3.4.2　对欧盟高技术领域技术壁垒通报措施的评议

3.4.2.1　对欧盟能效法规的评议

2015 年 7 月，欧盟发布 G/TBT/N/EU/301[②] 号通报，法规草案对进入欧盟市

---

① CAS 登录号是美国化学文摘服务社（Chemical Abstracts Service，CAS）为化学物质制定的登记号，它是检索有多个名称的化学物质信息的重要工具，是化合物、高分子材料、生物序列等物质的唯一的数字识别号码。

② 详见 http：//ec. europa. eu/growth/tools-databases/tbt/en/。

场的空气加热产品、冷却产品和高温加工冷却装置的最低能源性能要求进行了详细规定。特别是对空气加热产品规定了最低季节性空间加热能源效率要求，对工业用制冷空调产品规定了季节性空间制冷能源效率要求，对高温加工冷却装置规定了季节性能源性能比率，对采用燃烧方式的产品规定了氮氧化物排放要求。法规草案还规定了产品手册必须提供的信息要求和免费访问生产企业或进口企业网站要求。

中方经过讨论研究，对欧盟该法规草案通报内容中存在的问题给出了以下书面评议意见：

首先，通报法规草案中第一条 1（c），适用于"风机盘管"，且要求制造商和代理商在用户说明书、安装手册中列入规定的技术参数表，但法规未规定"风机盘管"的具体指标要求，风机盘管主要设备为送风机电机，目前欧盟对电机、风机均有单独的指令要求。为避免增加制造商的不必要的成本，建议将"风机盘管"从法规适用范围中删除。

其次，该通报法规草案附录 II 表 1~表 4 中，给出了风冷冷水机组的生态设计要求。据中方了解，目前全球相关行业中，对于额定制冷容量<400kW 的风冷冷水机组，大部分产品都达不到欧盟生态设计要求。欧盟在法规草案中也未提供此类产品的相关行业分析报告，因此请欧方提供设置该生态设计要求指标的科学性依据。

最后，该通报法规草案表 10、表 11 和表 14，对风冷型产品要求提供室外风量参数。据了解，室外风量参数为非直接指标，不影响舒适性。为不增加企业测试成本，建议删除各表中室外风量的要求。

3.4.2.2 对欧盟能效标签的评议

2015 年 9 月，欧盟发布了 G/TBT/N/EU/307[①] 号通报，欧洲议会和欧洲理事会关于通过标签和标准产品信息显示能源相关产品能耗及其他资源消耗的指令 2010/30/EU，建立了规定具体能源相关产品能源标签和产品信息表的授权法案批准框架。要求制造商和进口企业提供 A-G 级别的能源标签和产品信息表并对

———————————
① 详见 http：//eur - lex. europa. eu/legal - content/EN/TXT/？ qid = 1440494430242&uri = CELEX：52015PC0341。

消费者进行展示；要求制造商和进口企业在产品型号进入市场之前在数据库登记涉及执行情况的技术性文件；并规定当市场上的产品主要由最高级别能源标签构成时应重新给 A-G 标签定级的程序。

中方经过讨论研究，对欧盟该法规草案通报内容中存在的问题给出了以下书面评议意见：

首先，通报第 3 章中第 5 点提出："《2010 能效标签指令》中增加 A+ 及更高等级的引入降低了消费者购买更节能产品的积极性；且标签上用于一些表示参数的象形图也让消费者难以理解。"因此，为避免给普通消费者造成购买困扰，刺激普通消费者购买更节能产品的积极性，中方建议欧盟按照普通消费者使用和特殊场合使用两大类产品对能效等级进行差异化划分。对于工业用、商用和实验室等特殊场合使用的产品，可以采用比普通产品更加细致的能效分级，以便使用方根据自身情况选择更为节能的产品，从而实现降低能耗、保护环境的目的。

其次，该法规草案第 7 章第 4 条规定对标签进行周期性的重新定级，但未明确具体周期，如周期太短，会给制造商、经销商带来不必要的贸易障碍，也容易误导消费者，因此建议法规能够对周期进行合理定级。

3.4.3 对其他国家高技术领域技术壁垒通报措施的评议

3.4.3.1 对智利电器产品认证程序的评议

2015 年 4 月，智利发布了 G/TBT/N/CHL/300① 号通报，规定了电气设备电缆刚性金属导管和导管系统认证程序，依照国际电工委员会（International Electrotechnical Commission，IEC）标准 No. 61386-1 ed2. 0（2008-02）和 No. 61386-21 ed1. 0（2002-02）规定的范围和管辖项目。

中方经过研究讨论，对以上通报内容中存在的问题给出了以下书面评议意见：

首先，通报第 3 章认证体系 1.2.1 部分"（在智利或在境外）生产合格"和 1.2.2"在智利进口批次合格"界定模糊，两个部分的适用范围有重叠，例如境

---

① 详见 http：//www. sec. cl/portal/page? _ pageid = 33，3397597，33_ 4085504&_ dad = portal&_ schema = PORTAL。

外生产进口到智利的产品，在归类为1.2.1部分抑或1.2.2部分时易产生歧义。根据WTO/TBT协议第2.5条①规定，中方建议智利明确这两部分的定义和管辖范围。

其次，通报第3章认证体系4.2部分规定对生产商的质量控制体系至少每年进行两次审核，与ISO9001规定的审核频率不符。根据WTO/TBT协议第2.4条规定，中方建议智利按照ISO标准执行，或解释审核频率高于ISO标准的原因。

最后，通报规定"选样工作应根据刊登在1961年官方公报上的《第NCh43号智利官方标准——'随即样品的选取'进行》"。根据WTO/TBT协议第2.4条规定，中方建议智利采用ISO2859作为抽样依据。

3.4.3.2 对泰国废弃电子电器设备法案的评议

2015年7月，泰国发布了G/TBT/N/THA/461②号通报，法规涉及废弃电子电气设备（Waste Electrical and Electronic Equipment，WEEE）及其他废弃产品的产品管控、废弃产品管理、目标设定、收益管理和基金资助、监管和管制以及违法处罚。

中方经过研究讨论，对该法规草案通报内容中存在的问题给出了以下书面评议意见：

首先，该法规通报草案第4条定义中规定"电器、电子产品"指"必须接通电流或电磁场才能工作的用具或设备"，没有明确产品使用交直流电压的范围，产品范围定义过宽。但是目前国际标准和其他世界贸易组织（WTO）成员的技术法规（IEC标准和欧盟的2012/19/EU指令）对该术语的定义范围远远小于本法规通报草案规定的范围。根据WTO/TBT协议中第2.4条款以及第2.7条款③的规定，中方建议对"电器、电子产品"术语的范围重新定义，明确产品和设备使用电压的范围，使产品范围更容易确定。

其次，该法规通报草案第4条定义中规定"其他产品"的产品类别模糊，考

---

① WTO/TBT协议2.5条款，详见 https://www.wto.org/english/docs_e/legal_e/17-tbt_e.htm。
② 详见 https://members.wto.org/crnattachments/2015/TBT/THA/15_2615_00_x.pdf。
③ WTO/TBT协议2.4条款和2.7条款，详见 https://www.wto.org/english/docs_e/legal_e/17-tbt_e.htm。

虑到其他废弃产品的回收、特点与废弃电子电器产品不同，并且其处理方式也不同，容易给制造商和销售商造成不必要的困扰，中方建议泰国应尽快对其他产品的范围给予说明和澄清。

再次，该法规通报草案第 4 条规定："销售者是指通过各种渠道（例如：实体店、网店或直销）从事生产销售的个人或企业法人。"其中的"网店"包含了跨境商务，由于跨境电子商务目前是新兴的产业，在国际上尚无成熟的监管措施，中方建议泰国在第 3 条增加一款"（7）跨境电子商务进口产品"。

最后，该法规草案第 13 条规定："在委员会的批准下，部长有权利颁布规定必须根据本法规受到控制的产品类别或产品组别之公告，以及第 15 条或第 17 条中的产品或产品组别处理措施。"在该法规中并没能提供受其控制的产品类别或产品组别，中方建议泰国应尽快予以明确产品的产品类别或产品组别，以便制造商和销售商能按时执行法规。

3.5　本章小结

本章系统梳理了 1995～2016 年全球技术壁垒实践特征，并在此基础上选取技术性措施体系最为完善且与我国高技术产品贸易往来密切的美国、欧盟、日本三个典型国家（地区）为研究对象，分析 1995～2016 年美国、欧盟、日本和中国的技术壁垒实践特征以及我国高技术产品出口现状，进一步剖析我国高技术产品出口遭遇技术壁垒的现状与趋势，并就我国应对国外高技术领域的技术壁垒实践进行案例分析。首先，从全球技术壁垒实践来看，1995～2016 年 22 年间全球技术壁垒通报数量呈整体上升趋势，技术壁垒给国际贸易带来举足轻重的影响，且随着科技的进步和技术的发展，这种影响也呈现出持续扩大的态势。其次，我国高技术产品出口遭遇技术壁垒的现状分析发现，出口企业遭遇技术壁垒损失的主要形式为丧失订单，这表明技术壁垒对我国高技术产品出口规模的影响最为严重。最后，分析发现，我国高技术产品出口企业在遭遇国外技术壁垒时，均把提高自身竞争力作为首要举措，这表明进口国设置的技术壁垒会倒逼出口企业进行技术创新。本章就全球技术壁垒的实践特征分析及我国高技术产品出口遭遇技术壁垒的现状分析，为下文技术壁垒对我国高技术产品出口规模和出口企业技术创新的影响研究提供了现实依据。

第4章 技术壁垒对我国高技术产品
出口规模的影响

结合前文分析可知，一国设置技术壁垒的依据为世界贸易组织（WTO）协议，具有合理保护之实。然而，随着贸易、产业与科技的深度融合使国际贸易领域从传统贸易方式向技术、知识领域不断扩展，技术壁垒所形成的贸易保护也随着贸易发展由以往的国际进出口延伸到一国的国内产业发展，突出表现在抵消了技术壁垒遭受国的国内制造成本优势，凸显了其技术创新的劣势，使得技术壁垒遭受国的高技术产品出口和产业发展受到压制。本章基于第2章对技术壁垒形成机理与作用机制的理论分析，结合第3章我国高技术产品出口遭遇技术壁垒的现状和趋势，将基于技术经济、产业安全与产业创新的研究理论，遵循"理论—经验—模型—实证"的研究思路，首先从理论层面分析技术壁垒对产品出口的影响机制，进而结合高技术产品特性，从总体层面、国家层面、行业层面以及国家—行业层面等多个维度实证度量国外技术壁垒对我国高技术产品出口规模的影响。

4.1 技术壁垒对出口贸易的影响机制

与反倾销、反补贴等传统的贸易摩擦形式相比，技术壁垒以其隐蔽性、灵活性以及看似公平性被越来越多的国家尤其是发达国家所采用，成为贸易保护的一种新趋势。本节通过深入剖析技术壁垒对出口贸易的影响机制，为下文实证度量技术壁垒对我国高技术产品出口规模的影响奠定了理论基础。

4.1.1 技术壁垒对出口的抑制作用

（1）短期内进口国的技术壁垒对出口国的贸易流量具有抑制作用。本书通过建立技术壁垒下进出口国家的供需基本模型来分析这一问题。如图4-1所示，D表示进口国即技术壁垒设置国有关商品 N 的进口需求曲线，S 表示出口国即技术壁垒遭受国有关商品 N 的出口供给曲线。在进口国针对商品 N 设置技术壁垒之前，二者所构成的供需均衡点为 E，此时出口国以价格 P 出口数量为 OQ_1 的商品 N 至进口国。进口国设置技术壁垒之后，出口国的出口企业只有通过技术改进达到进口国要求的技术标准才能突破技术壁垒，否则只能退出进口国市场。而出口国要突破技术壁垒必将给本国出口企业带来成本的增加，即此时出口供给曲线 S 将会向左上方移动，变为 S′。假设进口国的进口需求不变，则供需均衡点将向左上方移动到 E′，此时，出口商品 N 的价格上涨，变为 P′，出口至进口国的商品数量也将减少为 OQ′。

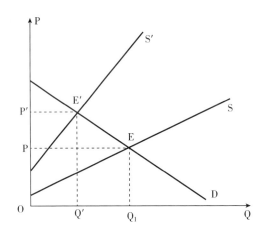

图4-1 技术壁垒对出口贸易流量的短期抑制作用

以上是从理想化的供需基本模型角度来分析的，如果进口国设置非常严苛的技术壁垒，以致出口国的技术标准和技术水平无法突破，此时技术壁垒对出口国产品出口规模的抑制作用将达到极限，即出口国将退出进口国市场。也就是说进口国技术壁垒的要求越是严格，出口国突破技术壁垒的成本越高，则 S′曲线越是往左上方移动，对产品出口规模的抑制作用越强。

（2）短期内进口国的技术壁垒对出口国的贸易条件具有抑制作用。首先，从贸易条件的定义出发，阐述技术壁垒对出口国贸易条件的抑制作用。在一定时期内，用来衡量一国出口相对于进口的获利能力和贸易利益的指标被称为贸易条件（Terms of Trade），在两个国家两种贸易商品条件下，它通常表示为一国出口商品价格与进口商品价格的比重，能够反映该国家的对外贸易状况（黄卫平，2012）。令 $NT = \dfrac{P_E^1 / P_E^0}{P_M^1 / P_M^0}$，其中，NT 表示贸易条件，$P_E^1 / P_E^0$ 表示一国一定时期内出口商品的价格，P_M^1 / P_M^0 表示一国一定时期内进口商品的价格。当出口国遭受技术壁垒时，出口商品的出口流量受到抑制，导致国内商品供应量增加，供给曲线右移会带来出口商品价格的下降，即 P_E^1 / P_E^0 减小，进而 NT 减小，即出口国的贸易条件恶化。

其次，采用提供曲线分析技术壁垒对出口国贸易条件的抑制作用。如图 4-2 所示，假设进口国设置技术壁垒前后国内供求状态不变，包括供求弹性。图中 OA 和 OB 表示技术壁垒设置前，进口国和出口国的提供曲线，二者的均衡点为 E，此时贸易条件为 OE。进口国设置技术壁垒后，由于跨越成本的存在，短期内迅速抑制出口国的出口贸易，导致出口国国内市场的供给数量增加，出口国的提供曲线向右移动，变为 OB′，新的均衡点为 E′，此时贸易条件下降为 OE′，贸易条件恶化。这是因为在之前的贸易条件下，出口国用 OQ 数量的出口商品可以换取 OM′数量的进口商品，而技术壁垒设置后，同样数量的出口商品只能换取 OM 数量的进口商品，贸易利益减少。

4.1.2 技术壁垒对出口的促进作用

4.1.2.1 模仿差距理论模型

由上文分析得到短期内技术壁垒对出口具有明显的抑制作用，那么这种抑制作用是否长期存在？又会发生哪些变化？本节采用 Posner 的模仿差距模型分析技术壁垒对出口的长期影响作用机制（Posner，1961）。在新贸易理论框架下，模仿差距理论认为技术变动是贸易产生的决定因素之一（陈诗阳，2008）。模型假设如下：

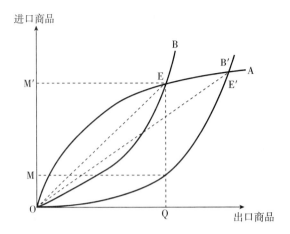

图 4-2　技术壁垒对出口国贸易条件的短期抑制作用

（1）技术变动是一个持续的进程；

（2）一个国家发明或者创造出一种新技术或者新产品之后，其他国家要学会并采用这种新技术或者新产品，有时间上的滞后，此即模仿滞后；

（3）同时其他国家的消费者对该产品出现需求，也有时间上的滞后，此即需求滞后；

（4）时滞的长短与"新""旧"二者产品之间的差异有关，差异性越大，时滞越长。

而技术变动究竟是否会使得两个其他方面均没有差异的国家开展贸易取决于模仿时滞和需求时滞的净效应。首先，如果模仿时滞小于需求时滞，那么进行模仿的外国生产者就能够在本国的消费者在国内市场上对新产品还未产生需求之前采用新技术并生产新产品，此时就不会有贸易的产生。但是当模仿时滞长于需求时滞时，此时就会产生贸易，如图 4-3 所示，且持续的技术变动会使得贸易不断发生。

4.1.2.2　长期内技术壁垒对出口的促进作用

根据模仿差距理论，技术的变动会增加出口贸易，但是这种变动增加量会随着时间的推移而逐渐减少，最后随着模仿国的模仿而消失，甚至会逐渐失去出口优势，变为进口，图 4-4 中点 A 至点 D 的实线部分体现了这种趋势。通常来说，

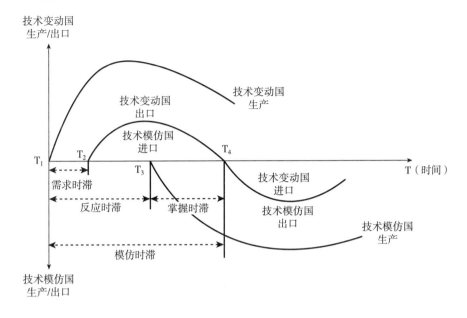

图 4-3　技术变动产生贸易的模仿差距理论模型

技术壁垒设置国的时机不会选择在新产品阶段，因为此时进口国拥有绝对技术优势，不需要通过设置技术壁垒保护本国产业，通常会选择在产品的标准化生产阶段设置技术壁垒，即技术壁垒一般发生在图 4-4 中的 CD 阶段，短期内它会向左下方偏移，变为 CD′。此时，面对技术壁垒，出口国若不采取有效应对措施，则其出口流量会沿着 CD′ 以更快的速度减少；若出口国采取有效措施应对技术壁垒，如提高出口产品的技术水平达到技术壁垒设置国的技术标准要求，跨越技术壁垒的限制，那么其出口流量在减少到一定时间如 M 点时出口国突破进口国的技术壁垒，同时带来了本国的技术变动。根据模仿差距理论，这会带来出口国出口规模的增加，如图 4-4 中 MN 阶段所示。如此循环，进口国设置的技术壁垒反而刺激了出口国加快进行技术创新的速度，对出口产生促进作用。当然，图 4-4 中技术壁垒对出口促进作用的出现有其产生条件，即在技术壁垒出现时，出口国必须快速做出反应，及时加快技术创新，跨越技术壁垒。同时，如果进口国设置的技术壁垒极其严苛，使得出口国的出口流量骤降为零，那么此时出口国想实现技术突破也非常困难。

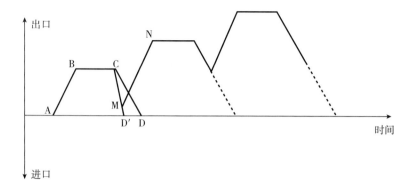

图 4-4　技术壁垒对出口的长期作用机理

根据上述分析结果可知，面对技术壁垒，若出口国能够抓住时机合理利用和管理，那么长期内可以促进出口贸易。此时上文分析中图 4-1 的 S′曲线向右下方移动，长期内可移动至 S 曲线的右下方，记为 S″，同时由于技术的变动，使用改进技术的产品更加能够满足消费者的需求，此时 D 曲线向右上方移动至 D′，新的均衡点 E″对应的出口量 Q″大于原均衡点 E 对应的出口量 Q₁，如图 4-5 所示。此外，上文分析中图 4-2 中的贸易条件在长期内也将发生变化，出口国的提供曲线 OB′向左上方移动至 OB″，同时技术的变动使得进口国的提供曲线 OA 向右下方移动至 OA′，新的贸易条件为 OE″，高于技术壁垒设置前的贸易条件，贸易条件得到改善，如图 4-6 所示。

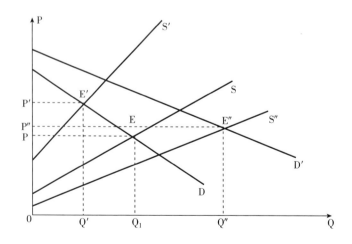

图 4-5　技术壁垒对出口贸易流量的长期促进作用

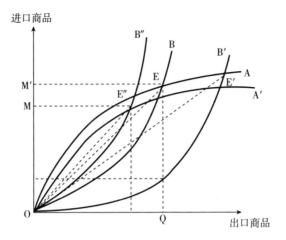

图 4-6　技术壁垒对出口国贸易条件的长期促进作用

4.2　技术壁垒对我国高技术产品
出口规模影响的理论框架与模型设定

4.2.1　引力模型理论框架

贸易中的引力模型起源于牛顿（Newton）由苹果落地获得灵感而提出的物理学上面的"万有引力"公式，即两物体之间的引力与它们之间的质量成正比，与它们之间的距离成反比。

$$F_{i,j} = G \frac{M_i M_j}{D_{i,j}^2} \qquad\qquad (4-1)$$

其中，$F_{i,j}$ 表示两个物体之间的引力，M_i 表示物体 i 的质量，M_j 表示物体 j 的质量，$D_{i,j}$ 表示物体 i 和物体 j 之间的距离，G 表示万有引力常量。Tinbergen（1965）认为可以把类似的方程运用到国际贸易流量的估算上，认为两个国家之间的贸易流量很可能与它们的经济规模成正比，且与两国之间的距离呈负相关的关系，以至于后来更多的人认为这种社会交互关系会发生在贸易之外更广的变量上，如对外直接投资（FDI）、旅游和移民等（Chakrabarti 和 Sengupta，2017；Mavroidis 和 Wolfe，2017）。

半个多世纪以来，引力模型一直被当作令人信赖的工具，也被作为进行跨国贸易流量的实证分析。作为事后分析的手段，引力模型是国际贸易实证研究中最为成功的模型之一，研究成果丰硕（Candau 等，2017；Egger 等，2017；Demaria 和 Drogue，2017）。Yang、Geng 和 Dong 等（2017）利用 2005~2014 年从中国进口石墨资源最多的 30 个国家构建引力模型，试图研究环境规制对中国石墨资源出口的影响，结果表明，决定中国石墨出口贸易流量的关键因素包括经济质量、出口价格、出口退税和语言，通过对以上影响因素出台有针对性的政策可推动中国石墨资源的可持续利用。Bottasso、Conti 和 Porto（2018）通过构建 2009~2012 年巴西与其 27 个重要的贸易伙伴国的出口贸易的引力模型，分析了巴西的港口基础设施对其出口贸易的影响。

引力模型除了深受学术界的欢迎之外，在贸易政策领域也很受欢迎，其中一个显著特点就是引力模型在使用上具有相当程度的灵活性，可以较为容易地研究不同贸易政策对贸易的影响（Archontakis 和 Varsakelis，2017）。因此 Deardorff（2011）将引力模型比喻为生活中客观存在的事实（A Fact of Life），而 Head 和 Mayer（2014）更是将引力模型形象地比喻为工具箱（Workhorse，Toolkit）和食谱（Cookbook）。随着经济全球化和区域经济一体化的发展，引力模型也逐渐成为定量分析贸易自由化发展（如自由贸易区、贸易集团等）的重要工具（Lee 和 Cho，2017；Gammadigbe，2017）。Hur 和 Lee（2017）使用引力模型分析了亚太经合组织（The Asia-Pacific Economic Cooperation，APEC）在促进区域内的贸易创造中的作用，结果发现，与非制成品贸易相比，亚太经合组织的成立对于区域内制成品贸易的促进作用更大。Kar（2018）根据 1995~2013 年联合国贸发会议（United Nations Conference on Trade and Development）的统计数据，使用扩展的贸易引力模型分析了南亚自由贸易区形成对其区域内贸易流量的影响。研究结果显示，自由贸易区的形成促进成员国纺织品和服装产品在区域内的整体出口，且南南贸易的扩张是由不断增长的区域内的中间产品的贸易不断推动的，而区域价值链的建立可以在全球竞争加剧的情况下保护贸易流量较小的国家。

4.2.2　扩展引力模型设定

本部分运用扩展的贸易引力模型进一步研究进口国技术壁垒和我国高技术产品出口规模之间的具体关系。Tinbergen（1962）最早利用引力模型分析两个国家之间的双边贸易规模。由于引力模型具有非凡的稳定性，且其对双边贸易流量具有很强的解释力，促使其他学者开始对其进行理论解释（Anderson，1979）。Bergstrand（1985）、Bergstrand（1989）最早研究指出引力模型直接受到克鲁格曼（Paul R. Krugman）垄断竞争模型影响，Anderson 和 Van（2003）进一步从经济理论的视角指出引力模型中使用规范以及变量选择的重要性，指出控制相对的交易成本对特定的引力模型至关重要，并首次将"多边阻力条件"纳入传统引力模型，这些研究均为引力模型的应用提供了理论基础。

Anderson 和 Van（2003）研究指出，假定全球由 N 个国家组成，且各类产品均能通过原产地而区分，那么就可以得到一个从理论上很好解释的引力方程，其形式如下：

$$X_{ij} = \frac{Y_i Y_j}{Y} \left(\frac{t_{ij}}{\Pi_i P_j} \right)^{1-\sigma} \tag{4-2}$$

其中，X_{ij} 表示国家 i 出口到国家 j 的贸易总额，Y 表示全球的 GDP，Y_i 和 Y_j 分别表示国家 i 和国家 j 的 GDP，t_{ij} 是 j 国进口 i 国产品的进口成本，$\sigma > 1$ 为替代弹性，Π_i 和 P_j 分别表示出口企业和进口企业的市场进入容易程度，也即国家 i 的外向型和国家 j 的内向型多边阻力条件。若一个国家远离国际市场，则它们的取值就低，其中远离程度由距离国际大市场的距离、高关税壁垒的政策因素或其他贸易成本（岛屿、内陆国家、共同语言和共同边界等）决定。

基于引力方程的连乘性质，一般估计引力方程式（4-2）的标准步骤是对所有变量简单地取自然对数，得到对数线性估计方程：

$$\ln X_{ij} = a_0 + a_1 \ln Y_i + a_2 \ln Y_j + a_3 \ln t_{ij} + a_4 \ln \Pi_i + a_5 \ln P_j + \varepsilon_{ij} \tag{4-3}$$

其中 a_0 是常数项，$a_3 = 1 - \sigma$，ε_{ij} 为误差项。

基于上述理论框架，根据本书的研究目的，本部分选取我国和各贸易伙伴国的人均 GDP、人口规模、高技术产品的技术创新能力和生产技术能力，贸易伙伴国高技术产品及各行业的平均进口关税、技术壁垒通报数、知识产权保护指数，以及汇率、贸易距离、是否有优惠贸易安排等为因变量。考虑到高技术产品对知识产权保护的敏感性，尤其是在高技术产品贸易领域技术壁垒常常和知识产权保护相结合，本部分将进口国的知识产权保护指数和技术壁垒通报数一起作为贸易成本，研究进口国技术壁垒对我国高技术产品出口规模的影响。因此，将其写为对数形式的扩展引力模型如下：

$$lnexport_{ijt} = \alpha_0 + \alpha_1 lngdp_{it} + \alpha_2 lnpop_{it} + \alpha_3 lncrd_{jt} + \alpha_4 lncrdp_{jt} + \alpha_5 tbt_{it} + \alpha_6 ipr_{it} +$$
$$\alpha_7 (tbt \times ipr)_{it} + \alpha_8 lndist_{ij} + \alpha_9 lnptariff_{it} + \alpha_{10} lncrate_{jt} + \alpha_{11} pta_{it} + \mu_{ijt}$$

$$(4-4)$$

其中，i 表示贸易伙伴国，j 表示中国。$export_{ijt}$ 表示 t 时期我国对贸易伙伴国 i 的高技术产品出口额，gdp_{it} 表示 t 时期我国与贸易伙伴国 i 的人均 GDP，pop_{it} 表示 t 时期我国与贸易伙伴国 i 的人口规模，crd_{jt} 表示 t 时期我国高技术产品的技术创新能力，$crdp_{jt}$ 表示 t 时期我国高技术产品的生产技术能力。本部分最核心的三个解释变量是 tbt_{it}、ipr_{it} 和（$tbt \times ipr$）$_{it}$，tbt_{it} 表示 t 时期贸易伙伴国 i 发布的与高技术产品相关的技术壁垒通报数，ipr_{it} 表示 t 时期贸易伙伴国 i 的知识产权保护指数，（$tbt \times ipr$）$_{it}$ 为 t 时期贸易伙伴国 i 发布的技术壁垒对我国高技术产品出口的偏效应。$dist_{ij}$ 为 t 时期我国与贸易伙伴国 i 的贸易距离，$ptariff_{it}$ 为 t 时期贸易伙伴国 i 的进口关税，$lncrate_{jt}$ 为 t 时期我国的平均汇率。pta_{ijt} 为优惠贸易安排虚拟变量，如果在 i 时期内，我国与贸易伙伴国 i 签订了优惠贸易协定，则该值为 1，否则为 0。α_0 是常数项，μ_{ijt} 为误差项。

4.2.3 变量说明与数据来源

根据式（4-4）扩展的引力模型，本部分使用 2000~2015 年我国与 22 个贸易伙伴国的混合数据定量考察进口国技术壁垒对我国高技术产品出口规模的影响。基于数据的可获得性和连续性，分别选取了 2000 年为起始年份和 2015 年为截止年份；选取贸易伙伴国的依据是这些国家均是我国重要的高技术产品出口市场，且其他相关数据可获得。本书最终选取了 22 个贸易伙伴国（见附录 C），考察其实施技术壁垒对我国高技术产品出口的影响。以下就主要变量和数据来源进行说明。

（1）被解释变量——高技术产品出口额（export）。本部分高技术产品的分类参照我国 2013 版《高技术产业（制造业）分类》（详见附录 A），包括医药制造业、航空航天器及设备制造业、电子及通信设备制造业、计算机及办公设备制造业、医疗仪器设备及仪器仪表制造业和信息化学品制造业六大类产品。由于信息化学品制造业数据不可获得，故本书将其剔除。本书借鉴盛斌（2002）按照国际贸易标准分类（SITC/Rev. 3）划分我国工业行业的方法，结合联合国的国际标准行业分类（ISIC）以及商品名称及编码协调制度（HS）的目录，对高技术产品各类别名称进行对照①。数据为联合国的 Comtrade 数据库的统计数据。

（2）技术壁垒通报数（tbt）。为了能够得到一个可以在多个国家之间进行比较，且同时在时间上具有连续性的技术壁垒指标，本书借鉴 Bao 和 Qiu（2012）利用各国每年的技术壁垒通报数来考察国家层面技术壁垒的方法。根据国际标准分类法 ICS（International Classification for Standards，ICS）的分类标准，本书选取出 7 类和高技术产品相关的标准化专业领域②；考虑到技术壁垒具有长期性的作用，采用累计的技术壁垒通报数。数据来自世界贸易组织（WTO）网站的 TBT-IMS（TBT Information Management System）数据库。

（3）知识产权保护指数（ipr）。本部分采用世界经济论坛（WEF）发布的全球竞争力报告中的 IPR 指数考察贸易伙伴国历年的知识产权保护水平。该指数由世界经济论坛（WEF）实施的"高管意见调查"所得，所选取的高管均在企业内拥有首席执行官或与之相当的地位，所选取的企业均代表经济中的主要部门，并与其在每个国家 GDP 中的份额成比例，其结果是对一个国家经济和企业环境在当前和未来的健康状况及其如何与全球经济相联系的最精确而有用的描述，因此可以很好地体现一国的知识产权保护对其贸易行为的影响。

（4）进口国 tbt 对我国高技术产品出口的偏效应——交互项（tbt×ipr）。其含义是进口国知识产权保护水平不同，其设置的技术壁垒对我国高技术产品出口将产生不同影响。考虑到高技术产品对知识产权保护的敏感性，且近年来各国常常将技术壁垒与知识产权保护相结合，因此本部分引入进口国的知识产权保护指数与技术壁垒通报数形成交互项，综合考察技术壁垒对我国高技术产品出口的影

---

①　各分类法之间的对照见 http：//unstats. un. org/unsd/cr/registry/regot. asp？Lg＝1。

②　各类别的具体范围如下：11 为医药卫生技术；31 为电子学；33 为电信、音频和视频技术；35 为信息技术、办公机械设备；37 为成像技术；39 为精密机械；49 为航天器和航天器工程。

响。为了避免产生多重共线性，本研究采用的交互项数据是对变量 tbt 和 ipr 进行中心化处理后的结果。

（5）技术创新能力（crd）。研发支出占主营业务收入比重、专利申请数与有效发明专利数等均被学者们用来衡量技术创新能力，考虑到下文要进一步考察技术壁垒对高技术产品各行业的影响，因此本书采用高技术产品和五个细分行业的 R&D[①] 支出占主营业务收入比重的分类数据，以此衡量我国高技术产品和各细分行业的技术创新能力（宋伟良和王焱梅，2016）。一般认为出口国研发支出占主营业务收入的比重越大，其高技术产品技术创新能力越高，产品质量越高，其出口越多，预估 crd 系数为正。数据来自 2001~2016 年《中国高技术产业统计年鉴》。

（6）生产技术能力（crdp）。本部分采用 R&D 研究人员[②]（每百万人）来衡量我国高技术产品的生产技术能力。一般认为出口国 R&D 研究人员越多，其高技术产品生产力越高，潜在出口能力越大，预估 crdp 系数为正。数据来自世界银行（World Bank）的世界发展指标（WDI）数据库。

（7）我国与各贸易伙伴国的人均 gdp（gdp = cgdp×pgdp）与人口 pop（pop = cpop×ppop）。我国人均 GDP 越高，经济发展水平越高，生产能力越高；而人口规模越大，经济规模越大，出口潜力越大，预估其系数均为正。贸易伙伴国人均 GDP 越高，经济发展水平越高，市场需求越大；而人口规模越大，则经济规模越大，进口潜力越大，预估其系数均为正。数据来自世界银行（World Bank）的世界发展指标（WDI）数据库。

（8）贸易伙伴国各行业的进口关税（ptariff）。数据来自世界贸易组织（WTO）网站的 Tariff Analysis Online（TAO）数据库，由于各国关税数据均以 HS 分类标准给出，因此本书按照转化表将其归类到高技术产品及五个细分行业中，各行业内取平均值得到行业的平均关税水平，个别国家的部分年份缺失数据用其相邻年份平均值补充。进口关税会阻碍我国高技术产品的出口，预估其系数为负。

（9）其余变量。贸易距离（dist）来自 CEPII 数据库，两国距离越远，运输

---

① R&D 主要包括基本研究、应用研究和实验开发，其目的在于提升知识水平，并将知识用于新的应用。

② R&D 研究人员是指参与新知识、新产品、新流程、新方法或新系统的概念形成或创造，以及相关项目管理的专业人员。

成本越高，出口越少，预估其系数为负；我国当前汇率数据来自佩恩表（Penn World Tables，PWT），直接标价法下，出口国汇率下降导致本币升值，出口减少，预估其系数为正；是否有优惠贸易安排（pta）来自世界贸易组织（WTO）网站，两国间的优惠贸易安排能够促进双边贸易的发展，出口增加，预估其系数为正。具体各变量含义和预期符号参见表4-1。

表4-1　变量描述与预期符号

变量	变量描述	均值	标准差	最小值	最大值	预期符号
被解释变量						
lnexport	我国对贸易伙伴国高技术产品出口额（美元）	21.52868	1.832575	14.12647	25.53072	
解释变量						
lngdp	各国人均国民生产总值（现价美元）	17.67683	1.286839	14.34087	19.86747	+
lnpop	各国人口总数	38.53105	1.112718	36.16523	40.6143	+
lncrd	我国高技术产品技术创新能力	0.3494325	0.2602185	-0.1079528	0.7159063	+
lncrdp	我国高技术产品生产技术能力	6.750646	0.244845	6.305004	7.090322	+
lndist	我国与贸易伙伴国地理距离（公里）	8.919346	0.6349744	6.862393	9.867729	−
tbt	贸易伙伴国技术壁垒累计通报数	29.50303	50.92716	0	273	?
ipr	贸易伙伴国知识产权保护指数	4.468859	0.9971845	2.334612	6.479026	?
tbt×ipr	技术壁垒对我国高技术产品出口的偏效应	4.46899	54.45944	-161.4416	334.6772	?
lnptariff	贸易伙伴国各行业平均关税	1.948507	0.4930889	0	3.506631	−
lncrate	当年我国平均汇率	1.9931	0.1175221	1.815384	2.113662	+
pta	我国与贸易伙伴国是否有优惠贸易安排	0.3181818	0.4664778	0	1	+

4.3 技术壁垒对我国高技术产品
出口规模影响的实证结果分析

4.3.1 技术壁垒对我国高技术产品出口规模的总体分析

4.3.1.1 基准回归及稳健性检验

本部分重点关注的是解释变量 tbt、ipr 及其交互变量 tbt×ipr，利用三个不同的变量来估计进口国对我国高技术产品实施的技术壁垒状况，使用 Stata 13.0 统计软件进行估计，基准的回归结果和稳健性检验见表 4-2。其中表 4-2 的（1）列不含知识产权保护相关变量的回归结果，（3）列含有知识产权保护变量的回归结果。考虑到贸易政策的时滞性，对 tbt 滞后一期进行检验①，结果参见（2）列和（4）列。回归结果发现，tbt 滞后一期所有变量的符号、系数以及显著性均未发生大的变化，说明结果十分稳健，且技术壁垒对我国高技术产品出口规模的限制效应在更长的时间存在。

根据回归结果，所有变量符号均和预期相符，其中三个核心解释变量的估计系数均为负，且交互项 tbt×ipr 在 1% 的水平上显著。也就是说，无论是进口国实施技术壁垒还是进行知识产权保护，均会不同程度地抑制我国高技术产品的出口，且当进口国将技术壁垒和知识产权保护相结合的时候，二者会显著抑制我国高技术产品的出口规模，阻碍高技术产品贸易的正常发展。其中值得注意的是变量 lnptariff，虽然回归结果系数符号均为负，但是都不显著。这主要是因为高技术产品具有技术密集和知识密集型特征，产品的不可替代性较强，且随着全球范围内关税减让水平的不断提高，其出口虽然会受到进口国关税的影响，但抑制作用不大，更多的还是受到和技术标准以及知识产权等相关非关税壁垒的影响。

---

① 根据世界贸易组织（WTO）乌拉圭回合关于 TBT 的协议，世界贸易组织（WTO）要求各成员国在 TBT 通报与政策法规实际生效之间预留一个合理的时间段，以接受各国对该政策的评论。

此外，知识产权保护的强弱和一国经济发展水平密不可分，经济发展水平高的国家其知识产权保护程度相对较高。进口国的知识产权保护会影响我国高技术产品的出口，同时进口国的经济发展水平也会影响其知识产权保护程度。因此，模型中 ipr 变量可能存在较强的内生性。为了防止可能出现的内生性问题，本书借鉴余长林（2011）的做法，以知识产权保护和 GDP 的滞后一期为工具变量来消除内生性，回归结果见表 4-2 的列（5）。在使用工具变量法进行 2SLS 回归之前，采用 Anderson canon. corr. LM Statistic（不可识别检验）、Cragg-Donald Wald F Statistic（弱工具变量检验）和 Hansen J Statistic（过度识别检验）对工具变量进行了有效性检验，结果均通过检验①，因此表明工具变量有效。

对比表 4-2 中的列（3）和列（5）回归结果，ipr 的系数符号依然为负，而绝对值由 0.0113 提高到 0.0525561，说明 Pooled OLS 低估了进口国知识产权保护对我国高技术产品出口规模的限制效应。而对比我国技术创新能力（lncrd）和生产技术能力（lncrdp）的系数发现，在 2SLS 情况下，虽然两个变量依然十分显著，但系数的绝对值均有所下降，这说明经过对 ipr 的内生性处理，我国技术创新能力和生产技术能力应对进口国知识产权保护的作用小幅度下降。因此可以发现，经过内生性处理，ipr 限制效应的提高以及我国技术创新能力和生产技术能力的下降导致整体 ipr 限制效应变大，这很好地验证了 ipr 的内生性可能低估了其对我国高技术产品出口规模的限制作用。

表 4-2　基准回归结果及稳健性检验

	（1） Pooled OLS	（2） tbt 滞后一期	（3） Pooled OLS	（4） tbt 滞后一期	（5） 2SLS
tbt	−0.00279 **	−0.00242 **	−0.000752	−0.000814	−0.000603
	(0.00113)	(0.000971)	(0.000944)	(0.000833)	(0.0009289)
ipr			−0.0113	−0.00962	−0.0805432
			(0.0616)	(0.0629)	(0.0858958)

①　Anderson canon. corr. LM Statistic 和 Hansen J Statistic 的 p 值均为 0.000，强烈拒绝原假设，通过了不可识别与过度识别检验；Cragg-Donald Wald F Statistic 值为 74.283，大于 10% maximal IV size 临界值 7.03，通过弱工具变量检验。

	（1）Pooled OLS	（2）tbt 滞后一期	（3）Pooled OLS	（4）tbt 滞后一期	（5）2SLS
tbt×ipr			−0.00357 ***	−0.00357 ***	−0.003542 ***
			（0.000536）	（0.000562）	（0.0005428）
lngdp	1.139 ***	1.136 ***	1.142 ***	1.142 ***	1.192804 ***
	（0.0758）	（0.0747）	（0.0912）	（0.0905）	（0.1048817）
lnpop	0.599 ***	0.593 ***	0.597 ***	0.595 ***	0.59592 ***
	（0.0565）	（0.0559）	（0.0554）	（0.0549）	（0.0543961）
lncrd	1.226 **	1.017 *	1.095 *	1.025 *	1.015937 *
	（0.595）	（0.599）	（0.588）	（0.587）	（0.5767614）
lncrdp	0.828 ***	0.792 **	0.815 ***	0.803 **	0.7788684 **
	（0.320）	（0.319）	（0.312）	（0.312）	（0.3314699）
lndist	−0.350 ***	−0.338 ***	−0.353 ***	−0.348 ***	−0.3536968 ***
	（0.0500）	（0.0501）	（0.0453）	（0.0456）	（0.0445066）
pta	0.718 ***	0.688 ***	0.744 ***	0.744 ***	0.7410476 ***
	（0.119）	（0.115）	（0.112）	（0.108）	（0.1099402）
lnptariff	−0.0168	−0.0331	−0.0964	−0.0942	−0.1286179
	（0.105）	（0.101）	（0.108）	（0.104）	（0.1068644）
lncrate	0.5087 ***	0.4745 ***	0.5017 ***	0.4878 ***	0.5002439 ***
	（0.1133）	（0.1156）	（0.1163）	（0.1193）	（0.120192）
Constant	−34.84 ***	−33.63 ***	−34.35 ***	−33.96 ***	−33.88426 ***
	（4.504）	（4.447）	（4.685）	（4.669）	（5.150）
Observations	352	352	352	352	335
R²	0.817	0.815	0.826	0.824	0.823

注：括号中为稳健标准误；＊＊＊表示 p<0.01，＊＊表示 p<0.05，＊表示 p<0.1。

4.3.1.2 纳入多边贸易抵制项

由于双边贸易由相对交易成本决定，即 j 国从 i 国的进口意愿是由 j 国对 i 国的贸易成本相对于其总体对进口的阻力（即加权平均贸易成本）以及国家 i 出口企业所面临的平均阻力来决定的，而不是简单地由国家 i 和国家 j 之间的绝对贸易成本决定（Anderson 和 Van Wincoop，2003）。因此进一步在模型中纳入多边贸易抵制（Multilateral Trade Resistance，MTR）进行检验，以此解决遗漏变量偏差以及进一步保证稳健性。

由于无法直接观察多边贸易抵制（MTR），因此采用 Baldwin 和 Taglioni（2006）提出的使用国别效应的哑变量作为替代 MTR 的方法。由于地理距离变量 dist 不随时间变化，因此同国别效应完全共线。为加入多边贸易抵制项，本书借鉴王孝松、翟光宇和林发勤（2015）的研究，构造可变的加权平均距离（wdist），使用 Head（2003）提出的计算公式：

$$\text{wdist} = \sum_i \frac{\text{dist}_i}{\text{gdp}_i \text{Igdp}_w} \tag{4-5}$$

其中，dist_i 为我国与贸易伙伴国 i 的实际距离，gdp_i 为贸易伙伴国 i 的 GDP，I 为年份哑变量，gdp_w 为贸易伙伴国 i 的 GDP 在全球 GDP 中的份额。因此，包含多边贸易抵制项（MTR）的引力方程为：

$$\text{lnexport}_{ijt} = \alpha_0 + \alpha_1 \text{lngdp}_{it} + \alpha_2 \text{lnpop}_{it} + \alpha_3 \text{lncrd}_{jt} + \alpha_4 \text{lncrdp}_{jt} + \alpha_5 \text{tbt}_{it} + \alpha_6 \text{ipr}_{it} +$$
$$\alpha_7 (\text{tbt} \times \text{ipr})_{it} + \alpha_8 \text{lndist}_{ij} + \alpha_9 \text{lnptariff}_{it} + \alpha_{10} \text{lncrate}_{jt} + \alpha_{11} \text{pta}_{it} + \alpha_{12} \text{MTR}_{it} + \mu_{ijt}$$
$$\tag{4-6}$$

根据研究目的，依次纳入国别效应、行业效应和国别—行业效应来避免遗漏变量偏差，回归结果如表 4-3 所示。表 4-3 的列（1）是纳入国别效应的估计结果，与表 4-2 的列（3）相比，三个核心解释变量 tbt、ipr 和 tbt×ipr 的符号和显著性均发生不同程度的改变，其中变量 tbt 的符号依然为负，但系数绝对值下降，这说明国别效应包含了更多影响我国对贸易伙伴国高技术产品出口的因素，因此进口国技术壁垒通报的影响一定程度上被多边贸易抵制项吸收，从而使得 tbt 影响作用减小。变量 ipr 符号依然为负，但在1%的水平上显著，这说明由于贸易伙伴国知识产权保护水平的差异，使得国别效应下 ipr 给我国高技术产品出口带来显著的抑制效应。交互项 tbt×ipr 符号和显著性均发生改变，这可能是由于贸易伙伴国将知识产权保护和技术壁垒相结合给我国高技术产品出口带来双重壁垒，在一定程度上倒逼我国相关出口企业进行技术创新，提高产品技术含量，完善技术标准及应对知识产权诉讼的能力。但与表 4-2 中列（3）相比，变量 lncrd 和 lncrdp 虽依然显著为正，但系数值均有所下降，这说明纳入多边贸易抵制项后，我国高技术产品技术创新能力和生产技术能力应对进口国技术壁垒和知识产权保护的作用下降，因此变量 tbt×ipr 对出口的促进效应并不显著。其中变量 lnpop 系数符号为负，这是由于人口规模和市场规模相关，人口规模越大，市场规模往往越大，促进进口贸易的同时也可能会导致国内贸易的增加，进而减少进口。此外，加入多边贸易抵制项（MTR）后，模型拟合优度由 0.826 提高到 0.956，说明有必要在模型中加入 MTR。

表 4-3 中的列（2）是纳入行业效应后的回归结果。与表 4-2 的列（3）相比，核心解释变量 tbt、ipr 和 tbt×ipr 均在不同水平上显著，这表明进口国技术壁垒和知识产权保护对我国高技术产品不同细分产业的出口影响具有显著的差异性。其中交互项 tbt×ipr 系数的绝对值上升，说明进口国将技术壁垒和知识产权保护相结合会增加我国高技术产品不同行业出口的抑制效应。表 4-3 中的列（3）是纳入国别—行业效应的回归结果。核心解释变量 tbt 的变量系数符号为正，但并不显著，变量 ipr 和 tbt×ipr 分别在 1% 和 5% 的水平上显著为负，且模型的拟合优度提高到 0.972，大于表 4-3 中列（1）和列（2）两种情形，模型整体解释力提升。这说明在控制了贸易伙伴国高技术产品细分行业的多边进口阻力后，进口国技术壁垒和知识产权保护对我国高技术产品出口的影响虽然具有不确定性，但是由于变量 tbt 的促进作用不显著，而变量 ipr 的抑制作用非常显著，因此，总体来看进口国在实施技术壁垒的同时和知识产权保护相结合会显著阻碍我国高技术产品的出口规模。

表 4-3　纳入多边贸易抵制项的回归结果

	（1）	（2）	（3）
tbt	−0.000159	−0.00199**	0.00120
	（0.000761）	（0.000916）	（0.000772）
ipr	−0.309***	0.0921*	−0.193***
	（0.0435）	（0.0554）	（0.0432）
tbt×ipr	0.000396	−0.00386***	−0.00103**
	（0.000606）	（0.000569）	（0.000462）
lngdp	1.784***	0.842***	1.444***
	（0.172）	（0.0978）	（0.158）
lnpop	−5.475***	0.401***	−3.091***
	（1.262）	（0.0464）	（1.058）

续表

	（1）	（2）	（3）
lncrd	1.069 ***	1.101 **	1.035 ***
	(0.362)	(0.501)	(0.272)
lncrdp	0.405 **	0.533 **	0.323 *
	(0.187)	(0.238)	(0.164)
lnwdist	−0.2908 ***	−0.337 ***	−0.2306 ***
	(0.481)	(0.0604)	(0.466)
pta	11.48 ***	0.516 ***	7.716 ***
	(2.091)	(0.108)	(1.787)
lnptariff	−0.218 **	−0.154	−0.0167
	(0.0874)	(0.0974)	(0.0740)
lncrate	0.7195 ***	0.3557 ***	0.5606 ***
	(0.0813)	(0.1050)	(0.0711)
Constant	213.4 ***	−17.68 ***	124.2 ***
	(50.85)	(3.908)	(43.01)
特定效应	国别效应	行业效应	国别—行业效应
Observations	352	335	335
R^2	0.956	0.863	0.972

注：括号中为稳健标准误；＊＊＊表示 $p<0.01$，＊＊表示 $p<0.05$，＊表示 $p<0.1$。

4.3.2　技术壁垒对我国高技术产品出口规模的行业差异性分析

考虑到不同细分行业高技术产品的技术标准和技术法规不同，且我国对不同细分行业高技术产品的自主知识产权掌握程度也有很大差异（宋伟良和王焱梅，2016），因此贸易伙伴国技术壁垒通报的增加、知识产权保护的加强和二者相结合使用对我国不同细分行业的高技术产品出口规模的影响也会有所不同。

本部分将高技术产品双边数据划分为五类进行分组回归，进一步考察进口国实施技术壁垒对我国高技术产品出口规模影响的行业差异，回归结果见表4-4。表4-4中的估计结果显示，影响出口规模的传统解释变量与理论预期基本一致。而进口国技术壁垒、知识产权保护和二者相结合使用对我国高技术产品出口规模的影响呈现明显的行业差异。具体如下：

（1）核心解释变量 tbt 和 ipr 的系数正负变化较大，其中在医药制造业和医疗仪器设备及仪器仪表制造业领域，tbt 和 ipr 变量系数均在不同水平上显著为负，说明我国医药领域出口受进口国技术壁垒和知识产权保护的抑制影响较大。这主要是由于医药领域技术标准和技术法规繁复严苛，且我国目前缺少拥有自主知识产权的医药品和医疗仪器设备，在医药领域的技术和知识产权竞争力较弱，对贸易伙伴国实施技术壁垒和知识产权保护的敏感性较强。此外，电子及通信设备制造业的 tbt 和 ipr 变量系数虽均为负，但并不显著，而计算机及办公设备制造业的 ipr 变量系数甚至为正。这是由于相比于其他高技术产品，这两个行业的产品技术复杂度较低，且我国在这两个行业拥有的技术较为成熟，技术标准和技术法规也较为完善，因此其出口规模所受影响不显著。

（2）所有行业的 tbt×ipr 变量系数符号均为负，且除航空航天器及设备制造业由于出口额较少使得进口国技术壁垒对其出口规模影响不显著外，其余所有行业均在 1% 或 5% 的水平上显著，说明进口国技术壁垒和知识产权相结合的双重壁垒会给我国高技术产品各行业的出口带来显著的抑制效应。这主要是由于我国高技术产品行业单独应对进口国技术壁垒和知识产权诉讼的能力在逐步提高，但随着近年来进口国在实施技术壁垒时，常常将其和知识产权保护相结合，提高技术标准的同时更辅以更为隐蔽的知识产权保护，导致出口市场的准入门槛越来越高。此外，虽然我国 R&D 投入和 R&D 的比例在不断增加，但由于研发效率较低和拥有自主知识产权的创新成果依然较少，高技术产品中高端领域的技术创新能力和生产技术能力还有待提高，这也与表 4-4 中医药制造业、航空航天器及设备制造业的 lncrd 和 lncrdp 变量系数与预期符号不一致相对应。

表 4-4　我国高技术产品细分行业出口规模的回归结果

	（1） 医药制造业	（2） 航空航天器及 设备制造业	（3） 电子及通信设备 制造业	（4） 计算机及办公设备 制造业	（5） 医疗仪器设备及 仪器仪表制造业
tbt	-0.00221***	-0.00907***	-0.000178	-0.00318***	-0.00271*
	(0.000751)	(0.00294)	(0.000895)	(0.00116)	(0.00143)
ipr	-0.154***	0.687***	-0.0413	0.111	-0.364***
	(0.0588)	(0.215)	(0.0627)	(0.0750)	(0.0628)

续表

	（1） 医药制造业	（2） 航空航天器及 设备制造业	（3） 电子及通信设备 制造业	（4） 计算机及办公设备 制造业	（5） 医疗仪器设备及 仪器仪表制造业
tbt×ipr	−0.00589 ***	−0.000600	−0.00407 ***	−0.00216 **	−0.00230 ***
	（0.000633）	（0.00204）	（0.000620）	（0.000839）	（0.000848）
lngdp	1.026 ***	2.796 ***	1.037 ***	1.626 ***	1.025 ***
	（0.0788）	（0.398）	（0.101）	（0.125）	（0.0822）
lnpop	0.820 ***	1.316 ***	0.617 ***	0.655 ***	0.734 ***
	（0.0574）	（0.131）	（0.0614）	（0.0633）	（0.0578）
lncrd	−0.181	−0.241	1.555 **	0.950	0.941
	（0.662）	（1.778）	（0.660）	（0.722）	（0.624）
lncrdp	−0.475	−1.661 *	1.075 ***	0.365	1.262 ***
	（0.360）	（0.968）	（0.325）	（0.354）	（0.379）
lndist	−0.112 **	−0.554 ***	−0.409 ***	−0.199 ***	−0.598 ***
	（0.0480）	（0.173）	（0.0464）	（0.0555）	（0.0544）
pta	0.267 **	1.927 ***	0.887 ***	0.856 ***	0.700 ***
	（0.118）	（0.320）	（0.118）	（0.123）	（0.114）
lnptariff	−0.108	−0.00991	−0.0235	−0.122	−0.143
	（0.0927）	（0.176）	（0.0694）	（0.0862）	（0.104）
lncrate	0.1804	0.9899 **	0.6143 ***	0.6769 ***	0.2871 ***
	（0.1096）	（0.3961）	（0.1347）	（0.1575）	（0.1087）
Constant	−31.68 ***	−93.50 ***	−37.90 ***	−49.09 ***	−34.49 ***
	（3.416）	（14.10）	（5.521）	（6.455）	（4.210）
Observations	352	312	352	352	352
R^2	0.802	0.723	0.787	0.815	0.829

注：括号中为稳健标准误；*** 表示 $p<0.01$，** 表示 $p<0.05$，* 表示 $p<0.1$。

4.3.3　技术壁垒对我国高技术产品出口规模的国别差异性分析

在一般情况下，经济发展水平较高的国家技术成熟度会更高，且会拥有更为完善的技术标准、技术法规和知识产权保护制度（Kang 和 Ramizo，2017），因此我国高技术产品出口遭遇这些国家技术壁垒的可能性更大。而经济发展水平相对落后的国家技术创新能力较弱，大多先以技术模仿的形式开发产品，这些国家可能会通过改变技术标准和技术法规来模仿进口的高技术产品。因此本书预估我国高技术产品出口对进口国实施技术壁垒的敏感性会存在国别差异。

本部分采用世界银行的世界发展指标（WDI）数据库公布的收入分组标准，将22个贸易伙伴国划分为高收入国家和中高收入国家两组（详见附录C），采用2SLS法对式（4-4）的计量方程进行估计，回归结果见表4-5。

表4-5中的估计结果显示，除了与技术壁垒相关的三个核心解释变量，传统解释变量与理论预期一致。列（1）和列（2）中变量tbt和tbt×ipr的符号均为负，且变量tbt×ipr在1%的水平上显著，说明无论进口国是高收入国家或中高收入国家，其实施的技术壁垒均会阻碍我国高技术产品的出口，尤其是当进口国将tbt通报和知识产权保护相结合形成更为隐蔽的技术壁垒时，其对我国高技术产品出口规模的抑制效应也会更加显著。然而，变量ipr的系数呈现出正负不一致，中高收入国家的知识产权保护依然会抑制我国高技术产品的出口，而高收入国家的知识产权保护甚至会促进出口。这是由于高技术国家拥有更为成熟的技术，本国生产的高技术产品和进口我国的产品存在异质性差异，且其更加完善的知识产权保护制度会倒逼我国企业进行技术创新和产品升级，在更好地应对高收入进口国知识产权保护的同时间接导致出口增加，这也与列（1）中变量lncrd和lncrdp的系数绝对值大于列（2）的结果相一致。

值得注意的是，表4-5中列（2）三个核心解释变量系数的绝对值均大于列（1），说明在中高收入国家我国高技术产品出口会遭遇更为严重的技术壁垒，对出口规模的抑制效应会更大，与本书的预期理论不相符。这主要是由于当前我国对外贸易的传统竞争优势正在弱化，而新的竞争优势尚未形成，正处于"青黄不接"阶段，高技术产品贸易面临高收入国家和其他中高收入国家的"双头挤压"。我国目前也同为中高收入国家，技术成熟度和技术创新能力与其他中高收入国家相似，出口产品更易被这些国家模仿，因此会出现产品同质化现象，我国对这些国家的一部分出口市场被其国内企业消化，导致我国出口至这些国家的高技术产品减少更多。其结果就是，一方面，我国与其他中高收入国家在中低端高技术产品出口方面的竞争更加激烈；另一方面，我国与高收入国家关于中高端高技术产品以互补为主的关系将发展为互补与竞争并存关系，尤其中低端高技术产品贸易正面临发达国家更为严苛的遏制。

表 4-5　基于进口国经济发展水平的我国高技术产品出口规模回归结果

	（1） 高收入国家	（2） 中高收入国家
tbt	−0.0001212	−0.0015565
	（0.0011757）	（0.0019694）
ipr	0.0169513	−0.2044498
	（0.1042694）	（0.1846825）
tbt×ipr	−0.0035063***	−0.0050727***
	（0.000589）	（0.0013304）
lngdp	1.077829***	1.074197***
	（0.2327486）	（0.3262293）
lnpop	0.6215861***	0.5681334***
	（0.0656127）	（0.1057141）
lncrd	1.499893	0.9776882
	（1.667409）	（0.662183）
lncrdp	1.016238**	0.8284996*
	（0.238）	（0.187）
lndist	−0.3796985***	−0.3240804***
	（0.0615679）	（0.1174145）
pta	0.6323349***	1.084025***
	（0.1265471）	（0.261349）
lnptariff	−0.1307207	−0.5406724*
	（0.1566181）	（0.3250279）
lncrate	0.4554317***	0.5180599***
	（0.1513439）	（0.1779929）
Constant	−33.11604***	−32.4035***
	（6.776587）	（6.732119）
Observations	256	96
R^2	0.817	0.841

注：括号中为稳健标准误；***表示 $p<0.01$，**表示 $p<0.05$，*表示 $p<0.1$。

4.3.4 技术壁垒对我国高技术产品出口规模的国家—行业差异性分析

最后，将国别和行业结合起来，考察不同类别进口国实施技术壁垒对我国高技术产品细分行业的影响。依然采用 2SLS 法对式（4-4）的计量方程进行估计，回归结果如表 4-6 和表 4-7 所示。

与表 4-4 和表 4-5 的估计结果类似，影响我国高技术产品出口规模的传统解释变量与理论预期基本一致。核心解释变量 tbt 和 ipr 的系数正负有变化，变量 tbt×ipr 在不同类别国家的不同细分产业中系数均为负，除航空航天器及设备制造业由于出口额较少使得进口国技术壁垒对其出口影响不显著外，其余无论是高收入国家或是中高等收入国家，其所有行业均在不同水平上显著。说明进口国技术壁垒和知识产权相结合的双重壁垒会使得我国高技术产品各行业在出口至不同国家时均受到显著的抑制影响。所有行业中，医药制造业受到不同类别进口国技术壁垒的影响最为显著，这与上文所述一致。由于医药领域技术标准和技术法规繁复严苛，且我国在医药领域的技术和知识产权竞争力较弱，对贸易伙伴国实施技术壁垒和知识产权保护的敏感性较强，出口贸易受到的冲击最大。此外，表 4-7 中核心解释变量 tbt×ipr 的系数绝对值大于表 4-6 中的绝对值，这说明我国高技术产品各细分行业出口受到中高收入国家技术壁垒的抑制效应大于高收入国家，与整体产业遭受两类国家技术壁垒的影响一致。

表 4-6　基于高收入国家的我国高技术产品细分行业出口规模回归结果

	（1） 医药制造业	（2） 航空航天器及 设备制造业	（3） 电子及通信 设备制造业	（4） 计算机及办公 设备制造业	（5） 医疗仪器设备及 仪器仪表制造业
tbt	−0.00220 ** （0.000955）	−0.0138 *** （0.00361）	0.000468 （0.000969）	−0.00201 （0.00147）	−0.00236 （0.00201）
ipr	−0.294 *** （0.103）	−1.304 *** （0.444）	−0.0364 （0.110）	0.111 （0.121）	−0.479 *** （0.0961）
tbt×ipr	−0.00529 *** （0.000733）	−0.00202 （0.00241）	−0.00394 *** （0.000670）	−0.00264 ** （0.00131）	−0.00195 * （0.00111）
lngdp	0.654 *** （0.194）	1.904 ** （0.865）	1.063 *** （0.247）	1.567 *** （0.325）	1.104 *** （0.209）

续表

	（1） 医药制造业	（2） 航空航天器及 设备制造业	（3） 电子及通信 设备制造业	（4） 计算机及办公 设备制造业	（5） 医疗仪器设备及 仪器仪表制造业
lnpop	0.839 ***	1.484 ***	0.638 ***	0.627 ***	0.785 ***
	（0.0705）	（0.165）	（0.0671）	（0.0653）	（0.0680）
lncrd	0.305	1.180	1.215	0.913	0.802
	（0.840）	（2.154）	（0.762）	（0.703）	（0.711）
lncrdp	−0.121	−0.833	0.955 **	0.322	1.122 **
	（0.437）	（1.179）	（0.417）	（0.475）	（0.468）
lndist	−0.196 ***	−0.422 *	−0.403 ***	−0.206 ***	−0.654 ***
	（0.0584）	（0.225）	（0.0550）	（0.0686）	（0.0707）
pta	0.162	1.948 ***	0.779 ***	0.745 ***	0.644 ***
	（0.147）	（0.383）	（0.128）	（0.139）	（0.129）
lnptariff	−0.219 *	−0.0918	−0.0100	−0.0928	−0.239
	（0.113）	（0.261）	（0.0962）	（0.181）	（0.172）
lncrate	0.129	0.6687	0.5781 ***	0.6352 ***	0.3386 **
	（1.326）	（0.5451）	（0.1617）	（0.2049）	（0.1381）
Constant	−24.70 ***	−87.81 ***	−37.59 ***	−45.68 ***	−36.72 ***
	（4.723）	（21.79）	（7.329）	（9.020）	（5.630）
Observations	256	228	256	256	256
R^2	0.786	0.707	0.785	0.806	0.828

注：括号中为稳健标准误；*** 表示 p<0.01，** 表示 p<0.05，* 表示 p<0.1。

表4-7 基于中高收入国家的我国高技术产品细分行业出口规模回归结果

	（1） 医药制造业	（2） 航空航天器及 设备制造业	（3） 电子及通信 设备制造业	（4） 计算机及办公 设备制造业	（5） 医疗仪器设备及 仪器仪表制造业
tbt	−0.00235	（0.00148）	−0.00218	−0.00597 **	−0.00165
	（0.00148）	（0.00386）	（0.00244）	（0.00269）	（0.00254）
ipr	−0.214	0.150	−0.193	−0.0262	−0.589 ***
	（0.168）	（0.476）	（0.184）	（0.259）	（0.178）
tbt×ipr	−0.00796 ***	−0.00574	−0.00579 ***	−0.00466 *	−0.00490 ***
	（0.00135）	（0.00460）	（0.00157）	（0.00291）	（0.00178）

续表

	（1） 医药制造业	（2） 航空航天器及 设备制造业	（3） 电子及通信 设备制造业	（4） 计算机及办公 设备制造业	（5） 医疗仪器设备及 仪器仪表制造业
lngdp	0.975***	3.600***	0.949**	1.255**	1.088***
	(0.226)	(0.678)	(0.386)	(0.544)	(0.309)
lnpop	0.806***	1.012***	0.562***	0.729***	0.631***
	(0.0987)	(0.196)	(0.124)	(0.133)	(0.114)
lncrd	-0.317	-2.195	2.219	1.727	0.636
	(1.350)	(2.812)	(2.047)	(2.549)	(1.586)
lncrdp	-0.299	-3.057**	1.470**	0.752	1.741**
	(0.752)	(1.549)	(0.674)	(0.756)	(0.760)
lndist	-0.0133	-0.550**	-0.385***	-0.239*	-0.438***
	(0.0924)	(0.249)	(0.125)	(0.128)	(0.125)
pta	0.523**	1.721***	1.170***	1.498***	1.016***
	(0.211)	(0.496)	(0.277)	(0.472)	(0.277)
lnptariff	-0.0333	-0.262	-0.167	-0.298	-0.379
	(0.192)	(0.275)	(0.205)	(0.367)	(0.291)
lncrate	0.2311	0.1240	0.6532***	0.5360***	0.3318
	(0.2305)	(0.07605)	(0.2081)	(0.2057)	(0.2190)
Constant	-33.92***	-88.14***	-37.01***	-43.99***	-35.76***
	(8.207)	(25.15)	(8.080)	(7.127)	(7.252)
Observations	96	85	96	96	96
R^2	0.816	0.771	0.784	0.819	0.829

注：括号中为稳健标准误；*** 表示 $p<0.01$，** 表示 $p<0.05$，* 表示 $p<0.1$。

4.4　本章小结

本章首先通过理论分析阐述了技术壁垒对产品出口的抑制作用和促进作用，进而在考虑到高技术产品特性的基础上，在引力模型中纳入技术壁垒相关变量，从总体层面、国家层面、行业层面以及国家—行业层面等多个维度定量考察了进口国技术壁垒对我国高技术产品出口规模的影响。采用 2000~2015 年我国同 22 个贸易伙伴国的平衡面板数据进行经验分析的结果发现：首先，整体来看，无论是进口国实施技术壁垒，还是进行知识产权保护均会不同程度地抑制我国高技术产品的出口规模，但若进口国将技术壁垒和知识产权保护相结合形成更为隐蔽的技术壁垒，将会显著抑制我国高技术产品的出口规模。其次，纳入多边贸易阻力之后的研究结果则表明，贸易伙伴国将知识产权保护和技术壁垒相结合给我国高技术产品出口带来双重壁垒，在一定程度上会倒逼我国相关出口企业进行技术创新，提高产品技术含量，完善技术标准及应对知识产权诉讼的能力。

子样本估计结果表明，我国高技术产品遭遇进口国技术壁垒呈现国别和行业差异。首先，虽然不同收入水平的进口国实施技术壁垒或知识产权保护对我国高技术产品各行业出口的影响具有不确定性，但两者结合则依然会抑制我国高技术产品出口规模。其次，我国高技术产品不同细分行业的出口对进口国技术壁垒的敏感性不同，其中医药制造业领域技术标准和技术法规繁复严苛，且因我国在医药领域的技术和知识产权竞争力较弱，对贸易伙伴国实施技术壁垒和知识产权保护的敏感性较强，出口贸易受到的冲击最大。最后，由于技术模仿和产品同质化现象的存在，我国高技术产品出口会在中高收入国家遭遇更为严重的技术壁垒，对出口规模的抑制效应会更大。

第5章 技术壁垒对我国高技术产品出口企业技术创新的影响

　　第4章就进口国设置的技术壁垒对我国高技术产品出口规模的影响研究发现，技术壁垒并不总是抑制我国高技术产品出口，有时候甚至会对其起到积极的促进作用。上文推断产生此种结果的原因或许是因技术壁垒会对高技术产品出口企业起到倒逼作用，刺激其进行技术创新，提高出口产品的技术水平，进而提升出口产品质量，反而使得遭遇技术壁垒的高技术产品的出口增加。但这只是基于经验分析的合理推断，出口企业作为国际贸易中技术壁垒的直接承受者，在遭遇进口国技术壁垒的情况下，究竟是否会选择技术创新？会选择在什么时机进行技术创新？会产生怎样的创新资源配置效应？技术创新资源的重新配置又会使得出口企业做出怎样的技术创新策略？最终会带来怎样的技术创新效果呢？

　　基于以上问题，在上文技术壁垒对我国高技术产品总体层面、国家层面、行业层面以及国家—行业层面影响分析的基础上，本章基于技术创新与演化博弈理论，进一步从微观层面剖析技术壁垒对出口企业技术创新的影响。从理论层面建立技术壁垒下出口企业的技术创新意愿分析框架，剖析技术壁垒对出口企业的创新资源配置效应，进而构建出口企业技术创新策略选择模型，并使用我国高技术产品相关面板数据对技术壁垒下出口企业的技术创新效果进行实证检验。本章研究思路如图5-1所示。

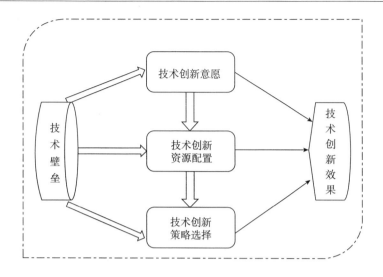

图 5-1　技术壁垒对出口企业技术创新影响研究思路框架图

5.1　技术壁垒对出口企业技术创新意愿的影响

从企业管理的角度来看，技术创新实质上是一种新的思想的产生，经过研究、开发、试制、生产，直至完成首次商业化的过程。在分析技术壁垒对我国高技术产品出口企业技术创新的影响时，首要任务是探究技术壁垒对出口企业技术创新意愿的影响。本节从出口企业技术创新意愿的产生和差异性两个层面，剖析遭遇进口国技术壁垒时出口企业技术创新产生的动机。

5.1.1　技术壁垒下出口企业技术创新意愿的产生

技术壁垒波及范围的扩大以及影响力度的不断加深，使得出口企业所面临的外部环境发生颠覆性变化，也给我国出口企业带来新的机遇和挑战：如何抵御技术壁垒冲击？是否选择通过技术创新突破技术壁垒？本部分借鉴 Crowley（2006）的市场分割模型，在杜凯、蔡银寅和周勤（2009）有关技术壁垒对技术创新激励模型构建的基础上，构建技术壁垒下出口企业技术创新意愿的分析模型。假设产品 X 的全球市场有三个国家 A、B 和 C，国家 A 是产品 X 的进口国且国内不具备生产此商品的能力；国家 B 和国家 C 是产品 X 的出口国且两国的市场分割，生产的产品 X 可被对方完全替代，因此彼此之间不产生贸易。此时，国家 B 和国家 C 生产的产品 X 只出口至国家 A。因此，当 A 国对进口的产品 X 设置技术壁垒时，国家 B 和国家 C 的出口企业有以下两种选择：一是选择积极应对，通过技术创新突破进口国设置的技术壁垒；二是选择消极回避，因产品 X 不能达到技术要求退出出口市场 A。

假设 σ^i（其中 i=b，c）表示动态博弈过程中国家 B 和国家 C 出口企业的技术水平，且 σ^i 的取值有两种，即 $\sigma^i \in \{\sigma_1, \sigma_2\}$，且 $\sigma_1 > \sigma_2$。其中，σ_1 表示一国通过技术创新跨越技术壁垒之后的新的技术水平；σ_2 表示一国选择消极回避技术壁垒，不进行技术创新并坚持现有的技术水平。在遭遇技术壁垒冲击之前，国家 B 和国家 C 出口企业的技术水平均为 σ_2（b，c）。我们将 A 国设置技术壁垒的时刻设定为 t=0，假设国家 B 的出口企业在遭遇 A 国设置的技术壁垒冲击之后开始率先采取技术创新进行突破，使得其技术水平达到新的 σ_1。而在 t>0 的任意时刻，出口企业为突破技术壁垒进行技术创新的成本为 C（t）。这表明 B 国和 C 国的出口企业之间会存在有关采用新技术（new technology adoption）的竞争。

在一般情况下，企业在任何时刻都是以利润最大化为其生产和经营目标的。因此，假设 i 国出口企业的技术水平为 σ^i，j 国出口企业的技术水平为 σ^j，那么 i 国出口企业的均衡利润为 π^i（σ^i，σ^j），其中 i=b，c，j=b，c，且 i≠j。

同理，π^i（σ_1^i，σ_2^j）的含义为：当 i 国的出口企业采取技术创新将技术水平提升为 σ_1^i，j 国出口企业仍保持原有技术水平 σ_2^j 时，i 国出口企业的均衡利润为 π^i（σ_1^i，σ_2^j）。

π^i（σ_2^i，σ_2^j）的含义为：当 i 国和 j 国的出口企业均保持原有的技术水平 σ_2^i 和 σ_2^j 时，i 国出口企业的均衡利润为 π^i（σ_2^i，σ_2^j）。

π^i（σ_1^i，σ_1^j）的含义为：当 i 国和 j 国的出口企业均采取技术创新将技术水平提升为 σ_1^i 和 σ_1^j 时，i 国出口企业的均衡利润为 π^i（σ_1^i，σ_1^j）。

π^i（σ_2^i，σ_1^j）的含义为：当 i 国的出口企业保持原有的技术水平 σ_2^i，j 国出

口企业采取技术创新将技术水平提升为 σ_1^i 时，i 国出口企业的均衡利润为 π^i（σ_2^i，σ_1^j）。

在产品 X 领域，将拥有技术优势且能率先单独进行技术创新提升技术水平的出口企业称为技术领先者；将在另一国的出口企业进行技术创新时仍保持原有技术水平的一国出口企业称为技术追随者；将同时进行技术创新的两国出口企业称为技术竞争者；将同时保持原有技术创新的两国出口企业称为技术保持者。因此得出以下关系：

（1）当一国出口企业成为 X 产品领域的技术领先者时，其所获得的利润会高于和其他国家出口企业同时获得这项新技术时的利润；而成为技术竞争者的出口企业的利润则高于技术追随者的利润，即：

$$\pi^i（\sigma_1^i，\sigma_2^j）>\pi^i（\sigma_1^i，\sigma_1^j）>\pi^i（\sigma_2^i，\sigma_1^j） \tag{5-1}$$

（2）当一国出口企业成为 X 产品领域的技术领先者时，其所获得的利润会高于两国出口企业同时保持原有技术水平时的利润；而当一国出口企业在 X 产品领域和另一国出口企业同时保持原有技术水平时，其所获得的利润也会高于其成为技术追随者时的利润，即：

$$\pi^i（\sigma_1^i，\sigma_2^j）>\pi^i（\sigma_2^i，\sigma_2^j）>\pi^i（\sigma_2^i，\sigma_1^j） \tag{5-2}$$

（3）当一国出口企业为技术竞争者时，其所获得的利润会高于其和另一国出口企业同时保持原有技术水平时的利润，即：

$$\pi^i（\sigma_1^i，\sigma_1^j）>\pi^i（\sigma_2^i，\sigma_2^j） \tag{5-3}$$

联立式（5-1）、式（5-2）和式（5-3）得：

$$\pi^i（\sigma_1^i，\sigma_2^j）-\pi^i（\sigma_2^i，\sigma_2^j）>\pi^i（\sigma_1^i，\sigma_1^j）-\pi^i（\sigma_2^i，\sigma_1^j）>0 \tag{5-4}$$

通过上述分析可以发现，在遭遇技术壁垒时，若一国出口企业率先进行技术创新跨越技术壁垒，成为某一产品领域的技术领先者，此时出口企业会占据先发优势，所获得的利润要高于其在成为技术竞争者时获得的利润。更重要的是，当一国出口企业为突破技术壁垒率先进行技术创新成为技术领先者时，所获得的利润也高于其在成为技术追随者时获得的利润。因此，得到命题一：相较于未遭遇技术壁垒的情形，出口企业在遭遇技术壁垒时常常会表现出更为强烈的技术创新意愿。

5.1.2 技术壁垒下出口企业技术创新意愿的差异性

假设在面对 A 国针对产品 X 设置的技术壁垒时，国家 B 和国家 C 的出口企业为了实现利润最大化，会选择在 t^b 和 t^c 时刻进行技术创新突破技术壁垒。虽然一个国家的出口企业可以选择在任何时刻突破技术壁垒，但是其所获得的利润现值会因其选择技术创新的时机不同而不同，即出口企业的利润现值由其在技术竞争中为技术领先者或者为技术追随者时决定。若 i 国出口企业选择在 t^i 时刻进行技术创新，j 国出口企业选择在 t^j 时刻进行技术创新，那么 i 国出口企业的利润现值为 V^i（t^i，t^j），且 V^i（t^i，t^j）是严格拟凹函数，在 t^i 时刻有唯一的极大值，其中 i=b，c，j=b，c，且 i≠j，具体如下：

$$V^i(t^i, t^j) = \begin{cases} g_l^i(t^i, t^j), & 0<t^i<t^j \\ g_f^i(t^i, t^j), & t^i>t^j>0 \end{cases} \tag{5-5}$$

式（5-5）中，g_l^i（t^i，t^j）为 i 国出口企业为技术领先者时的利润现值，g_f^i（t^i，t^j）为 i 国出口企业为技术追随者时的利润现值，并且有：

$$g_l^i(t^i, t^j) = \int_0^{t^i} e^{-rs}\pi^i(\sigma_2^i, \sigma_2^j)ds + \int_{t^i}^{t^j} e^{-rs}\pi^i(\sigma_1^i, \sigma_2^j)ds + \int_{t^j}^{\infty} e^{-rs}\pi^i(\sigma_1^i, \sigma_1^j)ds -$$
$$e^{-rt^i}C(t^i) \tag{5-6}$$

$$g_f^i(t^i, t^j) = \int_0^{t^j} e^{-rs}\pi^i(\sigma_2^i, \sigma_2^j)ds + \int_{t^j}^{t^i} e^{-rs}\pi^i(\sigma_2^i, \sigma_1^j)ds + \int_{t^i}^{\infty} e^{-rs}\pi^i(\sigma_1^i, \sigma_1^j)ds -$$
$$e^{-rt^i}C(t^i) \tag{5-7}$$

式（5-6）中，$\int_0^{t^i} e^{-rs}\pi^i(\sigma_2^i, \sigma_2^j)ds$ 为 $[0, t^i]$ 时期内 i 国出口企业的利润现值，此时两国出口企业均未进行技术创新，保持原有的技术水平；$\int_{t^i}^{t^j} e^{-rs}\pi^i(\sigma_1^i, \sigma_2^j)ds$ 为 $[t^i, t^j]$ 时期内 i 国出口企业的利润现值，此时作为技术领先者的 i 国出口企业率先选择技术创新，j 国出口企业仍保持原有技术水平；$\int_{t^j}^{\infty} e^{-rs}\pi^i(\sigma_1^i, \sigma_1^j)ds$ 为 $[t^j, \infty]$ 时期内 i 国出口企业的利润现值，此时 i 国出口企业虽为技术领先者，但 j 国出口企业也进行技术创新突破技术壁垒；$e^{-rt^i}C(t^i)$ 为 i 国出口企业在 t^i 时刻进行技术创新的创新成本现值。

式(5-7)中，$\int_0^{t^j} e^{-rs} \pi^i(\sigma_2^i, \sigma_2^j) ds$ 为 $[0, t^j]$ 时期内 i 国出口企业的利润现

值，此时两国出口企业均未进行技术创新，保持原有的技术水平；$\int_{t^j}^{t^i} e^{-rs} \pi^i(\sigma_2^i,$

$\sigma_1^j) ds$ 为 $[t^j, t^i]$ 时期内 i 国出口企业的利润现值，此时作为技术追随者的 i 国出

口企业未选择技术创新，仍保持原有技术水平，而 j 国出口企业则率先选择技术

创新；$\int_{t^i}^{\infty} e^{-rs} \pi^i(\sigma_1^i, \sigma_1^j) ds$ 为 $[t^i, \infty]$ 时期内 i 国出口企业的利润现值，此时 i 国

出口企业虽为技术追随者，但也和 j 国出口企业一样进行技术创新突破技术壁

垒；$e^{-rt^i} C(t^i)$ 为 i 国出口企业在 t^i 时刻进行技术创新的创新成本现值。

进一步地，分别对式(5-6)和式(5-7)中的 t^i 求偏导数，得到：

$$\frac{\partial g_1^i}{\partial t^i} = e^{-rt^i} \pi^i(\sigma_2^i, \sigma_2^j) + [0 - e^{-rt^i} \pi^i(\sigma_1^i, \sigma_2^j)] + 0 - [-re^{-rt^i} C(t^i) + e^{-rt^i} C'(t^i)]$$

$$= e^{-rt^i}[\pi^i(\sigma_2^i, \sigma_2^j) - \pi^i(\sigma_1^i, \sigma_2^j) - C'(t^i) + rC(t^i)] \tag{5-8}$$

$$\frac{\partial g_f^i}{\partial t^i} = 0 + e^{-rt^i} \pi^i(\sigma_2^i, \sigma_1^j) + [0 - e^{-rt^i} \pi^i(\sigma_1^i, \sigma_1^j)] - [-re^{-rt^i} C(t^i) + e^{-rt^i} C'(t^i)]$$

$$= e^{-rt^i}[\pi^i(\sigma_2^i, \sigma_1^j) - \pi^i(\sigma_1^i, \sigma_1^j) - C'(t^i) + rC(t^i)] \tag{5-9}$$

其中式(5-8)表示 i 国出口企业为技术领先者时，其选择通过技术创新突破

技术壁垒的时机变化对利润现值的影响；式(5-9)表示 i 国出口企业为技术追随

者时，在技术领先者已经通过技术创新突破技术壁垒的前提下，其选择采取技术

创新的时机变化对利润现值的影响。由于 $g_1^i(t^i, t^j)$ 和 $g_f^i(t^i, t^j)$ 均有唯一的极大

值，令：

$$t_1^i = \text{argmax} g_1^i(t^i, t^j), \ i = b, \ c, \ i \neq j \tag{5-10}$$

$$t_2^i = \text{argmax} g_f^i(t^i, t^j), \ i = b, \ c, \ i \neq j \tag{5-11}$$

由上文分析可知，出口企业率先进行技术创新突破技术壁垒所获得的利润高

于其为技术追随者时进行技术创新所获得的利润，见式(5-4)。因此，出口企业

进行技术创新的最佳时机取决于其选择技术创新的顺序。如果 i 国出口企业为技

术领先者，那么其在 t_1^i 时刻进行技术创新会实现利润最大化；如果 i 国出口企业

为技术追随者，那么其在 t_2^i 时刻进行技术创新会实现利润最大化。此时 $t_1^i < t_2^i$，

i = b, c。i 国出口企业为技术领先者的利润最大化条件为：

$$\frac{\partial g_1^i}{\partial t^i}=e^{-rt^i}\left[\pi^i(\sigma_2^i,\ \sigma_2^j)-\pi^i(\sigma_1^i,\ \sigma_2^j)-C'(t^i)+rC(t^i)\right]=0 \tag{5-12}$$

由式(5-12)可得:

$$\pi^i(\sigma_2^i,\ \sigma_2^j)-\pi^i(\sigma_1^i,\ \sigma_2^j)=C'(t^i)-rC(t^i) \tag{5-13}$$

将式(5-13)代入式(5-9)得:

$$\frac{\partial g_f^i}{\partial t^i}=e^{-rt^i}\left[\pi^i(\sigma_2^i,\ \sigma_1^j)-\pi^i(\sigma_1^i,\ \sigma_1^j)-C'(t^i)+rC(t^i)\right]=e^{-rt^i}\{\pi^i(\sigma_2^i,\ \sigma_1^j)-$$
$$\pi^i(\sigma_1^i,\ \sigma_1^j)-[\pi^i(\sigma_2^i,\ \sigma_2^j)-\pi^i(\sigma_1^i,\ \sigma_2^j)]\}=e^{-rt^i}[\pi^i(\sigma_2^i,\ \sigma_1^j)-$$
$$\pi^i(\sigma_1^i,\ \sigma_1^j)-\pi^i(\sigma_2^i,\ \sigma_2^j)+\pi^i(\sigma_1^i,\ \sigma_2^j)] \tag{5-14}$$

由上文式(5-4)可知:

$$\pi^i(\sigma_2^i,\ \sigma_1^j)-\pi^i(\sigma_1^i,\ \sigma_1^j)-\pi^i(\sigma_2^i,\ \sigma_2^j)+\pi^i(\sigma_1^i,\ \sigma_2^j)>0 \tag{5-15}$$

将式(5-15)代入式(5-14)得:$\frac{\partial g_f^i}{\partial t^i}>0$。它的含义是:当处于技术领先地位的

出口企业选择在 t_1^i 时刻进行技术创新时,其获得的利润达到最大化;由于 $\frac{\partial g_f^i}{\partial t^i}\neq 0$,

身为技术追随者的出口企业不会在此时实现利润最大化,因此 t_1^i 时刻并非其选择进行技术创新的最佳时机。

由此得到命题二:由于出口企业技术水平差异性的存在,不同出口企业选择技术创新突破技术壁垒的意愿也存在较大差异;拥有越高技术水平的出口企业,其选择通过技术创新突破技术壁垒的意愿就越强烈。因此,可以得到以下推断:在遭遇技术壁垒时,拥有较高技术水平的高技术产品出口企业通常会表现出更为强烈的技术创新意愿。

5.2 技术壁垒对出口企业技术创新资源配置的影响

对于一国出口企业来说,进口国设置的技术壁垒是其进入进口国市场必须突破的障碍,而技术创新是唯一的选择。上节分析表明,出口企业在遭遇技术壁垒

时表现出技术创新的意愿，且技术水平越高的出口企业的技术创新意愿越强烈。然而，出口企业在技术创新意愿萌生之后，能否进行技术创新则取决于其自身的技术创新策略选择，而其技术创新策略的选择又受到企业技术创新资源配置的影响。本部分从出口企业技术创新资源配置的路径分析、系统构成以及影响机制三方面解析技术壁垒对出口企业技术创新资源配置的影响。

5.2.1　技术壁垒下出口企业技术创新资源配置的路径分析

在技术创新意愿产生的前提下，出口企业需要进一步通过对创新资源的重新配置进行技术创新。经济全球化与贸易自由化时代，主要发达国家为了在国际竞争中占据有利地位，纷纷调整其科技和经济战略，把创新尤其是推动技术创新放在了优先发展的战略高度。技术创新是以实现知识经济化为目标的系统性工程，要实现经济跨越式的发展，就必须完成从渐进性创新向突破性技术创新转变，为此形成由创新思想开始到新产品销售结束若干环节组成、多个主体参与的创新价值链状结构，其反映了技术创新在生产活动中的推进和转化过程，如图 5-2 所示。

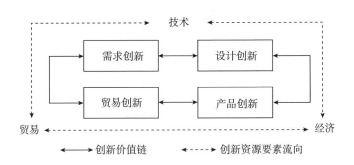

图 5-2　创新价值链与创新资源要素流向图

企业是技术创新资源配置的重点，是技术创新的着力点和执行者，企业的突破性创新常常引起需求创新、设计创新、产品创新及贸易创新等综合连锁反应。技术壁垒带来的冲击使企业所面临的外部环境发生了颠覆性变化，国际市场技术标准越来越高，企业技术创新资源配置与运用必然要求创新要素围绕整个创新价值链展开。客户价值需求只有通过贸易形势转化为企业的价值创新信息，再将企业的价值创新成果填补用户的价值需求，如此循环反复，才能推动企业技术创新资源要素在持续的价值创新中不断流动。

5.2.2　技术壁垒下出口企业技术创新资源配置的系统构成

面对技术壁垒的技术创新活动，能够直接或间接推动技术进步进而促进经济和社会发展。技术壁垒下我国出口企业技术创新资源配置系统由技术创新资源配置主体、技术创新资源配置客体和技术创新资源配置推动力量三部分组成。配置系统内部各组成部分之间相互影响、相互作用，促成了技术创新资源配置系统整体效率的提升。

5.2.2.1　技术壁垒下我国出口企业技术创新资源配置主体

企业是应对技术壁垒的创新资源配置主体，在技术创新资源配置系统中担任分配创新资源要素、从事科学知识和技术知识的重要任务。企业与高校、科研院所产生协同作用，有助于提高我国技术创新资源配置效率，促进技术与经济的紧密结合。企业是技术壁垒的直接作用对象，其技术创新资源配置活动主要体现在将知识生产活动过程中产生的成果从理论形态向现实生产力转化，并在此转化过程中注重培育创新源。技术壁垒应对过程中的创新资源配置活动，不仅有助于企业突破技术瓶颈获得较高经济效益，而且有利于企业原始创新能力的培育和核心竞争力的提升。

高校和科研院所在企业应对技术壁垒的活动中发挥辅助作用。高校是教学与科研的结合体，不仅拥有大量高素质、多学科的综合性科技人才，还拥有先进的实验设备和丰富的科研信息，而且具有思维活跃、创新意识较强且极具科研潜力的研究生群体，恰好具有辅助出口企业跨越技术壁垒，进行基础性研究的需要。同时，高校具备知识源特征，是新原理的发源地和获得新知识最快的地方。高校同企业相结合，从事创新性研究可以在一定程度上提高企业技术水平，避免频繁陷入遭遇国外技术壁垒的困境。科研机构是开展科研活动的重要载体，主要从事基础性研究、应用性研究和技术推广与服务等活动。同高校相比，科研机构以获得新的应用为目标，能够将创新性科研成果向产业化领域拓展，从而提高产业整体技术水平，形成可与国外技术壁垒相抗衡的新技术标准体系。

5.2.2.2　技术壁垒下我国出口企业技术创新资源配置客体

技术创新资源要素是出口企业技术创新的基础，对跨越技术壁垒的技术创新起支撑引领作用。技术创新人力资源要素、技术创新财力资源要素和技术创新物力资源要素作为应对技术壁垒的技术创新资源配置客体，是技术创新资源配置主体作用的对象。

技术创新人力要素属于具有创造力、层次较高的群体，是技术创新资源中最具能动性的资源要素，对其他技术创新资源要素起支配作用。技术创新人力资源要素的质量在很大程度上决定了出口企业应对技术壁垒的创新能力和资源配置效率，创新财力、物力资源要素对技术创新人力资源要素起重要支撑作用。技术创新财力要素是开展技术创新活动必不可少的资源要素，技术创新经费的投入强度表明了资源配置主体对走出技术壁垒困境而开展各项技术创新活动的支持程度，技术创新资源配置效率的高低同财力资源要素投入程度的强弱有很强的正相关关系；技术创新物力资源是科研人员开展技术创新活动的物质基础。技术创新资源配置主体为开展技术活动而配备的实验仪器设备、固定资产等体现了技术创新物力资源要素的强弱程度。技术创新物力资源的丰富、完善决定了科研人员的创新程度、创新水平，且技术创新物力资源要素应与人力资源要素的技能水平、吸收能力等人力资源的自身素质相适应。

5.2.2.3　技术壁垒下我国出口企业技术创新资源配置推动力量

市场和政府是技术壁垒下我国出口企业技术创新资源配置的主要推动力量。在技术创新资源配置系统中，市场制度和政府政策交互配合，有助于实现技术创新资源的优化配置，使配置机制逐渐完善、配置功能不断强化，从而有利于技术创新活动向着公共利益最大化方向发展。

在技术壁垒下我国出口企业技术创新资源配置过程中，市场对技术创新资源配置起基础性作用。技术创新资源要素市场具有创新资源的自配置功能，其通过对价格核心机制的调整，引导创新资源的供给与需求趋于均衡发展。在价格体系下，技术创新资源市场自发调节功能不断发展成熟，具备提供信息、激励经济的重要功效，从而促成应对技术壁垒的技术创新资源配置功能的形成与完善。然而由于技术创新活动自身具有正的外部性、非排他性以及信息不对称等特点，导致了市场在进行技术创新资源配置过程中存在低效现象，此时政府所拥有的减少不确定性和建立秩序的作用就得以充分体现。政府掌握大量创新资源，主要从事创新项目的管理工作，具备提供公共资金资助等政策工具的能力，作为一种调节市场失灵的手段，能够弥补市场缺陷，有助于技术壁垒下出口企业的技术创新资源配置活动的顺利进行。

此外，企业对技术创新人力、技术创新财力和技术创新物力等创新资源要素的配置涵盖技术创新活动从投入到产出的动态全过程。技术壁垒下我国出口企业技术创新资源配置效果通过能力和效率得以体现，配置能力注重量的累积，强调创新投入绝对量的提升；配置效率则侧重投入产出之比，强调相对量的提高。单纯的技术创新各要素投入的增长不具有长效性，会带来技术创新资源的粗放式投入，不利于稀缺的技术创新资源的累积与利用。只有在技术创新资源要素配置效率提高的基础上，提升技术创新资源要素配置能力，才能使得各技术创新资源要素的投入具有可持续性和竞争力，有利于形成跨越技术壁垒的技术创新资源集约化配置。

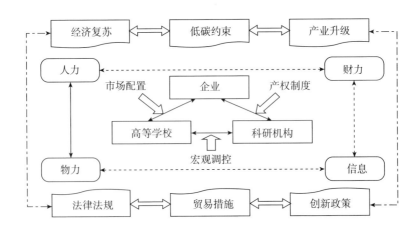

图5-3　技术壁垒下我国出口企业技术创新资源配置的系统构成

5.2.3　技术壁垒对出口企业技术创新资源配置的影响机制

随着科技、经济一体化进程的不断加深，技术创新对经济增长的贡献程度在不断提高。在科学技术领域，技术创新资源是资源配置主体开展各项科技活动的基础，技术创新资源在促进经济发展中的重要作用日渐显现。技术创新资源配置是对科技资源在不同时空上的分配和使用。从广义上讲，技术创新资源是直接影响技术进步和发展，以及与技术创新活动相关的所有自然资源和社会资源的总和；从狭义上讲，技术创新资源主要包含技术创新人力资源、技术创新财力资源、技术创新物力资源和各类技术创新信息资源。

从国际贸易范围来看，作为市场准入的技术门槛，技术壁垒对出口企业技术创新资源配置同时具有正、负双向影响的作用机制，它虽然会暂时性阻碍我国企业产品的对外出口，但长远来看能够带动企业技术进步（何海燕等，2011），在提高生产效率、改善产品质量以及提升供给水平等方面有着重要的倒逼作用，其作用机理如图 5-4 所示。图 5-4 中仅体现了被视为企业经济增长重要因素的技术创新资源，同样对经济增长做出贡献的其他要素暂不在图中具体呈现。

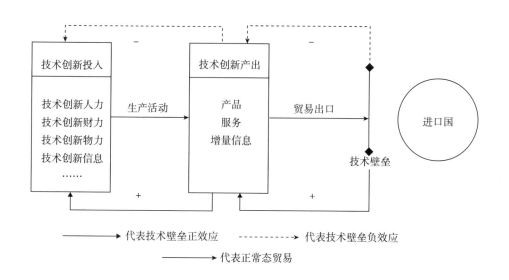

图 5-4　技术壁垒对出口企业技术创新资源配置的影响机制

从图 5-4 中实线表示的正常态贸易过程来看，出口企业作为技术创新资源配置主体，通过对技术创新人、财、物等创新资源要素的投入，经过一系列生产活动，生产出产品或提供相应的服务，并将产品和服务出口至其他国家，技术创新资源配置主体再次利用合理的技术创新资源配比，进行第二阶段的贸易循环。当产品或服务进口国出台相关的技术性措施，给贸易带来了阻碍进而构成技术壁垒后，技术壁垒造成的影响通过贸易形式逆向传递给配置主体：一方面，技术壁垒造成产品或服务出口受阻，导致生产成本增加，技术创新资源投入偏离正常状态，第二阶段贸易再次受创；另一方面，技术壁垒对产品的质量标准提出更高的要求，迫使技术创新资源配置主体加大技术创新资源投入，产品质量或服务水平显著提高，带来出口数量的增加，贸易趋向良好发展。实践表明，技术的进步与发展会带来新的技术标准的不断涌现，技术性措施实施手段和方法也更加先进和复杂，各个国家运用技术壁垒的水平越来越高，对出口产品质量和标准的严格要求会再次带来出口企业对技术创新资源的需求，周而复始，引领技术不断向前发展。

5.3 技术壁垒对出口企业技术创新策略选择的影响

高技术产品出口企业在遭遇进口国技术壁垒时会产生更为强烈的技术创新意愿，由此带来企业内部技术创新资源的重新配置，进而使得出口企业的技术创新策略发生变化。在一定时期内，进口国设置的技术壁垒会提高本国的市场准入门槛，轻则引致出口国企业出口成本的增加，重则致使出口国企业退出进口国市场，从而达到保护本国生产企业利益的目的。而要保留住原有市场，出口企业的唯一选择就是技术创新，但是考虑到创新成本的存在，出口企业的技术创新不会一直持续下去。因此，出口国企业会根据自身成本和收益情况以及其他出口企业的技术创新情况来不断调整其技术创新策略，出口国企业之间的博弈是一个动态调整的过程。本节运用演化博弈理论来分析技术壁垒对出口企业技术创新策略选择的影响。

5.3.1 技术壁垒下出口企业技术创新策略选择的演化博弈

5.3.1.1 演化博弈理论
传统博弈理论的分析过程是在参与者行为"完全理性"的假设下，人们的行为严格执行几种可行的策略选择方案，并通过推理演绎达到均衡化的分析过程。它对参与者的"理性"要求极其苛刻，既要保证目标理性[①]，又要保证过程理性[②]。但在现实中，由于参与人个体之间的差异及其所处经济、社会环境的复杂性等因素，并不存在"完全理性"的参与者。受达尔文生物进化思想的启发，Smith 和 Price（1973）首次将生物理论中的进化思想引入博弈论中，逐渐有学者开始提出并使用演化博弈的思想和演化稳定策略的概念（王先甲、全吉和刘伟兵，2011；Baumann 和 Ritt，2017；Brunetti 等，2018；Sun 等，2018）。演化博弈以参与人的"有限理性"为前提，即参与人的理性是根据个体或者群体博弈形势的变化而变化的，同时个体在对博弈形势的认识与学习中确定动态演化的策略选择规则。而 Taylor 和 Jonker（1978）提出的复制动态模型则成为演化博弈中最常用的决策机制。复制动态的含义是在有限理性博弈参与者组成的群体中，结果比平均水平好的策略会逐步被更多博弈参与者采用，从而使得群体中采用各种策略的参与者的比例会发生变化，可以用动态微分方程或微分方程组来表示（谢识予，2002）。复制动态模型展现了博弈参与方在博弈进程中学习和提升的速度和方向（Safarzynska 等，2011）。

　　由于演化博弈将参与人"有限理性"的假设和"策略演化"的思想建立在更为现实的基础之上，极大地拓宽了其研究应用的范围和领域，近年来取得了丰富的研究成果。在技术创新领域，演化博弈主要用于分析企业技术创新行为选择（杨丽和魏晓平，2010；Safarzynska 等，2013；刘徐方，2016；游达明和杨金辉，2017）、合作机制（安家康和陈晓和，2012；阮平南和张光莹，2015；Shibayam，2015；苏先娜和谢富纪，2016；Duan 和 Xu，2016）、模式选择（戴园园和梅强，2013；Shen 和 Shang，2014；于斌斌和余雷，2015；游达明和杨晓辉，2015）以及创新扩散（徐建中和徐莹莹，2015；Ozkan 和 Beraha，2016）等。以上研究中博弈参与者的行为选择逻辑往往是"认识—学习—适应—提升"的过程。因此，演化博弈的这种"有限理性"假设和"策略演化"的思想能更精准地分析技术壁垒下出口企业技术创新策略选择的个体行为。

---

①　即参与者追求自身利益最大化。
②　即参与者具有对相关环境形成信念的能力，同时又要具有从既定的信念推导出采取相应策略的能力。

5.3.1.2 博弈关系的前提假设

假设博弈系统中只存在出口国企业 M 与 N 两方参与者，且 M 与 N 都是有限理性的。在进行其他前提假设及模型构建之前，首先对演化博弈过程中将会出现的参数进行设定，具体如表 5-1 所示。

表 5-1　演化博弈过程中的主要参数说明

参数名称	参数说明
A	X 产品的进口国，且为发达国家
B	X 产品的出口国，且为发展中国家
M	B 国内 X 产品的出口企业 1
N	B 国内 X 产品的出口企业 2
S_a	A 国设置技术壁垒前，X 产品的技术标准
S_m	A 国设置技术壁垒前，出口企业 M 向 A 国出口 X 产品的技术标准，且 $S_m \geqslant S_a$
S_n	A 国设置技术壁垒前，出口企业 N 向 A 国出口 X 产品的技术标准，且 $S_n \geqslant S_a$
$\overline{S_a}$	A 国设置技术壁垒时，X 产品的技术标准，且 $\overline{S_a} > S_m$，$\overline{S_a} > S_n$
P_m	面对 A 国设置的技术壁垒，出口企业 M 选择技术创新的概率，$P_m \in [0, 1]$
P_n	面对 A 国设置的技术壁垒，出口企业 N 选择技术创新的概率，$P_n \in [0, 1]$
C_n	出口企业 M 的技术创新成本
C_n	出口企业 N 的技术创新成本
π	出口企业 M 和 N 满足 A 国对于 X 产品总需求时的总收益
α_m	出口企业 M 在进口国 A 对于 X 产品的市场份额占比，$\alpha_m \in (0, 1)$
α_n	出口企业 N 在进口国 A 对于 X 产品的市场份额占比，$\alpha_n \in (0, 1)$
β	出口企业 M 和 N 对于不选择技术创新企业的市场份额吸纳能力，$0 < \beta < \alpha_m$，$0 < \beta < \alpha_n$
π_{m1}	A 国设置技术壁垒，出口企业 M 和 N 都选择技术创新时，出口企业 M 的总收益
π_{m2}	A 国设置技术壁垒，出口企业 M 选择技术创新，出口企业 N 不选择技术创新时，出口企业 M 的总收益
π_{m3}	A 国设置技术壁垒，出口企业 M 不选择技术创新，出口企业 N 选择技术创新时，出口企业 M 的总收益
π_{m4}	A 国设置技术壁垒，出口企业 M 和 N 都不选择技术创新时，出口企业 M 的总收益
π_{n1}	A 国设置技术壁垒，出口企业 M 和 N 都选择技术创新时，出口企业 N 的总收益
π_{n2}	A 国设置技术壁垒，出口企业 M 选择技术创新，出口企业 N 不选择技术创新时，出口企业 N 的总收益

续表

参数名称	参数说明
π_{n3}	A 国设置技术壁垒，出口企业 M 不选择技术创新，出口企业 N 选择技术创新时，出口企业 N 的总收益
π_{n4}	A 国设置技术壁垒，出口企业 M 和 N 都不选择技术创新时，出口企业 N 的总收益
E_{m1}	出口企业 M 选择技术创新的期望收益
E_{m2}	出口企业 M 不选择技术创新的期望收益
E_{m1}	出口企业 N 选择技术创新的期望收益
E_{m2}	出口企业 N 不选择技术创新的期望收益
$\overline{E_m}$	出口企业 M 博弈策略的平均收益
$\overline{E_m}$	出口企业 N 博弈策略的平均收益

假设 1：当进口国 A 针对产品 X 设置技术壁垒，将产品 X 的质量标准提高到 $\overline{S_a}$ 时，出口国企业 M 与 N 的初始产品质量标准均不能达到进口国 A 的新要求，二者均面临被迫退出 A 国市场的风险。此时，M 与 N 均有以下两种策略选择：一是进行技术创新突破技术壁垒，保持其在进口国的原有市场份额；二是不选择技术创新，当现有技术水平下的产品技术标准难以达到进口国要求时，其原有的市场份额会被逐渐转移至其他选择技术创新的出口企业和进口国的本土企业，最终只能退出进口国市场。因 M 与 N 均是有限理性的，故二者会根据其自身成本和收益现状以及对方的技术创新情况不断调整其技术创新策略，直至最终达到稳定状态。

假设 2：出口企业 M 与 N 选择技术创新要分别付出相应的成本 C_m 和 C_n，如进行技术创新所需要的技术人才、技术资本和技术设备等创新资源。借鉴朱庆华和窦一杰（2011）有关投入成果是投入成本的二次方，以及薛求知和李茜（2014）有关绿色创新成本与最终产品绿色度呈二次方关系的研究，假设创新成本与产品技术标准的提高呈二次方，即 $C_m = \gamma\ (\overline{S_a} - S_m)^2$，$C_n = \delta\ (\overline{S_a} - S_n)^2$。其中 γ 和 δ 均为大于零的常量，为出口企业 M 与 N 的技术创新成本系数；$\overline{S_a} - S_m$ 和 $\overline{S_a} - S_n$ 为出口企业 M 与 N 有关产品 X 的初始技术标准同进口国 A 针对产品 X 设置技术壁垒后进口国的技术标准水平的差距，即技术壁垒的强度。因此，γ 和 δ

也为出口企业 M 与 N 对技术壁垒的敏感度系数。

假设3：面对进口国设置的技术壁垒，当出口企业不选择技术创新时，其原有市场份额会被其他选择技术创新的出口企业和进口国本国企业所替代。假设出口企业 M 与 N 对不选择技术创新的另一方的市场份额吸纳能力相同，均为 β，且 $0<\beta<\alpha_m$，$0<\beta<\alpha_n$。

5.3.2 技术壁垒下出口企业技术创新策略选择的模型构建

根据上述理论框架和基本假设条件，进口国针对产品设置技术壁垒时，出口企业 M 与 N 的博弈支付矩阵如表5-2所示。

表5-2 出口企业 M 与 N 的博弈支付矩阵

博弈双方		出口企业 N	
		选择技术创新P_n	不选择技术创新（$1-P_n$）
出口企业 M	选择技术创新P_m	（π_{m1}，π_{n1}）	（π_{m2}，π_{n2}）
	不选择技术创新（$1-P_m$）	（π_{m3}，π_{n3}）	（π_{m4}，π_{n4}）

由表5-2可以看出，出口企业 M 与 N 有以下四种技术创新策略选择组合：

当 M 与 N 均选择技术创新时，$\pi_{m1}=\pi\alpha_m-C_m$，$\pi_{n1}=\pi\alpha_n-C_n$。

当 M 选择技术创新，N 不选择技术创新时，出口企业 M 会吸纳出口企业 N 的市场份额，出口企业 N 会被迫退出 A 国市场，因此，$\pi_{m2}=\pi\alpha_m+\pi\alpha_n\beta-C_m$，$\pi_{n2}=0$。

当 M 不选择技术创新，N 选择技术创新时，出口企业 N 会吸纳出口企业 M 的市场份额，出口企业 M 会被迫退出 A 国市场，因此，$\pi_{m3}=0$，$\pi_{n3}=\pi\alpha_n+\pi\alpha_m\beta-C_n$。

当 M 与 N 均不选择技术创新时，$\pi_{m4}=0$，$\pi_{n4}=0$。

由此可以得到：

（1）出口企业 M 选择技术创新的期望收益为：

$$E_{m1}=P_n\pi_{m1}+(1-P_n)\pi_{m2} \tag{5-16}$$

将 $\pi_{m1}=\pi\alpha_m-C_m$，$\pi_{m2}=\pi\alpha_m+\pi\alpha_n\beta-C_m$ 代入式（5-16）得：

$$E_{m1} = \pi\,\alpha_m + \pi\,\alpha_n\beta - \pi\,\alpha_n\beta P_n - C_m \tag{5-17}$$

（2）出口企业 M 不选择技术创新的期望收益为：

$$E_{m2} = P_n\,\pi_{m3} + (1-P_n)\,\pi_{m4} = 0 \tag{5-18}$$

因此，出口企业 M 的博弈策略的平均收益为：

$$\overline{E_m} = P_m E_{m1} + (1-P_m) E_{m2} \tag{5-19}$$

将式（5-17）和式（5-18）代入式（5-19）得：

$$\overline{E_m} = P_m(\pi\,\alpha_m + \pi\,\alpha_n\beta - \pi\,\alpha_n\beta P_n - C_m) \tag{5-20}$$

（3）出口企业 N 选择技术创新的期望收益为：

$$E_{n1} = P_m\,\pi_{n1} + (1-P_m)\,\pi_{n3} \tag{5-21}$$

将 $\pi_{n1} = \pi\,\alpha_n - C_n$，$\pi_{n3} = \pi\,\alpha_n + \pi\,\alpha_m\beta - C_n$ 代入式（5-16）得：

$$E_{n1} = \pi\,\alpha_n + \pi\,\alpha_m\beta - \pi\,\alpha_m\beta P_m - C_n \tag{5-22}$$

（4）出口企业 N 不选择技术创新的期望收益为：

$$E_{n2} = P_m\,\pi_{m3} + (1-P_n)\,\pi_{m4} = 0 \tag{5-23}$$

因此，出口企业 N 的博弈策略的平均收益为：

$$\overline{E_n} = P_n E_{n1} + (1-P_n) E_{n2} \tag{5-24}$$

将式（5-22）和式（5-23）代入式（5-24）得：

$$\overline{E_n} = P_n(\pi\,\alpha_n + \pi\,\alpha_m\beta - \pi\,\alpha_m\beta P_m - C_n) \tag{5-25}$$

（5）因此，出口企业 M 的复制动态模型为：

$$F(P_m) = dP_m/dt = P_m(E_{m1} - \overline{E_m}) \tag{5-26}$$

将式（5-17）和式（5-20）代入式（5-26）得：

$$F(P_m) = P_m(1-P_m)(\pi\,\alpha_m + \pi\,\alpha_n\beta - \pi\,\alpha_n\beta P_n - C_m) \tag{5-27}$$

出口企业 N 的复制动态模型为：

$$F(P_n) = dP_n/dt = P_n(E_{n1} - \overline{E_n}) \tag{5-28}$$

将式（5-22）和式（5-25）代入式（5-28）得：

$$F(P_n) = P_n(1-P_n)(\pi\,\alpha_n + \pi\,\alpha_m\beta - \pi\,\alpha_m\beta P_m - C_n) \tag{5-29}$$

5.3.3　技术壁垒下出口企业技术创新策略选择的演化动态

5.3.3.1　出口企业 M 技术创新策略的演化稳定分析

根据演化稳定策略理论，复制动态方程为零时，博弈达到稳定均衡状态。即

$F(P_m)=0$ 时可以求得博弈有可能出现的平衡点，由式（5-27）可知，$P_m^*=0$（出口企业 M 不选择技术创新策略）、$P_m^*=1$（出口企业 M 选择技术创新策略）是两个可能的稳定均衡点。出口企业 M 技术创新策略的演化行为选择取决于 P_n，其中 $P_n^*=\dfrac{\pi\alpha_m+\pi\alpha_n\beta-C_m}{\pi\alpha_n\beta}$ 时为分界点。而出口企业 M 的技术创新策略选择取决于其演化稳定策略（Evolutionarily Stable Strategy，ESS），因此首先对方程（5-27）求导，得到：

$$F'(P_m)=(1-2P_m)(\pi\alpha_m+\pi\alpha_n\beta-\pi\alpha_n\beta P_n-C_m) \tag{5-30}$$

下面根据几个极端点分析技术壁垒下出口企业 M 的技术创新策略选择演化动态：

（1）当 $P_n=\dfrac{\pi\alpha_m+\pi\alpha_n\beta-C_m}{\pi\alpha_n\beta}$ 时，总有 $F(P_m)=0$，即当出口企业 N 选择技术创新的概率为 $\dfrac{\pi\alpha_m+\pi\alpha_n\beta-C_m}{\pi\alpha_n\beta}$ 时，出口企业 M 选择技术创新和不选择技术创新所增加的收益是一样的。此时，无论出口企业 M 选择技术创新的概率 P_m 为多少，出口企业 M 和出口企业 N 都能够保持比较稳定的和谐关系，但这个稳定状态的位置是由 π、α_m、α_n、β 和 C_m 决定的。

（2）当 $P_n<\dfrac{\pi\alpha_m+\pi\alpha_n\beta-C_m}{\pi\alpha_n\beta}$ 时，$F'(1)<0$，$F'(0)>0$，因此，$P_m=1$ 为出口企业 M 技术创新的演化稳定策略。此时表明，当出口企业 M 在进口国 A 对于 X 产品的市场份额（$\pi\alpha_m$）增加到一定程度或者技术创新成本（C_m）降到一定程度时，将导致 $P_n<P_n^*$，即出口企业 N 选择技术创新的概率低于稳定临界点。此时，如果要向稳定状态发展，那么出口企业 M 选择技术创新的倾向会越来越大，直至最终选择技术创新策略（当 $P_m=1$ 时），如图 5-5 所示。

（3）当 $P_n>\dfrac{\pi\alpha_m+\pi\alpha_n\beta-C_m}{\pi\alpha_n\beta}$ 时，$F'(0)<0$，$F'(1)>0$，因此，$P_m=0$ 为出口企业 M 技术创新的演化稳定策略。此时表明，当出口企业 M 在进口国 A 对于 X 产品的市场份额（$\pi\alpha_m$）增加到一定程度或者技术创新成本（C_m）降到一定程度时，将导致 $P_n>P_n^*$，即出口企业 N 选择技术创新的概率高于稳定临界点。此时，如

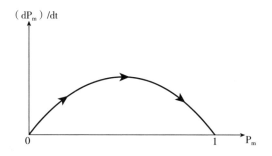

图 5-5　出口企业 M 的复制动态相位图（$P_m = 1$）

果要向稳定状态发展，那么出口企业 M 选择技术创新的倾向会越来越小，直至最终不选择技术创新策略（当 $P_m = 0$ 时），如图 5-6 所示。

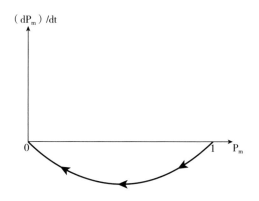

图 5-6　出口企业 M 的复制动态相位图（$P_m = 0$）

5.3.3.2　出口企业 N 技术创新策略的演化稳定分析

同样地，根据演化稳定策略理论，复制动态方程为零时，博弈达到稳定均衡状态。即 $F(P_n) = 0$ 时可以求得博弈有可能出现的平衡点，由式（5-29）可知，$P_n^* = 0$（出口企业 N 不选择技术创新策略），$P_n^* = 1$（出口企业 N 选择技术创新策略）是两个可能的稳定均衡点。出口企业 N 技术创新策略的演化行为选择取决于 P_m，其中 $P_m^* = \dfrac{\pi\alpha_n + \pi\alpha_m\beta - C_n}{\pi\alpha_m\beta}$ 时为分界点。而出口企业 N 的技术创新策略选择取决于其演化稳定策略（Evolutionarily Stable Strategy, ESS），因此首先对方程(5-29)求导，得到：

$$F'(P_n)=(1-2P_n)(\pi\alpha_n+\pi\alpha_m\beta-\pi\alpha_m\beta P_m-C_n) \tag{5-31}$$

下面根据几个极端点分析技术壁垒下出口企业 N 的技术创新策略选择演化动态：

(1)当 $P_m=\dfrac{\pi\alpha_n+\pi\alpha_m\beta-C_n}{\pi\alpha_m\beta}$ 时，总有 $F(P_n)=0$，即当出口企业 M 选择技术创

新的概率为 $\dfrac{\pi\alpha_n+\pi\alpha_m\beta-C_n}{\pi\alpha_m\beta}$ 时，出口企业 N 选择技术创新和不选择技术创新所增

加的收益是一样的。此时，无论出口企业 N 选择技术创新的概率 P_n 为多少，出口企业 M 和出口企业 N 都能够保持比较稳定的和谐关系，但这个稳定状态的位置是由 π、α_m、α_n、β 和 C_n 决定的。

(2)当 $P_m<\dfrac{\pi\alpha_n+\pi\alpha_m\beta-C_n}{\pi\alpha_m\beta}$ 时，$F'(1)<0$，$F'(0)>0$，因此，$P_n=1$ 为出口企

业 N 技术创新的演化稳定策略。此时表明，当出口企业 N 在进口国 A 对于 X 产品的市场份额($\pi\alpha_n$)增加到一定程度或者技术创新成本(C_n)降到一定程度时，将导致 $P_m<P_m^*$，即出口企业 M 选择技术创新的概率低于稳定临界点。此时，如果要向稳定状态发展，那么出口企业 N 选择技术创新的倾向会越来越大，直至最终选择技术创新策略(当 $P_n=1$ 时)，如图 5-7 所示。

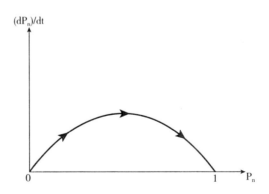

图5-7　出口企业 N 的复制动态相位图（$P_n=1$）

（3）当 $P_m > \dfrac{\pi\alpha_n + \pi\alpha_m\beta - C_n}{\pi\alpha_m\beta}$ 时，$F'(0) < 0$，$F'(1) > 0$，因此，$P_n = 0$ 为出口企业 N 技术创新的演化稳定策略。此时表明，当出口企业 N 在进口国 A 对于 X 产品的市场份额（$\pi\alpha_n$）增加到一定程度或者技术创新成本（C_n）降到一定程度时，将导致 $P_m > P_m{}^*$，即出口企业 M 选择技术创新的概率高于稳定临界点。此时，如果要向稳定状态发展，那么出口企业 N 选择技术创新的倾向会越来越小，直至最终不选择技术创新策略（当 $P_n = 0$ 时），如图 5-8 所示。

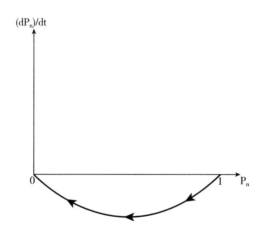

图 5-8　出口企业 N 的复制动态相位图（$P_n = 0$）

5.3.3.3　出口企业技术创新策略选择复制动态系统的稳定性分析

根据上述分析，出口企业技术创新策略选择复制动态系统可表示为：

$$\begin{cases} F(P_m) = P_m(1 - P_m)(\pi\alpha_m + \pi\alpha_n\beta - \pi\alpha_n\beta P_n - C_m) \\ F(P_n) = P_n(1 - P_n)(\pi\alpha_n + \pi\alpha_m\beta - \pi\alpha_m\beta P_m - C_n) \end{cases} \tag{5-32}$$

在此系统中讨论演化稳定策略时，令 $F(P_m) = 0$ 和 $F(P_n) = 0$，可以得到以下五个平衡点，分别为 $E_1(0, 0)$、$E_2(0, 1)$、$E_3(1, 0)$、$E_4(1, 1)$ 和 $E_5\left(\dfrac{\pi\alpha_m + \pi\alpha_n\beta - C_m}{\pi\alpha_n\beta}, \dfrac{\pi\alpha_n + \pi\alpha_m\beta - C_n}{\pi\alpha_m\beta}\right)$。由演化博弈理论可知，演化均衡指的是复制动态系统的平衡点对应的策略组合（鲁春义和丁晓钦，2016），也即出口企业在演化博弈条件下的技术创新策略选择。由微分方程稳定定理可知，通过建立雅

可比矩阵进行局部稳定分析可得出结果。设矩阵 J 为复制动态系统的雅可比矩阵：

$$J = \begin{bmatrix} \partial F(P_m)/\partial P_m & \partial F(P_m)/\partial P_n \\ \partial F(P_n)/\partial P_m & \partial F(P_n)/\partial P_n \end{bmatrix}$$

$$= \begin{bmatrix} (1-2P_m)(\pi\alpha_m+\pi\alpha_n\beta-\pi\alpha_n\beta P_n-C_m) & -\pi\alpha_n\beta P_m(1-P_m) \\ -\pi\alpha_m\beta P_n(1-P_n) & (1-2P_n)(\pi\alpha_n+\pi\alpha_m\beta-\pi\alpha_m\beta P_m-C_n) \end{bmatrix}$$

$$(5-33)$$

因此矩阵 J 的行列式为：

$$\det(J) = [\partial F(P_m)/\partial P_m][\partial F(P_n)/\partial P_n] - [\partial F(P_m)/\partial P_n][\partial F(P_n)/\partial P_m] \quad (5-34)$$

矩阵 J 的迹为：

$$\mathrm{tr}(J) = \partial F(P_m)/\partial P_m + \partial F(P_m)/\partial P_m \quad (5-35)$$

将 $E_1(0, 0)$、$E_2(0, 1)$、$E_3(1, 0)$、$E_4(1, 1)$ 和 $E_5\left(\dfrac{\pi\alpha_m+\pi\alpha_n\beta-C_m}{\pi\alpha_n\beta},\right.$

$\left.\dfrac{\pi\alpha_n+\pi\alpha_m\beta-C_n}{\pi\alpha_m\beta}\right)$ 五个平衡点数值代入，整理后得到矩阵行列式和迹的表达式如表 5-3 所示。

表5-3　复制动态系统均衡点对应的矩阵行列式和迹表达式

局部均衡点	矩阵行列式和迹表达式
$E_1(0, 0)$	$\det(J) = (\pi\alpha_m+\pi\alpha_n\beta-C_m)(\pi\alpha_n+\pi\alpha_m\beta-C_n)$
	$\mathrm{tr}(J) = (\pi\alpha_m+\pi\alpha_n\beta-C_m)+(\pi\alpha_n+\pi\alpha_m\beta-C_n)$
$E_2(0, 1)$	$\det(J) = (\pi\alpha_m-C_m)[-(\pi\alpha_n+\pi\alpha_m\beta-C_n)]$
	$\mathrm{tr}(J) = (\pi\alpha_n+\pi\alpha_m\beta-C_n)-(\pi\alpha_m-C_m)$
$E_3(1, 0)$	$\det(J) = [-(\pi\alpha_m+\pi\alpha_n\beta-C_m)](\pi\alpha_n-C_n)$
	$\mathrm{tr}(J) = -(\pi\alpha_m+\pi\alpha_n\beta-C_m)+(\pi\alpha_n-C_n)$
$E_4(1, 1)$	$\det(J) = [-(\pi\alpha_m-C_m)][-(\pi\alpha_n-C_n)]$
	$\mathrm{tr}(J) = [-(\pi\alpha_m-C_m)]+[-(\pi\alpha_n-C_n)]$
E_5	$\det(J) = (\pi\alpha_m-C_m)(\pi\alpha_n-C_n)\left(1+\dfrac{\pi\alpha_m-C_m}{\pi\alpha_n\beta}\right)\left(1+\dfrac{\pi\alpha_n-C_n}{\pi\alpha_m\beta}\right)$
	$\mathrm{tr}(J) = 0$

根据第 5.3.1 节和第 5.3.2 节的分析可知，表达式中，$\pi_{m1}=\pi\alpha_m-C_m$，$\pi_{n1}=\pi\alpha_n-C_n$，$\pi_{m2}=\pi\alpha_m+\pi\alpha_n\beta-C_m$，$\pi_{n3}=\pi\alpha_n+\pi\alpha_m\beta-C_n$。其中 π_{m1} 为出口企业 M 与 N 均选择技术创新时，出口企业 M 的总收益；π_{n1} 为出口企业 M 和 N 都选择技术创新时，出口企业 N 的总收益；π_{m2} 为出口企业 M 选择技术创新、出口企业 N 不选择技术创新时，出口企业 M 的总收益；π_{n3} 为出口企业 N 选择技术创新、出口企业 M 不选择技术创新时，出口企业 N 的总收益。由表达式容易得到 $\pi_{m1}<\pi_{m2}$，$\pi_{n1}<\pi_{n3}$。

根据演化博弈理论，满足 det（J）>0、tr（J）<0 的均衡点为复制动态系统的演化策略稳定点（ESS）（潘峰等，2015）。各均衡点稳定分析结果如表 5-4 所示。

表 5-4　复制动态系统均衡点局部稳定性分析结果

局部均衡点	det（J）的符号	tr（J）的符号	稳定性	条件
E_1（0，0）	+	−	ESS	$\pi_{m2}<0,\pi_{n3}<0$
E_2（0，1）	+	−	ESS	$\pi_{m1}<0,\pi_{n3}>0$
E_3（1，0）	+	−	ESS	$\pi_{m2}>0,\pi_{n1}<0$
E_4（1，1）	+	−	ESS	$\pi_{m1}>0,\pi_{n1}>0$
E_5	+/−	0	鞍点	任意条件

以下就不同情形下的演化稳定策略进行讨论：

情形一：$\pi_{m2}<0$，$\pi_{n3}<0$。此时，$\pi\alpha_m+\pi\alpha_n\beta<C_m$，$\pi\alpha_n+\pi\alpha_m\beta<C_n$，即出口企业 M 选择技术创新，出口企业 N 不选择技术创新时，出口企业 M 的总收益小于其技术创新成本；且出口企业 N 选择技术创新，出口企业 M 不选择技术创新时，出口企业 N 的总收益也小于其技术创新成本，此时 ESS 为（0，0），其对应的演化稳定策略为（不选择技术创新，不选择技术创新），即出口企业 M 和 N 都不选择技术创新。

情形二：$\pi_{m1}<0$，$\pi_{n3}>0$。此时，$\pi\alpha_m<C_m$，$\pi\alpha_n+\pi\alpha_m\beta>C_n$，即出口企业 M 与 N 均选择技术创新时，出口企业 M 的总收益小于其技术创新成本；但出口企业 N 选择技术创新，出口企业 M 不选择技术创新时，出口企业 N 的总收益大于其技术创新成本，此时 ESS 为（0，1），其对应的演化稳定策略为（不选择技术创新，选择技术创新），即出口企业 M 不选择技术创新，出口企业 N 选择技术创新。

情形三：$\pi_{m2}>0$，$\pi_{n1}<0$。此时，$\pi\alpha_m+\pi\alpha_n\beta>C_m$，$\pi\alpha_n<C_n$，即出口企业 M 选择技术创新，出口企业 N 不选择技术创新时，出口企业 M 的总收益大于其技术创新成本；但出口企业 M 和 N 都选择技术创新时，出口企业 N 的总收益小于其技术创新成本，此时 ESS 为（1，0），其对应的演化稳定策略为（选择技术创新，不选择技术创新），即出口企业 M 选择技术创新，出口企业 N 不选择技术创新。

情形四：$\pi_{m1}>0$，$\pi_{n1}>0$。此时，$\pi\alpha_m>C_m$，$\pi\alpha_n>C_n$，即出口企业 M 与 N 均选择技术创新时，出口企业 M 的总收益大于其技术创新成本；且出口企业 M 和 N 都选择技术创新时，出口企业 N 的总收益也大于其技术创新成本，此时 ESS 为（1，1），其对应的演化稳定策略为（选择技术创新，选择技术创新），即出口企业 M 和 N 都选择技术创新。

情形五：临界值 $P_m^* = \dfrac{\pi\alpha_n+\pi\alpha_m\beta-C_n}{\pi\alpha_m\beta}$ 和 $P_n^* = \dfrac{\pi\alpha_m+\pi\alpha_n\beta-C_m}{\pi\alpha_n\beta}$ 将演化博弈相位图划分为 I、II、III、IV 四个区域（见图 5-9）。当系统初始状态处于区域 I 时，博弈收敛于均衡点 B（1，1），此时出口企业 M 和 N 都选择技术创新；当系统初始状态处于区域 II 时，博弈收敛于均衡点 A（1，0），此时出口企业 M 选择技术创新，出口企业 N 不选择技术创新；当系统初始状态处于区域 III 时，博弈收敛于均衡点 O（0，0），此时出口企业 M 和 N 都选择技术创新。在图 5-9 中，区域 I、II 的面积越大，出口企业 M 越倾向于选择技术创新；区域 I、III 的面积越大，出口企业 N 越倾向于选择技术创新。

综合上述分析得到命题三：面对进口国设置的技术壁垒，在出口企业技术创新策略选择博弈中，博弈双方技术创新收益和技术创新成本的主要参数的变化，将导致演化博弈策略最终收敛于不同的稳定均衡点，进而影响出口企业技术创新的策略选择。而出口企业的技术创新收益主要受到其在进口国的市场份额，即出口规模的影响；技术创新成本则主要受到出口产品的初始技术标准同进口国设置技术壁垒后进口国技术标准水平的差距即技术壁垒强度的影响。

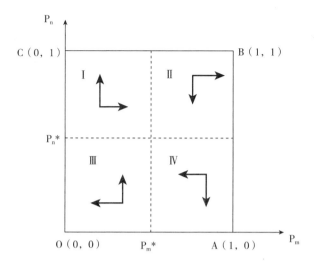

图 5-9　复制动态系统的演化相位图

5.4　技术壁垒对我国高技术产品 出口企业技术创新效果的影响

由上文分析可知，由于出口企业技术水平差异性的存在，不同出口企业选择技术创新突破技术壁垒的意愿也存在较大差异；拥有越高技术水平的出口企业，其选择通过技术创新突破技术壁垒的意愿就越强烈。据此得到以下推断：在遭遇技术壁垒时，拥有较高技术水平的高技术产品出口企业通常会表现出更为强烈的技术创新意愿。而技术创新意愿的产生会使得高技术产品出口企业对技术创新资源进行重新配置。由此带来出口企业技术创新策略选择的变化，上文研究发现出口企业技术创新的策略选择主要受其技术创新收益和技术创新成本的影响。因此本部分以高技术产品为研究对象，在前文理论分析的基础上，考察技术壁垒对我国高技术产品出口企业技术创新效果的影响。

5.4.1 理论框架与模型设定

根据前文的理论模型分析可知，出口企业在进口国所占的市场份额以及进口国设置的技术壁垒的强度是技术壁垒影响出口企业技术创新的重要因素。因此，本部分采用 2000~2015 年我国同 22 个主要贸易伙伴国的双边数据进行实证检验，设定技术壁垒对我国高技术产品出口企业技术创新效果影响的初步计量模型如下：

$$INNOV_{ijt} = \alpha_0 + \alpha_1 TBT_{it} + \alpha_2 Mshare_{it} + \alpha_3 TECHcontrol_{it} + \alpha_4 Mcontrol_{it} +$$
$$\beta CONTROL_{ijt} + \gamma_i + \delta_t + \mu_{ijt} \tag{5-36}$$

其中，INNOV 表示我国高技术产品出口企业的技术创新效果，TBT 表示贸易伙伴国的技术壁垒强度，Mshare 表示我国高技术产品出口企业的出口规模，CONTROL 表示控制的其他影响出口企业技术创新的母国和东道国因素。γ_i 表示与特定贸易伙伴国相关的未观察因素，δ_t 表示不可观测的时间效应，α_0 是常数项，μ_{ijt} 是误差项。下标 i、j、t 分别表示贸易伙伴国、中国和年份。γ_i 是一个不随贸易伙伴国不同而变化的变量，它解释了所有和时间有关而没有被包括在计量模型中的效应。在计量模型中加入这一变量的原因主要在于进口国设置的技术壁垒对出口企业技术创新的影响，可能与进口国的贸易、经济和产业政策有关，如在扩张或紧缩性的经济政策与开放或保护性的贸易政策环境下，技术壁垒对出口企业技术创新效果的影响可能会不同，如果不将这些宏观环境的时序特征纳入计量模型，考察技术壁垒对出口企业技术创新的效果就可能会出现偏差（齐兰和王业斌，2013）。

上文就技术壁垒对出口企业技术创新资源配置效应的分析，从理论上论证了技术壁垒带来的企业创新资源的重新配置对企业技术创新的重要影响。除了技术壁垒强度和企业出口规模之外，胡凯等（2012）、刘秀玲（2012）等也认为影响出口企业技术创新的还包括企业内部人力、财力和物力等创新投入要素。同时考虑到本书考察的是进口国的技术壁垒对我国高技术产品出口企业的技术创新效果的影响，因此有必要加入贸易伙伴国企业对我国的技术控制变量以及对高技术产品出口的市场规模控制变量。进而本部分有关进口国技术壁垒对我国高技术产品出口企业技术创新效果影响的计量模型设定如下：

$$INNOV_{ijt} = \alpha_0 + \alpha_1 TBT_{it} + \alpha_2 Mshare_{it} + \alpha_3 TECHcontrol_{it} + \alpha_4 Mcontrol_{it} + \alpha_5 RD_{jt} +$$

$$\alpha_6 RDP_{jt} + \alpha_7 FIX_{jt} + \gamma_i + \delta_t + \mu_{ijt} \qquad (5-37)$$

其中，TECHcontrol 表示贸易伙伴国的技术控制，Mcontrol 表示贸易伙伴国的市场规模控制，RDP 表示出口企业的技术创新人力投入，RD 表示技术创新财力投入，FIX 表示技术创新物力投入。由于各变量量纲的差异，以及可能会出现的异方差性，本书根据各变量的测度方式进行取对数处理。各变量取对数之后的最终模型设定形式如下：

$$lnINNOV_{ijt} = \alpha_0 + \alpha_1 lnTBT_{it} + \alpha_2 lnMshare_{it} + \alpha_3 lnRD_{jt} + \alpha_4 lnRDP_{jt} +$$

$$\alpha_5 lnFIX_{jt} + \alpha_6 lnTECHcontrol_{it} + \alpha_7 lnMcontrol_{it} + \gamma_i + \delta_t + \mu_{ijt} \qquad (5-38)$$

其中，i 表示贸易伙伴国，j 表示中国。

5.4.2　变量说明与数据来源

（1）被解释变量——技术创新效果（INNOV），即我国高技术产品出口企业对贸易伙伴国 i 的技术创新结果，体现为技术创新产出，包括专利申请量、专利授权量等，而因受政府部门相关专利机构等人为因素的影响和制约，专利授权数量容易出现异常变动，因此本书借鉴余长林和王瑞芳（2009）采用专利申请量来表示。数据来自 2001~2016 年《中国高技术产业统计年鉴》。

（2）解释变量——技术壁垒强度（TBT），即贸易伙伴国设置的技术壁垒强度，用技术壁垒的累计通报数量来表示（详见 4.2.2 节）。根据上文理论分析结果，贸易伙伴国的技术壁垒会刺激技术水平较高企业的技术创新，因此预估符号为正。数据来自世界贸易组织（WTO）网站的 TBT IMS（TBT Information Management System）数据库。

（3）解释变量——出口市场规模（Mshare），即我国高技术产品出口企业在进口国所占的市场份额，体现为出口企业的出口规模，用出口企业出口至贸易伙伴国的贸易额来表示。根据上文理论分析结果，出口国企业的出口市场规模越高，出口企业进行技术创新的意愿越强，越倾向于选择进行技术创新，因此预估符号为正。数据来自联合国的 Comtrade 数据库的统计数据。

（4）控制变量——贸易伙伴国的技术控制（TECHcontrol），即贸易伙伴国对我国的技术控制，进口国企业在我国申请专利的数量可以用来衡量进口国企业的技术优势，进而可以反映其对我国企业形成的技术控制。贸易伙伴国的技术控制程度越高，我国企业进行技术创新的阻力越大，因此预估符号为负。数据来自国家知识产权局 2001～2016 年《中国专利统计年报》。

（5）控制变量——贸易伙伴国的市场规模控制（Mcontrol），即贸易伙伴国对我国高技术产品出口市场规模的控制，贸易伙伴国高技术产品出口额占制成品的比重可以反映其国内高技术产品出口企业的出口能力和出口规模，进而能够间接衡量其对我国高技术产品出口市场规模的控制。贸易伙伴国对我国高技术产品出口的市场规模控制程度越高，我国高技术产品出口企业的出口市场规模越小，选择技术创新的可能性越小，预估符号为负。数据来自世界银行（World Bank）数据库。

（6）控制变量——中国技术创新人力投入（RDP），即我国高技术产品出口企业进行技术创新所投入的人力资源，人力资源的投入是出口企业技术创新的基础和关键，而 R&D 人员全时当量是国际上通用的用于比较创新人力投入的指标，它是指 R&D 全时人员（全年从事 R&D 活动累积工作时间占全部工作时间的90%及以上人员）工作量与非全时人员按实际工作时间折算的工作量之和。计算标准如下：若有 2 个 R&D 全时人员（工作时间分别为 0.9 年和 1 年）和 3 个 R&D 非全时人员（工作时间分别为 0.2 年、0.3 年和 0.6 年），则 R&D 人员全时当量 1+1+0.2+0.3+0.6=3.1（人年）。本书用企业 R&D 人员全时当量占企业平均从业人员的比重来衡量出口企业的技术创新人力投入。数据来自 2001～2016 年《中国高技术产业统计年鉴》，预估符号为正。

（7）控制变量——中国技术创新财力投入（RD），即我国高技术产品出口企业进行技术创新所投入的财力资源，技术创新通常带有较高风险，需要雄厚的资金支持，财力资源的投入是出口企业技术创新的重要推动力和保障。而 R&D 经费内部支出是企业内部开展 R&D 活动的实际支出，包括用于 R&D 项目活动的直接支出，以及间接用于 R&D 活动的管理费、服务费、与 R&D 有关的基本建设支出以及加工费等，能够真实反映高技术产品出口企业对技术创新的真实投入。本书用企业 R&D 经费内部支出占其主营业务收入的比重来衡量出口企业的技术创新财力投入。数据来自 2001～2016 年《中国高技术产业统计年鉴》，预估符号为正。

（8）控制变量——中国技术创新物力投入（FIX），即我国高技术产品出口企业进行技术创新所投入的物力资源，物力资源的投入是出口企业技术创新的重要保障，科研平台、微电子控制设备原价以及固定资产投资额等指标均可以反映企业技术创新物力投入情况。因我国高技术产业统计年鉴以 2009 年为分水岭，部分指标在统计口径上存在差异，其中包括科研平台和微电子控制设备投入。为了保证数据的连续性和完整性，本书使用不存在统计口径差异的固定资产投资额来衡量企业技术创新物力投入。数据来自 2001～2016 年《中国高技术产业统计年鉴》，预估符号为正。

各变量的描述性统计结果如表 5-5 所示。

表 5-5　变量描述性统计结果

变量	变量含义	均值	标准差	最小值	最大值	预期符号
被解释变量						
lnINNOV	技术创新结果	10.20089	1.355076	7.716461	12.024	
解释变量						
lnTBT	技术壁垒强度	2.1458	1.680343	0	5.613128	+
lnMshare	出口市场规模	21.52868	1.832575	14.12647	25.53072	+
lnTECHcontrol	贸易伙伴国的技术控制	5.63922	2.732	0	10.81334	—
lnMcontrol	贸易伙伴国的市场规模控制	2.546667	0.7674915	0.388009	4.139874	—
lnRDP	技术创新人力投入	−3.419172	0.2959156	−3.883031	−2.938637	+
lnRD	技术创新财力投入	−4.338757	0.1909701	−4.557248	−4.025417	+
lnFIX	技术创新物力投入	8.134938	1.066848	6.333191	9.767194	+

5.4.3　实证结果分析

本部分使用 Stata 13.0 统计软件，对式（5-38）的面板数据模型进行估计。表 5-6 报告了混合回归（Pooled OLS）、固定效应（Fixed Effects）和随机效应（Random Effects）三种模型的回归结果。表 5-6 中（1）列的估计结果显示，进口国的技术壁垒强度和我国高技术产品的出口市场规模均在 1% 的水平上显著。这就是说，进口国对我国高技术产品设置的技术壁垒强度越高，我国高技术产品出口企业的技术创新产出就越多；我国高技术产品的出口市场规模越大，出口企业的技术创新产出也越多。表5-6的（2）列是加入控制变量之后的估计结果，两个解释变量的符号依然为正且大部分在不同的水平上显著，加入控制变量之后模型的拟合优度分别提高至0.982和0.985，这表明模型的整体解释力提高。

在处理面板数据时，究竟应该使用固定效应模型还是随机效应模型是一个基本问题（陈强，2014）。为此，可进行豪斯曼检验，如果检验结果强烈拒绝原假设"H_0：μ_i 与解释变量均不相关"，则选择使用固定效应模型，反之选择随机效应模型（Hausman，1978）。从检验混合回归和固定效应的F检验来看，p值为0.0000，拒绝原假设，选择固定效应模型；从检验面板数据固定效应和混合效应的豪斯曼检验来看，p值为0.0000，拒绝原假设，选择固定效应模型。因此，本书最终选择固定效应模型的回归结果解释技术壁垒对我国高技术产品出口企业技术创新结果的影响。

表5-6　面板数据模型回归结果

变量	Pooled OLS		FE		RE	
	（1）	（2）	（1）	（2）	（1）	（2）
lnTBT	0.108***	0.00569	0.554***	0.0515**	0.108***	0.00569
	(0.0385)	(0.00685)	(0.0570)	(0.0201)	(0.0385)	(0.00661)
lnMshare	0.396***	0.0560***	0.763***	0.112***	0.396***	0.0560***
	(0.0353)	(0.0134)	(0.0348)	(0.0192)	(0.0353)	(0.0142)
lnTECHcontrol		−0.0168**		−0.101***		−0.0168**
		(0.00736)		(0.0271)		(0.00718)
lnMcontrol		−0.0503***		−0.274***		−0.0503***
		(0.0170)		(0.0524)		(0.0176)
lnRDP		0.681***		0.588***		0.681***
		(0.119)		(0.166)		(0.176)
lnRD		−1.140***		−0.637***		−1.140***
		(0.122)		(0.204)		(0.205)
lnFIX		1.194***		0.993***		1.194***
		(0.0256)		(0.0371)		(0.0275)

续表

变量	Pooled OLS		FE		RE	
	（1）	（2）	（1）	（2）	（1）	（2）
Constant	1.447*	−3.127***	−7.408***	−1.035*	1.447*	−3.127***
	(0.735)	(0.354)	(0.675)	(0.555)	(0.735)	(0.467)
Observations	352	352	352	352	352	352
R^2	0.357	0.982	0.831	0.985	0.357	0.982
F 统计量/ Wald chi2	90.86	4094.74	750.89	2852.74	181.73	17686.26
	(0.0000)	(0.0000)	(0.0000)	(0.0000)	(0.0000)	(0.0000)
F 检验	40.76	2.93	40.76	2.93		
	(0.0000)	(0.0000)	(0.0000)	(0.0000)		
Hausman 检验			395.67	54.59	395.67	54.59
			(0.0000)	(0.0000)	(0.0000)	(0.0000)

注：上表各变量栏括号中为稳健标准误，*** 表示 $p<0.01$，** 表示 $p<0.05$，* 表示 $p<0.1$；F 统计量、Wald 统计量、F 检验以及 Hausman 检验栏括号中为 p 值；关于 R^2，混合回归对应的是调整的 R^2，固定效应对应的是 R^2-within，随机效应对应的是 R^2-overall；关于 F 统计量和 Wald 统计量，混合回归和固定效应回归对应的是 F 统计量，随机效应对应的是 Wald chi2；F 检验用来判断混合回归和固定效应模型的选择，原假设为混合回归可以接受；Hausman 检验用来判断固定效应模型和随机效应模型的选择，原假设为随机效应模型更有效率。

如表 5-6 固定效应模型估计结果列（2）所示，技术壁垒强度变量与出口市场规模变量的符号为正且分别在 5% 和 1% 的水平上显著，表明进口国技术壁垒强度以及我国高技术产品出口市场规模的提高显著增加了我国高技术产品出口企业的技术创新产出，与上文理论分析结果和理论预期相符。此外，贸易伙伴国技术控制变量和市场规模控制变量符号为负且均在 1% 的水平上显著，表明贸易伙伴国的技术控制和对高技术产品的市场规模控制会显著降低我国高技术产品出口企业的技术创新效果。技术创新人力投入变量和技术创新物力投入变量符号为正且均在 1% 的水平上显著，表明我国高技术产品出口企业技术创新人力和技术创新物力投入的增加会显著提高出口企业的技术创新效果，这也与理论预期相符。

值得注意的是，技术创新财力投入变量的符号为负，表明企业技术创新财力投入的增加反而会减少企业技术创新的产出，与理论预期不符。究其原因主要有以下几方面：一是技术创新资金来源的不同导致其利用效率的差异。我国高技术产品 R&D 投入资金主要来自政府、企业自身、社会风险投资基金以及金融机构等①，其中，由于政府投资缺乏明显约束力，导致资金利用效率较低。有学者研究发现，政府研发资助对企业研发投入存在挤出效应，在一些时期政府投资与技术创新的效果是呈负相关的（宋来胜和苏楠，2017）。二是企业技术创新往往受所处行业创新周期的影响，而高技术产品作为技术水平较高的行业，相对其他产业来说技术创新周期较长。三是影响企业技术创新的因素除了产业技术创新周期和研发资金投入之外，市场、体制机制等一系列因素也会对企业技术创新的成败产生巨大影响。如果这些因素对企业的创新支持不足的话，即使企业研发资金投入增多，企业技术创新的成果也可能难尽如人意。四是受技术创新财力投入阶段的影响，企业技术创新往往在前期的投入量大，而技术创新效果则是在后期显现出来，存在滞后效应，所以这也造成高财力投入量与技术创新效果显现的不同期。

为了验证上述理论分析，对技术创新财力投入变量进行滞后期处理，考察其滞后期变量对我国高技术产品出口企业技术创新效果的真实影响。对技术创新投入变量进行滞后 1 期、滞后 3 期、滞后 5 期和滞后 7 期处理，分别对各滞后期进行固定效应模型回归，估计结果如表 5-7 所示。结果发现，技术创新财力投入变量对我国高技术产品出口企业的技术创新正向影响效果在滞后 7 期出现，且在 1%的水平上显著；其他主要解释变量和控制变量的符号均与预期相符，且在 1%和 5%的不同水平上显著，与基准回归结果一致，表明我国高技术产品出口企业的技术创新投入对技术创新效果的正向影响存在滞后效应。

表 5-7　固定效应模型回归结果

变量	lnRD 滞后 1 期	lnRD 滞后 3 期	lnRD 滞后 5 期	lnRD 滞后 7 期
lnTBT	0.0137	0.0343 **	0.0587 ***	0.0423 **
	(0.0162)	(0.0171)	(0.0190)	(0.0204)
lnMshare	0.0793 ***	0.0674 ***	0.0944 ***	0.137 ***
	(0.0152)	(0.0171)	(0.0190)	(0.0197)

①　资料来源：国家信息中心 http：//www.sic.gov.cn/News/455/5610.htm。

续表

变量	lnRD 滞后 1 期	lnRD 滞后 3 期	lnRD 滞后 5 期	lnRD 滞后 7 期
lnTECHcontrol	-0.0367	-0.0875***	-0.0972***	-0.119***
	(0.0223)	(0.0235)	(0.0266)	(0.0283)
lnMcontrol	-0.156***	-0.180***	-0.242***	-0.340***
	(0.0420)	(0.0447)	(0.0494)	(0.0516)
lnRDP	0.440***	0.501***	0.0539	0.313***
	(0.0665)	(0.0742)	(0.0778)	(0.0956)
lnRD	-0.801***	-0.701***	-0.418***	0.239***
	(0.0582)	(0.0618)	(0.0612)	(0.0775)
lnFIX	1.091***	0.955***	1.012***	0.964***
	(0.0305)	(0.0319)	(0.0362)	(0.0384)
Constant	-2.199***	-0.457	-1.759***	1.606**
	(0.407)	(0.411)	(0.525)	(0.723)
Observations	351	349	347	345
R^2-within	0.991	0.989	0.987	0.985

注：括号中为稳健标准误；***表示 $p<0.01$，**表示 $p<0.05$，*表示 $p<0.1$。

由表5-7中技术创新财力投入变量滞后7期的估计结果可知，技术创新人力投入变量和技术创新物力投入变量的估计系数分别为0.313和0.964，大于技术创新财力投入变量的估计系数0.239。表明在企业的技术创新资源配置中，科研人员和科研设备的投入对技术创新的贡献要大于研发资金的投入。究其原因，一方面源于人力资本投入对于技术创新的作用日益显著；另一方面也表明企业研发资金的投入更多的是企业技术创新的前提，研发资金的使用效率、创新机制以及人力资源的管理才是更为值得关注的问题。

从上述实证结果可以得出，企业技术创新资源投入中，科研人员和科研设备的增加对于技术创新具有促进作用，完善的企业技术创新人才开发管理机制对于企业技术创新尤为重要。因此，为跨越国外技术壁垒，在技术创新资源要素的投入方面，出口企业要着重创建一个良好的创新人才培养、管理以及创新设备维护体系，不断加强对研发人员的开发、吸收和引进力度。对于那些具备突出贡献和特有专长的研发人才，可以进行大力投资，并给予各类奖励，提高创新人员的智力投资回报，最大限度地开发他们的潜力，增强企业的自主创新能力，从而为出口企业跨越国外技术壁垒提供智力支持。

5.5　本章小结

本章首先构建技术壁垒下出口企业技术创新意愿分析框架，从技术壁垒下出口企业技术创新意愿的产生和差异性两个维度的分析发现，在遭遇技术壁垒时，拥有较高技术水平的高技术产品出口企业通常会表现出更为强烈的技术创新意愿。在此基础上，从技术壁垒下出口企业创新资源配置的路径分析、系统构成以及影响机制三个维度剖析企业技术创新人力、财力以及物力等资源的配置效应。进而根据演化博弈理论，构建技术壁垒下出口企业的技术创新策略选择模型，并分析其策略演化过程，理论分析结果显示出口企业技术创新的策略选择主要受其技术创新收益和技术创新成本的影响。最后在理论分析的基础上，以高技术产品为研究对象，构建平衡面板数据模型实证考察技术壁垒对我国高技术产品出口企业技术创新效果的影响。结果发现，进口国对于高技术产品设置的技术壁垒会刺激我国高技术产品出口企业进行技术创新，且这种技术创新的效果会因企业出口市场规模的不同而变化，企业出口市场规模越大，技术壁垒下的这种技术创新效果越明显；贸易伙伴国的技术控制和对我国高技术产品的市场规模控制会显著抑制我国高技术产品出口企业的技术创新效果；企业技术创新人力和技术创新物力的增加对于技术创新有促进作用，而技术创新财力投入对企业技术创新具有滞后效应，其促进作用在滞后 7 期出现，并且企业人力和物力资源对技术创新的贡献要大于财力资源的投入。

第6章 我国高技术产品出口应对技术壁垒的策略

本书从理论和实践层面,深入剖析国外技术壁垒对我国高技术产品出口的影响,期望能够为我国相关政府部门制定和调整产业政策、贸易政策提供切实依据。本书所得到的研究结论,对于政府与企业应对国外技术壁垒、完善我国贸易摩擦治理机制具有重要启示。根据前文研究结果,本部分就我国高技术产品出口遭遇的国外技术壁垒提出有针对性的应对策略。

应对技术壁垒是一项复杂、系统的长期性工作,应在贸易措施连续实施的宏观背景下,建立由企业、行业协会、律师团队、高校和科研机构、政府组成的"五体联动"的技术壁垒应对机制,如图6-1所示。遭受技术壁垒的企业与行业协会、专业律师团队、高校和科研机构以及政府通过建立协同创新的联动工作机制,不仅可以加强各应对主体的紧密联系与有效沟通,且能极大地提高联合应对威胁高技术产业安全事件的效率。通过充分发挥全国"技术性贸易措施部际联席会议"制度的作用,加强部门间协调沟通,形成应对合力,及时发布高技术产业安全工作情况和技术壁垒通报预警信息。借由专业律师的指导帮助、行业协会的协调组织,以及高校和科研机构提供的决策参考,充分调动遭受技术壁垒的企业的积极性,建立起多层次、多视角、多渠道的应对体系,进而解决技术壁垒应对和治理工作的有关问题,协同做好高技术产业安全维护工作。

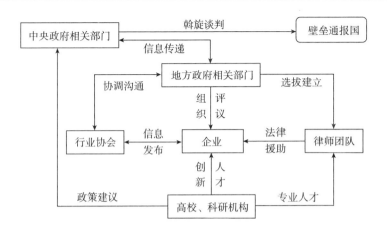

图 6-1　应对技术壁垒的"五体联动"运行机制框架图

6.1　政府层面

6.1.1　建立与技术壁垒通报国的磋商机制

本书第 2 章有关技术壁垒历史演进的梳理可以发现,《技术壁垒协定》是为推动和保证国际贸易自由化和便利化,在世界贸易组织(WTO)框架体系下制定多边贸易规则。因此,面对进口国的技术壁垒通报,建议在世界贸易组织(WTO)多边框架体系下,在贸易争端解决机制的基础上,强化并建立与技术壁垒通报国的磋商机制,加强与高技术产品进口国贸易部门的互联互通,以消除制约高技术产品贸易发展的技术壁垒及其他相关制度和程序障碍。

具体来说,当国内高技术产品出口遭受技术壁垒时,政府应在号召涉案企业积极申诉的同时,充分利用世贸组织多边机制,有效调动各方资源与技术壁垒通报国进行斡旋谈判。通过外交磋商的友好方式解决争端,在协商沟通过程中总结经验,不断增进相互理解和包容。同时要进一步加强我国与高技术产品进口国贸易政策的互联互通,增强各国贸易主管部门执法管理的透明度,举办有关技术壁垒通报的专题听证会,建立和完善技术壁垒通报新闻发布会,公布年度技术性措施报告等多种制度,让执法、管理在公正、公开环境下运行,直至建立与技术壁垒通报国有关高技术产品贸易的多边共同管理平台。

6.1.2 推进与技术壁垒通报国的认证互认进程

由本书第 2 章有关典型国家技术性措施体系的梳理可以发现,世界贸易组织(WTO)各成员国的技术性措施主要通过技术法规、技术标准以及合格评定程序等加以实施。认证认可则是有关技术规范和技术标准的合格评定活动,是全球通用的有关产品质量管理的手段,它能够推进国际贸易更加便利化,且有助于推动国家间信任关系的建立。加快推进我国与技术壁垒通报国的认证互认进程,可以减少甚至消除国际贸易中的技术壁垒。

具体来说,与高技术产品进口国加强高技术产品技术规范和技术法规的认证互认,可以有效解决我国高技术产品出口面临的重复认证和反复检测等问题,降低出口成本和出口风险,有助于推动我国高技术产品出口企业响应国家"走出去"的号召。当前,我国正不断加快有关认证认可的国际互认工作。截至 2015 年 12 月,我国已加入了相关领域所有的 20 个国际或区域合作组织,已经与 28 个国家和地区签署了合作协议文件。我国相关部门颁发的检测报告、认证认可证书已经得到多个国家市场准入的承认。今后需要进一步推动与高技术产品进口国的认证认可合作领域的互认进程,加强各国彼此之间有关高技术产品领域的信息沟通和技术交流,避免不必要、不合理的障碍,实现"一个标准、一张证书、区域通行"。

6.1.3 培育中国标准国际竞争新优势

从本书第 3 章有关全球技术壁垒实践特征的分析中可以看出,目前全球技术壁垒通报数量呈现逐年增加的趋势。世界贸易组织的统计数据显示,当前有关技术壁垒的规则和措施已占全球贸易新规则总量的 70%。随着知识经济时代的到来,近年来世界各国对标准化工作尤为重视,有关技术标准的竞争日趋激烈,标准化工作正在逐渐被提升到国家战略的高度。因此,应对新形势下的高技术产品领域日益频发的技术壁垒,必须积极培育中国标准的国际竞争新优势。具体着力于:

首先，要增强我国对高技术产品国际标准的技术贡献。在高技术产业竞争和贸易竞争中，掌握技术标准的国家往往能掌握竞争的主动权，成为知识经济时代的最大受益者。因此，建议加大相关科技计划对国际标准研制的支持力度，加强我国优势特色和高技术产品领域国际标准研制的前瞻布局，持续开展高技术产品领域国际技术标准、技术法规跟踪及其与我国相关技术标准的比对研究，及时将我国具有比较优势的技术和标准研制为国际标准。将高技术产品领域国际标准化工作纳入国际科技合作重要内容中，联合高技术产品进口国共同推动国际标准研制。切实保障高技术产业、企业利益，同时最大限度地减少技术标准成为技术壁垒的可能。

其次，以技术创新推动中国标准"走出去"。建议以技术壁垒应对和治理为契机，以企业和行业协会为主体，加强与各类国际标准组织、跨国公司、非政府组织的交流与合作，参与并逐步主导国际技术标准和市场规则的制定，大力推动中国标准国际化的同时，加快通信、工程装备等领域的技术标准在海外推广应用。可重点围绕"一带一路"建设、国际产能和装备制造合作需求，依托国家科技计划实施和境外工程建设，开展我国高技术产品领域优势技术标准在境外的适用性技术研究，以及我国标准与高技术产品进口国标准的互认支撑技术研究，加快中国标准被国外标准的引用和转化进程，或被境外工程建设和产品采用，助推我国高技术产品、技术和服务"走出去"。鼓励高技术产业技术创新战略联盟、行业协会（学会）、科研机构、高等院校和企业等牵头组织，围绕高技术产品重要贸易国家、区域设施联通和贸易畅通需求，开展基于我国创新技术的标准研制与应用合作，推动我国高技术产品的自主创新技术和标准的海外实际应用。

6.1.4 建立高技术产品技术标准监管体系

基于高技术产业所处的重要战略地位，以及技术壁垒应对和治理工作的复杂性、动态性等特点，需要涉及政府多个部门间的协调。商务部、国家发展和改革委员会、工业和信息化部、海关总署、市场监督管理局等职能部门之间应当建立起开放式联席办公机制，充分发挥全国"技术性贸易措施部际联席会议"制度的作用。同时建立高技术产品技术标准监管体系，加强部门间的协调沟通，形成应对合力。

具体来说，建议对遭受国外技术壁垒的高技术产品实行备案登记制度，以便于各部委在制定、颁布相关政策法规时，能够保障与技术性措施相关国际规则和标准的同向合力作用，形成全面推动我国高技术产业发展的政策群。此外，政府更应加强与高技术产品密切相关的技术性措施工作。密切跟踪国外技术性措施动态变化，评估其对我国高技术产业造成的影响，做好预警、研判、咨询、评议等应对工作；摸底排查国内外同类高技术产品技术水平差距，发挥标准、计量、认证认可、检验检测的支撑作用，加强质量安全数据积累，推动制定符合我国高技术产业转型升级需要的技术标准监管体系。

随着我国科技资源主体技术创新能力的不断提升，国家必须及时进行政策引导和调整：加快制定整个高技术产业链的环保标准，严格执行检验检疫和产品准入政策；通过规划核心价格机制科学合理地引导高技术产业进行理性投资和技术创新活动；加快建立系统的技术标准和监管体系，尽快制定并完善统一标准的、符合国际惯例的高技术产品质量认证制度。对于遭受技术壁垒损失严重的高技术产品出口企业，产业政策与贸易政策应具有一定的倾向性。政府要特别支持相关企业从事从基础理论到生产工艺的研究和开发，积极推动应用示范工程建设，为大规模应用做好技术和管理准备。

6.1.5　加强对知识产权的管理与保护

本书第 4 章的研究结果表明：无论是进口国实施技术壁垒还是进行知识产权保护，均会不同程度地抑制我国高技术产品的出口规模，但若进口国将技术壁垒和知识产权保护相结合形成更为隐蔽的技术壁垒，将会显著抑制我国高技术产品的出口规模。因此，考虑高技术产品对知识产权保护的敏感性，在应对技术壁垒时，需将知识产权保护政策作为应对进口国技术壁垒的一种补充。

具体来说，知识产权保护作为一种非贸易的经济政策，在贸易过程中一定程度上影响了高技术产品的贸易流量与方向。2018 年 3 月两会上指出，中国经济已由高速增长阶段转向高质量发展阶段，正处在转变发展方式、优化经济结构、转换增长动力的关键期。要实现高质量发展，创新和企业经营环境都是重要条件，二者的核心要素就是知识产权保护。因此，在全球经济一体化发展的今天，不仅要充分利用进口国设置的技术壁垒对企业技术创新的激励作用，也要加强知识产权的管理与保护，将知识产权保护政策作为应对进口国技术壁垒的一种补充（柴江艺和许和连，2011），推动我国高技术产业向全球价值链上游攀升，优化贸易结构，实现产业结构全面升级。

6.2 企业层面

6.2.1 积极主动表达对技术性措施的合理诉求

基于本书第 3 章关于我国高技术产品出口遭受技术壁垒现状的分析发现：进口国设置的技术壁垒给我国高技术产品出口企业带来高额的贸易损失和应对成本的增加。因此，作为技术壁垒的直接承受者和申诉主体，企业在面对进口国技术壁垒通报时，应积极主动表达自己对技术性措施的合理诉求。

具体来说，在国际贸易中，当进口国采取的贸易政策或措施违背 WTO/TBT 协议或其他相关多边、双边框架协议时，出口企业应积极寻求政府的支持和帮助，政府相关部门（如商务部、国家市场监督管理总局等）也要充分发挥其在国际协调、沟通方面的影响，为遭受贸易摩擦的企业提供坚强后盾。此外，企业要配合政府部门积极参与技术性措施的通报评议工作，对歧视性比较明显的、不合理的技术性措施要敢于发出自己的见解，并要努力通过相关部门（如商务部、国家市场监督管理总局等）向相关国家或世界贸易组织（WTO）等国际组织表达企业的合理诉求，促使其改变或取消相关技术性措施，将技术壁垒消除在萌芽状态。虽然技术壁垒通报评议属于政府行为，但作为技术壁垒应对和治理的直接受益者，高技术产品出口企业自身应在专业律师团队的帮助下树立良好的技术壁垒通报法律法规意识。当国内高技术产品出口再次面临国外技术壁垒行为的冲击和阻碍时，受损害企业应主动向国家相关部门提出技术壁垒通报评议申请，并积极准备相应调查材料及数据，敢于用法律武器维护自身合法权益。最后，企业要主动参与到进口国有关高技术产品的技术壁垒调查、取证和谈判中，据理抗辩，尽最大可能挽回损失，争取自身应得的权利和利益。

6.2.2 充分发挥在供给侧结构改革的主体作用

本书第4章的研究结果表明：我国高技术产品不同细分行业的出口受到进口国技术壁垒的敏感性不同。其中医药品和医药制造业领域技术标准和技术法规繁复严苛，且因我国在医药领域的技术和知识产权竞争力较弱，对贸易伙伴国实施技术壁垒和知识产权保护的敏感性较强，出口贸易受到的冲击最大；而相比于其他高技术产业，电子及通信设备制造业和计算机及办公设备制造业的技术复杂度较低，且我国在这两个行业拥有的技术较为成熟，技术标准和技术法规也较为完善，受技术壁垒的影响最小，甚至有时进口国设置的相关技术壁垒会促进电子及通信设备和计算机及办公设备的出口。因此，在这种形势下，高技术产品出口企业应围绕供给侧结构性改革，练好"内功"，提质增效，着重增强医药品和医药制造领域的有效供给能力。具体建议如下：

首先，要充分发挥企业在供给侧结构性改革中的主体作用，必然要求企业把提供优质、有效供给当作企业主攻方向。面对进口国有关高技术产品技术壁垒频出的现状，除了加强与进口国有关技术壁垒通报的谈判和沟通外，企业要从提升高技术产品质量和国际竞争力出发，根据进口国的技术标准和技术要求，加快企业内部转型升级步伐，以及加快推进对所出口高技术产品的供给侧改革力度，不断加大高技术产品结构的调整力度。如对遭受技术壁垒损失最为严重的医药品和医药制造业领域，企业要注重提高出口产品的技术含量，不断提升出口医药品的核心竞争力，实现出口产品的绿色化。对于遭受技术壁垒损失最小的电子及通信设备和计算机及办公设备领域，企业也要注重塑造精品文化，将企业出口的相关电子、计算机产品和服务与进口市场需求的阶段性、结构性变化相对接，引领国际市场需求。

其次，企业应当坚持研发创新方向，积极探索采取多种途径提升企业创新能力。本书第4章的研究结果发现，我国高技术产品出口正遭遇发达国家和发展中国家的"双重积压"，产品同质化现象严重。因此在高技术产业发展战略方面，企业应当正确判断国内外经济环境发展形势，积极应对国外市场挑战，深入落实我国"十三五"发展规划纲要，积极响应党的十九大会议报告中提出的"建设科技强国、质量强国、航天强国、网络强国"，全方位布局企业发展建设总谋略以及实践落实的具体规划。对于航空航天、电子信息、生物医药等高技术生产企业，知识产权问题、产品标准和质量问题始终是需要解决的第一问题。企业要根据自身的特点和行业的未来发展趋势，重点向中高端高技术产品的创新研发上转移，逐渐成为相关产品的创新与生产主体；企业要主动寻求同政府主管部门或科研院所合作，共同设计研发计划，做到资源共享，最大限度地发挥各自的优势特点，推动不同程度的产品标准升级；国内高技术产品出口企业还需将"引进来"与"走出去"相结合，与世界知名厂商或研发结构开展合作，引进对方先进的产品技术和研发理念，在国家相关政策带动下，在境外投资设厂和建立研发中心，直接与国际最前沿技术对话。

6.2.3 加强对科研人员和科研设备的投入力度

本书第 5 章的研究结果表明：企业研发资金的投入更多的是企业技术创新的前提，研发资金的使用效率、创新机制以及人力资源的管理才是更为重要的问题。在高技术产品出口企业的技术创新资源配置中，科研人员和科研设备的投入对技术创新的贡献要大于研发资金的投入，科研人员和创新设备的增加对于技术创新具有促进作用，完善的企业技术创新人才开发管理机制对于企业技术创新尤为重要。因此，高技术产品出口企业要创建一个良好的人才培养、管理以及科研设备维护体系，不断加大研发人员的开发、吸收和引进力度。

具体来说，对于那些具备突出贡献和特有专长的研发人才，可以进行大力投资，给予各类奖励，提高创新人员的智力投资回报，最大限度地开发他们的潜力，增强企业的自主创新能力，从而跨越国外技术壁垒。如可在积极落实《"十四五"技术标准科技创新规划》的过程中，企业内部定时召开相关知识、技能培训班，为科研人员提供高技术产品技术标准研制与应用等相关培训；给予积极参与高技术产品技术标准研制活动的科研人员一定荣誉和物质奖励，增强企业内部科研人员参与技术标准创新的主动意识和能力。此外，企业还可以与高技术行业协会以及地方政府联合，开展有关高技术产品技术标准知识的宣传普及活动，鼓励企业内部科研人员牵头承担有关高技术产品的重要技术标准研制项目。依托相关科技创新计划和技术标准研制项目，支持科研人员广泛参与国际标准的制定和修订活动，对主动提出并主持国际标准制定和修订项目的科研人员给予支持和奖励。

6.3　其他应对策略

6.3.1　建立对技术壁垒通报法规的动态跟踪与分析机制

近年来，行业协会作为社会中介组织，在技术壁垒应对和治理工作中的作用越来越明显，行业协会通过各种形式为企业提供政策咨询服务，维护行业信誉，鼓励公平竞争，充当了政府和企业沟通的桥梁和纽带。根据国际实践经验，行业协会在保护国内产业安全、助力国内企业增强国际竞争力方面起着重要的推动作用。

具体来说，高技术产业协会积极参与技术壁垒应对和治理工作，一方面可以配合国家机关进行技术壁垒通报调查，准确全面地反映遭受技术壁垒通报行业的整体情况，推动技术壁垒通报评议工作的进展。另一方面，在高技术产业恢复发展后，行业协会可以协调确立高技术产品出口的最低标准，以此保护本国产品在国际市场上的合理价格，从而可避免国内企业竞相压价，减少国际贸易摩擦。高技术产业协会作为多种类综合性高技术产品协会，包含了电子信息、生物与新医药、航空航天、新材料、资源与环境、新能源与节能、先进制造与自动化等行业领域的相关企业。因此当面临各行业公共利益问题时，协会可以从内部进行协调，从战略高度形成高技术产业内的统一声音，为我国技术产业健康发展做出卓越的贡献。因此，建议建立对有关技术壁垒通报法规的动态跟踪和分析机制，加强对高技术产品进口国技术性措施信息的跟踪和理解，及时掌握高技术产品进口国相关技术性措施的发展动态，帮助我国企业优化高技术出口产品的技术、质量、安全和性能指标，适应进口国家技术性措施要求。此外，高技术行业协会对国际市场的敏感度较高，对高技术领域国际技术标准的制定和演变也比较熟悉，要充分发挥高技术行业协会在信息收集、制度标准分析中的作用，为政府、企业提供有关高技术产品进口国技术壁垒的公共咨询、进口市场调研信息以及相关技术支持等，增强我国高技术产品出口企业对进口国贸易政策的熟悉度和理解力。

6.3.2 加强熟悉贸易规则和通报法规的律师团队建设

本书第3章有关我国对国外高技术领域技术壁垒通报评议的分析表明，我国就高技术产品遭遇技术壁垒通报提出的评议意见和其他成员的答复，对于促进高技术产品专业领域的技术交流和改进业内的技术路线，以及指导如何保护我国相关高技术产业的发展，都具有一定的借鉴作用。律师团队最为熟悉国外的通报法规，在对国外技术壁垒通报的评议工作中起着重要的指导和帮助作用。

对国外技术壁垒通报的评议工作是一项实践性很强的工作，且时效性强、专业覆盖面广，评议工作涉及大量法律和技术标准问题，同时又是国际贸易摩擦，涉及不同语言的翻译转换。因此，为遭受技术壁垒通报行业服务的技术壁垒通报评议咨询团队应囊括多层次复合型人才：团队主办律师应当具有丰富的技术壁垒应对经验，精通国内外技术壁垒通报相关法律法规，熟悉国际贸易基本程序；除专业律师之外，团队当中还需要有高技术产品相关技术标准的分析师，专门负责资料搜集整理的翻译人员和负责问卷分析的文案人员，这些人员除了自身所需的专业知识外，也应具备较高水平的技术壁垒通报专业知识，在以律师为主导的技术壁垒通报评议团队中发挥各自的独特作用，在规定期限内为遭受技术壁垒通报的高技术出口企业做好全方位的咨询工作。此外，由于技术壁垒应对和治理工作是一项复杂的系统工程，对企业提交材料各个环节的时限要求严格，因此律师团队也应当积极创造条件推动法律协会、行业商会、企业三方数字信息网的搭建，实现法律援助服务、贸易知识培训和产品预警信息平台全线贯通，从而提升我国高技术产品出口企业面临技术壁垒时的反应速度和应对效率。

6.3.3 推动高校与科研院所参与技术壁垒应对工作实务

技术壁垒的应对和治理是充满科学性和系统性的复杂问题，而高校与科研机构是最为丰富和全面的智囊团体，积极发动高校与科研机构参与技术壁垒应对工作实务。在实际了解国际经济运行规则的基础上，不仅可为遭受技术壁垒通报的高技术产品提供技术支持及评估指标培训，使其能够在救济措施保护下获得充分发展。还可为相关政府部门制定保护高技术产业安全提供切实可行的评估方案，为其做出应对技术壁垒的科学决策提供参考依据。在此过程中还可为培养具备综合素质的复合型人才提供专业保障。

首先，从教育教学角度来看，高校和科研院所是技术壁垒应对和治理工作所需专业人才的重要培训机构。从技术壁垒实施过程来看，高技术产品出口的技术壁垒应对工作涉及质量标准学、法学、技术经济学、国际经济学以及产业经济学等多学科领域，因此技术壁垒治理对参与此项业务的人员提出了更高的要求。一方面，高校与科研机构可以设立临时培训处，加强对涉案高技术行业协会人员的突击培训；另一方面，高校与科研机构可以设立交叉学科点，向高技术行业协会及律师事务所培养、输送技术壁垒应对方面的综合素质人才。

其次，从技术创新角度来看，高校与科研机构拥有众多的技术创新基地和平台，能够产生高水平的创新知识成果。在实践中，高校和科研院所是理论和应用基础技术的辐射源，企业是技术创新的主体，市场是技术创新的用武之地，经济社会效益是创新产品的检验指标。在全球日趋严格的高技术产品质量、标准和安全环境中，我国高技术产品出口企业为了在技术壁垒环境下寻求更好的竞争优势，应当加强与高校及科研院所的产学研协作，推动我国高技术产品向全球价值链上游攀升。

6.4　本章小结

本章根据前述章节的研究结论，提出了我国高技术产品出口遭遇国外技术壁垒时的应对策略。首先，从建立与技术壁垒通报国的磋商机制、推进与技术壁垒通报国的认证互认进程、培育中国标准国际竞争新优势、建立高技术产品技术标准监管体系以及加强对知识产权的管理与保护几方面提出了政府层面我国高技术产品出口应对技术壁垒的策略。其次，从积极主动表达对技术性措施的合理诉求、充分发挥在供给侧结构改革的主体作用以及加强对科研人员和科研设备的投入力度三方面给出了企业层面我国高技术产品出口应对技术壁垒的几点策略。最后，从建立对技术壁垒通报法规的动态跟踪与分析机制、加强熟悉贸易规则和通报法规的律师团队建设以及推动高校与科研院所参与技术壁垒应对工作实务三方面给出了行业协会、律师团队以及高校与科研院所三个主体应对我国高技术产品出口遭遇技术壁垒的策略。以上对策和建议的提出，期望能够为我国相关政府部门制定和调整产业政策、贸易政策提供有益参考。

第7章 结论与展望

技术壁垒是当前全球贸易摩擦不断蔓延和升级背景下拓展出的新型贸易摩擦形式。随着我国全球贸易的迅速崛起和高技术产品出口的快速增长，我国的高技术产品出口正在遭受技术含量颇高的技术壁垒。因此，从宏观和微观两个层面研究国外技术壁垒对我国高技术产品出口规模和出口企业技术创新的影响，成为我国政府完善贸易摩擦治理机制和出口企业冲破进口国技术壁垒的关键问题。本章对全书主要研究工作和创新工作进行了总结，与此同时，还对研究中的不足之处进行了概括，并提出了未来的研究方向。

7.1 主要研究结论

本书紧密结合全球经济、贸易形势急剧变化，贸易保护主义不断升级的宏观背景，从保护国内产业安全、维护公平贸易环境、推动产业结构升级的目的出发，基于系统思维，综合运用管理科学、技术经济、产业经济、计量经济学以及数理统计等方法，研究国外技术壁垒对我国高技术产品出口的影响。主要的研究内容和结论如下：

（1）根据WTO/TBT协议规则以及典型世界贸易组织（WTO）成员国的技术性措施实践，构建本书的研究框架。一是明确界定本书技术壁垒和高技术产品的概念内涵，厘清技术性措施与技术壁垒的关系，认为给国际贸易造成不必要的障碍是判断一项技术性措施成为技术壁垒的重要依据；并明确本书所涉及的高技术产品是医药制造、航空航天器及设备制造、电子及通信设备制造、计算机及办公设备制造、医疗仪器设备及仪器仪表制造、信息化学品制造六大类高技术制造行业所生产的产品。二是从技术法规、技术标准和合格评定体系三方面系统梳理以美国、欧盟、日本以及中国为代表的典型国家和地区的技术性措施体系。对比发现美国、欧盟和日本等发达国家和地区均已建立起非常成熟的技术性措施体系，且具体某类或者某个产品面临的技术壁垒对相关产业和企业发展而言尤为重要，也是完善我国贸易摩擦治理机制最终需要解决和研究的重点问题。三是细化技术壁垒对产品出口的多重影响。根据产业安全理论与高技术产品具体特点，将技术壁垒对我国高技术产品出口的影响研究分为对出口规模的影响和对出口企业技术创新的影响，分层次研究提出技术壁垒影响我国高技术产品出口的相关理论与方法。

（2）从技术壁垒形成的理论前提与内在动机着手，全面剖析技术壁垒的形成机理与作用机制。首先从贸易保护、市场失灵、"南北"差异以及博弈论四个角度分析技术壁垒的形成机理。主要结论如下：一国设置技术壁垒主要是通过贸易保护来获得短期和长期的贸易利益，因此对技术壁垒存在的理论基础——贸易保护理论进行了详细梳理；市场失灵角度的分析发现，技术壁垒的设置可以在一定程度上解决市场失灵时出现的信息不对称、负外部效应以及公共物品不足等问题，这客观上促成了技术壁垒的实施；而"南北"经济、技术和需求水平的差异也在客观上促成了技术壁垒的形成；此外，从各国政府政策间博弈以及国家内部各利益方之间相互博弈的角度分析发现，技术壁垒也有可能是各利益相关方相互博弈的结果，并利用博弈论的"囚徒困境"模型以及完全信息动态博弈模型进一步阐释了技术壁垒形成与实施的内在动机。其次从价格抑制、数量控制及动态作用三个方面全面解析技术壁垒的作用机制。主要结论如下：从价格抑制和数量控制的静态分析发现，进口国的技术壁垒会导致出口国出口产品的成本增加，出口价格提高，降低了出口企业在进口国市场上的价格竞争力，从而达到抑制国外产品出口及限制本国进口的目的，且会对出口国的出口产品数量产生明显的控制作用。最后从技术优化的动态视角考察技术壁垒的双重作用机制。

（3）构建全球技术壁垒大样本数据库，深入剖析全球技术壁垒的实践特征与发展趋势。系统梳理了1995~2016年全球技术壁垒实践特征，并在此基础上选取技术性措施体系最为完善且与我国高技术产品贸易往来密切的美国、欧盟、日本三个典型国家（地区）为研究对象，分析 1995~2016 年美国、欧盟、日本和中国的技术壁垒实践特征以及我国高技术产品出口现状，进一步剖析我国高技术产品出口遭遇技术壁垒的现状与趋势，并就我国应对国外高技术领域的技术壁垒实践进行案例分析。首先，从全球技术壁垒实践来看，1995~2016 年 22 年间全球技术壁垒通报数量呈整体上升趋势，技术壁垒给国际贸易带来举足轻重的影响，且随着科技的进步和技术的发展，这种影响呈现出持续扩大的态势。其次，我国高技术产品出口遭遇技术壁垒的现状分析发现，出口企业遭遇技术壁垒损失的主要形式为丧失订单，这表明技术壁垒对我国高技术产品出口规模的影响最为严重。最后，分析发现，我国高技术产品出口企业在遭遇国外技术壁垒时，均把提高自身竞争力作为首要举措，这表明进口国设置的技术壁垒会倒逼出口企业进行技术创新。

（4）在世界贸易组织（WTO）多边贸易框架指导下，结合我国高技术产品出口遭遇技术壁垒现状剖析了技术壁垒对产品出口的影响机制，考虑高技术产品对知识产权保护的敏感性，构建了技术壁垒影响我国高技术产品出口规模的扩展引力模型，多维度剖析了技术壁垒与我国高技术产品出口规模间的关系。

具体地讲，首先，通过理论分析阐述了技术壁垒对出口贸易的抑制作用和促进作用，进而在考虑到高技术产品特性的基础上，在引力模型中纳入技术壁垒相关变量，使用 2000~2015 年我国同 22 个贸易伙伴国的平衡面板数据进行经验分析。研究结果表明，整体来看，无论是进口国实施技术壁垒还是进行知识产权保护，均会不同程度地抑制我国高技术产品的出口规模，但若进口国将技术壁垒和知识产权保护相结合形成更为隐蔽的技术壁垒，将会显著抑制我国高技术产品的出口规模。纳入多边贸易阻力之后的研究结果则表明，进口国将知识产权保护和技术壁垒相结合给我国高技术产品出口带来的双重壁垒，在一定程度上会倒逼我国相关出口企业进行技术创新，提高产品技术含量，完善技术标准及应对知识产权诉讼的能力。子样本估计结果表明，我国高技术产品遭遇进口国技术壁垒呈现国别和行业差异。虽然不同收入水平的进口国实施技术壁垒或知识产权保护对我国高技术产品各行业出口的影响具有不确定性，但两者结合依然会抑制我国高技术产品出口。此外，高技术产品不同细分行业的出口对进口国技术壁垒的敏感性不同，其中医药制造业领域技术标准和技术法规繁复严苛，且因我国在医药领域的技术和知识产权竞争力较弱，对贸易伙伴国实施技术壁垒和知识产权保护的敏感性较强，出口贸易受到的冲击最大；另外，由于技术模仿和产品同质化现象的存在，我国高技术产品出口会在中高收入国家遭遇更为严重的技术壁垒，对出口规模的抑制效应会更大。

（5）在世界贸易组织（WTO）多边贸易框架指导下，结合我国高技术产品出口遭遇国外技术壁垒的现状，构建了技术壁垒对出口企业技术创新的分析框架与理论模型，剖析技术壁垒下出口企业技术创新意愿、技术创新资源配置、技术创新策略选择与技术创新效果之间的内在机理，构建了技术壁垒对我国高技术产品出口企业技术创新效果的影响模型，揭示了技术壁垒对我国高技术产品出口企业技术创新的影响动因。

首先，构建技术壁垒下出口企业技术创新意愿分析框架，从技术壁垒下出口企业技术创新意愿的产生和差异性两个维度的分析发现，在遭遇技术壁垒时，拥有较高技术水平的高技术产品出口企业通常会表现出更为强烈的技术创新意愿。其次，从技术壁垒下出口企业技术创新资源配置的路径分析、系统构成及影响机制三个维度剖析企业技术创新人力、财力以及物力等资源的配置效应。再次，根据演化博弈理论，构建技术壁垒下出口企业的技术创新策略选择模型，并分析其策略演化过程，理论分析结果显示出口企业技术创新的策略选择主要受其技术创新收益和技术创新成本的影响。最后，在理论分析的基础上，以高技术产品为研究对象，构建平衡面板数据模型实证考察技术壁垒对我国高技术产品出口企业技术创新效果的影响。结果发现，进口国对于高技术产品设置的技术壁垒会刺激我国高技术产品出口企业进行技术创新，且企业技术创新的效果会因企业出口市场规模的不同而变化，企业出口市场规模越大，技术壁垒下的这种技术创新效果越明显；进口国的技术控制和对我国高技术产品的市场规模控制会显著抑制我国高技术产品出口企业的技术创新效果；企业技术创新人力和技术创新物力的增加对于技术创新具有促进作用，而技术创新财力投入对企业技术创新具有滞后效应，其促进作用在滞后7期出现，并且企业人力和物力资源对技术创新的贡献大于财力资源的投入。

7.2　研究局限与展望

基于全球经济、贸易和科技深度融合发展的背景，本书就技术壁垒对我国高技术产品出口影响的相关问题进行了探讨，但受限于研究时长和笔者的研究能力，还存在些许不足之处。现对本书存在的局限性和未来的展望总结如下：

（1）本书在就技术壁垒对我国高技术产品出口规模影响的研究中，由于统计口径的改变和部分数据的缺失等原因，扩展引力模型中各指标的选取具有一定局限性。若未来的研究中能够获取更加全面的数据，研究指标可进一步扩展，所得结果也会更加准确。

（2）随着全球经济、政治和贸易环境的快速变化，技术壁垒也将呈现新的特征和趋势。因此，未来在本书的模型构建基础上，可尝试进一步模拟理论或自然状态下我国高技术产品的潜在出口规模，对技术壁垒下我国高技术产品的出口潜力进行预测，并根据实际出口规模与模型预测的理论出口规模之间的比例来判断两国之间的贸易关系，为我国政府制定技术壁垒应对策略和调整产业政策、贸易政策提供决策参考。

（3）本书结合我国高技术产品出口遭遇国外技术壁垒的现状，在理论分析的基础上，构建平衡面板数据模型实证考察了技术壁垒对我国高技术产品出口企业技术创新效果的影响，实证结果显示技术壁垒对我国高技术产品出口企业的技术创新效果具有正向影响作用。但是由于技术创新成本的存在，出口企业在遭遇技术壁垒的情况下不会一直进行技术创新。因此，未来可从技术壁垒与出口企业技术创新的非线性关系视角出发，在本书理论模型基础上，引入虚拟变量（Dummy Variable），寻找技术壁垒下企业技术创新的转折点，即当国外技术壁垒达到什么程度时，我国出口企业会不再选择进行技术创新。

参考文献

［1］Ghodsi M. M. Determinants of Specific Trade Concerns Raised on Technical Barriers to Trade EU Versus Non-EU ［J］. Empirica, 2018, 45（1）: 83-128.

［2］Trentin A., Forza C., Perin E. Embeddedness and Path Dependence of Organizational Capabilities for Mass Customization and Green Management: A Longitudinal Case Study in the Machinery Industry ［J］. International Journal of Production Economics, 2015, 169（11）: 253-276.

［3］Posner M. V. International Trade and Technical Chance ［C］. Oxford Economic Papers, 1961, 13（3）: 323-341.

［4］Hillman J. S. Technical Barriers to Agricultural Trade ［M］. Colorado: Westview Press, 1991.

［5］夏友富, 俞雄飞, 李丽. JBJ 屏障——技术性贸易壁垒发展趋势及其对中国出口贸易的影响 ［J］. 国际贸易, 2002, （10）: 4-9.

［6］Partiti E. What Use Is an Unloaded Gun? The Substantive Discipline of the WTO TBT Code of Good Practice and Its Application to Private Standards Pursuing Public Objectives ［J］. Journal of International Economic Law, 2017, 20（4）: 829-854.

［7］Baldwin R. Nontariff Distortions of International Trade ［J］. Economica, 1970, 39（154）: 211.

［8］Stephenson S. M. Standards and Conformity Assessment as Non-tariff Barriers to Trade ［R］. World Bank Policy Research Working Paper No. 1826, 1997.

［9］ Thornsbury S. Technical Regulations as Barriers to Agricultural Trade ［D］. Virginia Polytechnic Institute and State University，1998.

［10］Roberts D.，Josling T. E.，Orden D. A Framework for Analyzing Technical Trade Barriers in Agricultural Markets ［J］. Technical Bulletins，1999：1260-1305.

［11］Allen R. H.，Sriram R. D. The Role of Standards in Innovation ［J］. Technological Forecasting & Social Change，2000，64（2）：171-181.

［12］Fischer R.，Serra P. Standards and Protection ［J］. Journal of International Economics，2000，52（2）：377-400.

［13］叶柏林. 外向型经济发展中遇到的若干标准问题 ［J］. 标准科学，1992（6）：28-30.

［14］赵春明. 非关税壁垒的应对及运用 ［M］. 北京：人民出版社，2001.

［15］蔡茂森，朱少杰. 论技术性贸易壁垒的抑制效应与我国出口行业的对策 ［J］. 国际贸易问题，2003，（5）：32-35.

［16］蒋国瑞，赵书良. 基于 Multi-Agent 和 Ontology 的技术性贸易壁垒预警预测系统设计 ［J］. 计算机工程与应用，2004，40（27）：192-195.

［17］ Gandal N.，Shy O. Standardization Policy and International Trade ［J］. Journal of International Economics，2001，53（2）：363-383.

［18］Otsuki T.，Maskus K. E.，Wilson J. S. Quantifying the Impact of Technical Barriers to Trade：A Framework for Analysis ［R］. World Bank Policy Research Working Paper No. 2512，2000.

［19］鲍晓华. 技术性贸易壁垒的双重性质及甄别机制 ［J］. 财贸经济，2005（10）：68-72.

［20］张海东，朱钟棣. 技术性贸易壁垒理性化路径研究——兼论发展中国家的问题与出路 ［J］. 世界经济与政治，2005，（3）：63-68.

［21］邓竞成. 走出"技术性贸易壁垒"的认识误区 ［J］. 财贸研究，2003，14（6）：18-21.

［22］杭争. 技术性贸易壁垒对我国对外贸易的影响及对策 ［J］. 国际贸易问题，2003，（2）：33-37.

［23］Maskus K. E.，Wilson J. S. Quantifying the Impact of Technical Barriers to

Trade：Can It Be Done？［M］．Michigan：University of Michigan Press，2001.

［24］高文书．贸易技术壁垒研究［D］．中国社会科学院，2003.

［25］Akerlof G. A. The Market for "Lemons"：Quality Uncertainty and the Market Mechanism［J］．The Quarterly Journal of Economics，1970，84（3）：488-500.

［26］张海东．技术性贸易壁垒与中国对外贸易［M］．北京：对外经济贸易大学出版社，2004.

［27］喻跃梅．技术性贸易壁垒形成机制分析［J］．商业研究，2005（22）：52-55.

［28］鲍晓华．技术性贸易壁垒的 "南北" 差异［J］．世界经济研究，2005（10）：62-68.

［29］杨波．技术性贸易壁垒成因：博弈与实证分析［J］．世界经济研究，2007（10）：41-47.

［30］Posner R. A. Theories of Economic Regulation［J］．The Bell Journal of Economics and Management Science，1974，5（2）：335-358.

［31］Peltzman S. Toward a More General Theory of Regulation［J］．Journal of Law & Economics，1976，19（2）：211-240.

［32］Thornsbury S. Political Economy Determinants of Technical Barriers to U. S. Agricultural Exports［J］．1999，81（5）：1300-1315.

［33］盛斌．中国对外贸易政策的政治经济分析［M］．上海：上海人民出版社，2002.

［34］翟东升，魏薇．政府行为对技术性贸易壁垒形成的影响［J］．中央财经大学学报，2005（8）：58-62.

［35］鲍晓华，朱钟棣．贸易政治经济学在中国的适用性检验：以技术性贸易壁垒为例［J］．管理世界，2006（1）：41-47.

［36］赵美英．基于贸易保护目标的技术性贸易壁垒形成机制分析—— 一个理论框架及其扩展［J］．南京财经大学学报，2007（5）：26-29.

［37］罗秀娟．技术性贸易壁垒形成动因的博弈分析［J］．经济问题，2009（11）：49-52.

［38］王杰．技术性贸易壁垒成因的理论解析［J］．农业经济问题，2010

（7）：99-104.

［39］王焕曦，孙炳娜．技术性贸易壁垒的形成机制与应对策略［J］．东北财经大学学报，2010（1）：57-62.

［40］江凌．技术性贸易壁垒形成的政治经济学解释——基于国家间及国内利益集团间博弈的视角［J］．生态经济，2012（6）：56-59.

［41］辜秋琴，张成松．代理理论视角下的技术性贸易壁垒博弈分析［J］．南京财经大学学报，2014（1）：17-23.

［42］Calvin L., Krissoff B. Technical Barriers to Trade: A Case Study of Phytosanitary Barriers and U. S. -Japanese Apple Trade［J］. Journal of Agricultural & Resource Economics, 1998, 23（2）：351-366.

［43］Moenius J. Information Versus Product Adaptation: The Role of Standards in Trade［D］. University of Redlands, 2004.

［44］Wilson J. S., Otsuki T. To Spray or not to Spray: Pesticides, Banana Exports, and Food Safety［J］. Food Policy, 2004, 29（2）：131-146.

［45］Iacovone L. Analysis and Impact of Sanitary and Phytosanitary Measures［J］. Integration and Trade, 2005, 9（22）：97-140.

［46］Otsuki T., Wilson J. S., Sewadeh M. What Price Precaution? European Harmonisation of Aflatoxin Regulations and African Groundnut Exports［J］. European Review of Agricultural Economics, 2008, 28（3）：263-284.

［47］Arita S., Mitchell L., Beckman J. Estimating the Effects of Selected Sanitary and Phytosanitary Measures and Technical Barriers to Trade on U. S. -EU Agricultural Trade［J］. Economic Research Report, 2015, 16（3）：227-234.

［48］Kapuya T. The Trade Effects of Technical Brriers on South Africa's Orange Exports［J］. Agricultural Economics Research, Policy and Practice in Southern Africa, 2015, 54（1）：1-27.

［49］Wood J., Wu J., Li Y., et. al. TBT and SPS Impacts on Korean Exports to China: Empirical Analysis Using the PPML Method［J］. Asian-Pacific Economic Literature, 2017, 31（2）：96-114.

［50］鲍晓华，朱达明．技术性贸易壁垒与出口的边际效应——基于产业贸

易流量的检验［J］. 经济学（季刊），2014（4）：1393-1414.

［51］Disdier A. C. ，FontagnéL. ，Mimouni M. The Impact of Regulations on Agricultural Trade：Evidence from the SPS and TBT Agreements［J］. American Journal of Agricultural Economics Appendices，2008，90（2）：336-350.

［52］Uprasen U. The Impact of Non-Tariff Barriers in the European Union on Korea's Exports［J］. International Area Studies Review，2012，16（4）：69-99.

［53］Essaji A. Technical Regulations and Specialization in International Trade［J］. Journal of International Economics，2008，76（2）：166-176.

［54］Herzfeld T. ，Drescher L. S. ，Grebitus C. Cross-National Adoption of Private Food Quality Standards［J］. Food Policy，2011，36（3）：401-411.

［55］Li Y. ，Beghin J. C. A Meta-Analysis of Estimates of the Impact of Technical Barriers to Trade［J］. Journal of Policy Modeling，2012，34（3）：497-511.

［56］Bao X. ，Chen W. C. The Impacts of Technical Barriers to Trade on Different Components of International Trade［J］. Review of Development Economics，2013，17（3）：447-460.

［57］Bao X. ，Qiu L. D. How Do Technical Barriers to Trade Influence Trade？［J］. Review of International Economics，2012，20（4）：691-706.

［58］Clougherty J. A. ，Grajek M. International Standards and International Trade：Empirical Evidence from ISO 9000 Diffusion［J］. International Journal of Industrial Organization，2014，36（9）：70-82.

［59］Beghin J. C. ，Maertens M. ，Swinnen J. Nontariff Measures and Standards in Trade and Global Value Chains［J］. Annual Review of Resource Economics，2015，7（10）：425-450.

［60］Zhang T. Impact of Technical Barrier on Agricultural Cost and Production：A Simulation Method［J］. Custos E Agronegocio on Line，2016，12（2）：232-247.

［61］刘汉成，夏亚华. 我国农产品出口遭遇技术性贸易壁垒的实证分析［J］. 农村经济，2010（7）：17-19.

［62］陈晓娟，穆月英. 技术性贸易壁垒对中国农产品出口的影响研究——基于日本、美国、欧盟和韩国的实证研究［J］. 经济问题探索，2014（1）：

115-121.

[63] 李祎雯，张兵，金颖．主要国家非关税贸易壁垒对我国农产品出口的影响分析［J］．价格月刊，2018（1）：52-59．

[64] 赵红霞，李栋．浙江绍兴纺织印染业出口面临的环境困扰及转型升级［J］．对外经贸实务，2017（7）：40-43．

[65] 陈晓，王婷婷．新形势下我国纺织服装出口贸易面临的困境及应对措施［J］．对外经贸实务，2017（5）：33-36．

[66] 吴秀敏，林坚．技术性贸易壁垒对中国农产品出口的消极影响分析［J］．国际贸易问题，2004（12）：29-34．

[67] 黄冠胜．农产品技术性贸易壁垒及对策研究［J］．农业经济问题，2007（5）：18-22．

[68] 王英．发展对外直接投资是突破农产品技术性贸易壁垒的有效途径［J］．农业经济问题，2008（7）：93-96．

[69] 孙龙中，徐松．技术性贸易壁垒对我国农产品出口的影响与对策［J］．国际贸易问题，2008（2）：26-34．

[70] 鲍晓华．技术性贸易壁垒及其自由化对谷物出口的影响——基于中国数据的实证检验和政策模拟［J］．经济管理，2010（7）：20-28．

[71] 徐维，贾金荣．农产品技术性贸易壁垒对中国出口的影响——基于自贸区视角的实证研究［J］．经济经纬，2013（1）：33-37．

[72] 詹晶，叶静．日本技术性贸易壁垒对我国农产品出口贸易的影响——基于 VAR 模型实证分析［J］．国际商务（对外经济贸易大学学报），2013（3）：25-33．

[73] 陈晓娟，穆月英．韩国技术性贸易壁垒对中国农产品出口的影响分析［J］．经济问题探索，2015（7）：121-127．

[74] 刘双芹，李芝．美国技术性贸易壁垒对我国出口贸易的影响——基于贸易引力模型的实证研究［J］．工业技术经济，2016（4）：74-82．

[75] 孙晓琴，吴勇．技术性贸易壁垒对中国产业竞争力中长期影响的实证分析——基于四大行业的比较研究［J］．国际贸易问题，2006（5）：80-85．

[76] 李健．技术性贸易壁垒的发展及其贸易保护效应［J］．统计与决策，

2008（16）：117-119.

［77］李春顶．技术性贸易壁垒对出口国的经济效应综合分析［J］．国际贸易问题，2005（7）：74-79.

［78］何正全，王慧君．技术性贸易壁垒对我国农产品贸易的有利影响分析［J］．经济问题探索，2009（12）：60-65.

［79］陈新华，冯中朝，刘洁．技术性贸易壁垒（TBT）对我国食用油料产业安全的影响与保护的有效性分析［J］．农业现代化研究，2010（6）：674-677.

［80］徐维，贾金荣．技术性贸易壁垒对我国农产品出口的影响——基于引力模型的实证研究［J］．中国经济问题，2011（2）：45-51.

［81］鲍晓华，朱达明．技术性贸易壁垒的差异化效应：国际经验及对中国的启示［J］．世界经济，2015（11）：71-89.

［82］宋玉臣，臧云特．日本技术性贸易壁垒与我国农产品出口的动态效应研究［J］．经济问题探索，2016（3）：156-163.

［83］李芳．农产品出口型技术性贸易壁垒的统计测算［J］．统计与决策，2017（7）：85-88.

［84］Coglianese C., Sapir A. Risk and Regulatory Calibration：WTO Compliance Review of the US Dolphin-Safe Tuna Labeling Regime［J］. World Trade Review, 2017, 16（2）：327-348.

［85］Colares J. F., Canterberry W. P. US-COOL：How the Appellate Body Misconstrued the National Treatment Principle, Severely Restricting Agency Discretion to Promulgate Mandatory, Pro-Consumer Labeling Rules［J］. Journal of World Trade, 2017, 51（1）：105-130.

［86］Maskus K. E., Otsuki T., Wilson J. S. The Cost of Compliance with Product Standards for Firms in Developing Countries：An Econometric Study［R］. World Bank Policy Research Working Paper No. 3590, 2005.

［87］Henson S., Wilson J. S., Henson S., et. al. The WTO and Technical Barriers to Trade［J］. Critical Perspectives on the Global Trading System & the WTO, 2005, 16（5）：673-725.

［88］Mcdaniels D., Karttunen M. Trade, Testing and Toasters：Bringing Conformity Assessment Procedures into the Spotlight［J］. Journal of World Trade，2016，50（5）：755-792.

［89］Orefice G. Non-Tariff Measures，Specific Trade Concerns and Tariff Reduction［J］. World Economy，2017，40（9）：1807-1835.

［90］蔡茂森，朱少杰. 论技术性贸易壁垒的抑制效应与我国出口行业的对策［J］. 国际贸易问题，2003，（5）：32-35.

［91］顾江，杨红利. SPS 措施对出口产品成本因素影响的经济分析［J］. 农业经济问题，2003（12）：35-37.

［92］鲍晓华. WTO 框架下 SPS 措施选择的经济学：一个成本收益的观点［J］. 财贸研究，2005（5）：27-31.

［93］李春顶. 技术性贸易壁垒的保护成本：测度、评价与政策启示［J］. 世界经济研究，2006（12）：27-33.

［94］黄志刚. 技术性贸易壁垒经济分析的综合模型和弹性条件［J］. 国际贸易问题，2008（4）：36-42.

［95］许统生，李志萌，涂远芬. 中国农产品贸易成本测度［J］. 中国农村经济，2012（3）：14-24.

［96］李富. "一带一路"国家技术贸易壁垒效应评价［J］. 技术经济与管理研究，2018（1）：96-101.

［97］Felbermayr G. J.，Jung B. Sorting It Out：Technical Barriers to Trade and Industry Productivity［J］. Open Economies Review，2011，22（1）：93-117.

［98］Vancauteren M. EU Harmonisation of Regulations and Mark-ups in the Dutch Food Industry［J］. European Review of Agricultural Economics，2013，40（1）：163-189.

［99］Zhou J. The Research of OEM Enterprise's Knowledge Integration and Innovation Behavior on Dealing with Technical Trade Barrier［C］. 2013 International Conference on Management Innovation and Business Innovation，2013：114-119.

［100］Grant J. H.，Peterson E.，Ramniceanu R. Assessing the Impact of SPS Regulations on US Fresh Fruit and Vegetable Exports［J］. Journal of Agricultural and Resource Economics，2015，40（1）：144-163.

［101］Enbaby H., Hendy R., Zaki C. Do SPS Measures Matter for Margins of Trade? Evidence from Firm-Level Data ［J］. Applied Economics, 2016, 48 (21): 1949-1964.

［102］FontagnéL., Orefice G. Let's Try Next Door: Technical Barriers to Trade and Multi-Destination Firms ［J］. European Economic Review, 2018, 101 (C): 643-663.

［103］李纪宁, 张志会. 技术性贸易壁垒对技术的双重影响 ［J］. 科技管理研究, 2009 (1): 83-85.

［104］周勤, 田珊珊. 技术性贸易壁垒、质量管制和产业成长——基于欧盟CR 法案对温州打火机行业影响的案例分析 ［J］. 产业经济研究, 2010 (3): 1-9.

［105］张小蒂, 李晓钟. 论技术性贸易壁垒对我国农产品出口贸易的双重影响 ［J］. 管理世界, 2004 (6): 26-32+58.

［106］巫强, 刘志彪. 进口国质量管制条件下的出口国企业创新与产业升级 ［J］. 管理世界, 2007 (2): 53-60.

［107］朱信凯, 刘刚, 赵昕. 技术性贸易壁垒的企业差异化分析与国际贸易对策 ［J］. 管理世界, 2008 (6): 30-39.

［108］李树, 陈刚. 技术性贸易壁垒的经济效应分析 ［J］. 经济问题, 2009 (5): 8-13.

［109］刘瑶, 王荣艳. 技术性贸易壁垒的保护效应研究——基于"南北贸易"的 MQS 分析 ［J］. 世界经济研究, 2010 (7): 49-54.

［110］许德友, 梁琦. 金融危机、技术性贸易壁垒与出口国企业技术创新 ［J］. 世界经济研究, 2010 (9): 28-33.

［111］姚明月, 胡麦秀. 外生性的技术性贸易壁垒条件下出口企业技术创新的行为选择 ［J］. 研究与发展管理, 2016 (2): 33-39.

［112］曹裕, 李青松, 李业梅. 技术贸易壁垒对食品企业技术选择决策影响的博弈研究 ［J］. 中国管理科学, 2017 (8): 184-196.

［113］张海东. 技术性贸易壁垒形成机制的经济学分析 ［J］. 财贸经济, 2004 (3): 61-65.

［114］Dal Bianco A., Boatto V. L., Caracciolo F., et. al. Tariffs and Non-tariff Frictions in the World Wine Trade [J] . European Review of Agricultural Economics, 2016, 43 (1): 31-57.

[115] Zhuang R. N. , Moore T. Factors Influencing US Poultry Exports [J] . International Food and Agribusiness Management Review, 2015, 18 (A): 13-26.

[116] Reyes J. International Harmonization of Product Standards and Firm Heterogeneity in International Trade [R] . World Bank Policy Research Working Paper No. 5677, 2011.

[117] Kim D. , Lee H. , Kwak J. , et. al. China's Information Security Standardization: Analysis from the Perspective of Technical Barriers to Trade Principles [J] . Telecommunications Policy, 2014, 38 (7): 592-600.

[118] Leeyongky, 천지은. Developing Strategy for Expanding TBT Free Zone in the area of ICT Equipments [J] . Public Policy Review, 2015, 29 (2): 47-68.

[119] Seon A. L. , 나희량. The Impact of TBT on Trade: Focused on Korea's Electrical and Electronic Product Export to the U. S [J] . Journal of International Area Studies, 2015, 19 (1): 205-240.

[120] Young M. A. International Trade Law Compatibility of Market-Related Measures to Combat Illegal, Unreported and Unregulated (IUU) Fishing [J] . Marine Policy, 2016, 69 (7): 209-219.

[121] Thow A. M. , Jones A. , Hawkes C. , et. al. Nutrition Labelling is a Trade Policy Issue: Lessons from an Analysis of Specific Trade Concerns at the World Trade Organization [J] . Health Promotion International, 2017, 8 (11): 1-11.

[122] 庞艳桃, 赵玉林. 技术性贸易壁垒与我国高技术产业发展 [J] . 中南财经政法大学学报, 2002 (1): 59-62.

[123] 牛卫平, 李桦. 高技术产业贸易摩擦与自主技术创新 [J] . 科技管理研究, 2007 (4): 18-20.

[124] 陈原, 易露霞. 广州市高新技术产品出口应对技术性贸易壁垒的对策研究 [J] . 特区经济, 2007 (9): 31-33.

[125] 高俨, 王宁. 隐性国际贸易摩擦对中国高技术产品出口的影响及对策

[J]．现代经济信息，2008（3）：17-19.

[126] 郑吉昌，洪国延，余克艰．技术贸易壁垒背景下中国信息软件产品贸易的对策研究 [J]．技术经济与管理研究，2004（4）：16-18.

[127] 蒋国瑞，周敏．欧盟技术性贸易壁垒对我国电子信息产品出口的影响因素分析 [J]．经济纵横，2008（2）：48-49.

[128] 德凯旋．技术性贸易壁垒对中国电子产品出口的影响 [D]．首都经济贸易大学，2013.

[129] 李思．中国对美高技术产品出口遭遇贸易壁垒的原因及对策 [J]．对外经贸实务，2017（2）：42-44.

[130] 李宝杨，周永亮．对我国医药产品突破技术性贸易壁垒的研究 [J]．黑龙江对外经贸，2006（10）：38-40.

[131] 王绍媛，李国鹏，曲德龙．装备制造业技术性贸易壁垒与技术创新研究 [J]．财经问题研究，2014（3）：31-38.

[132] 田泽，张雨辰，王敏．江苏省机电仪企业技术性贸易壁垒风险评价及预警研究 [J]．科技管理研究，2015（10）：127-132.

[133] 陈耀荣．医疗器械企业应对技术性贸易壁垒的对策分析 [J]．中国高新技术企业，2017（4）：162-164.

[134] 蔡静静，何海燕，李思奇，等．技术性贸易壁垒与中国高技术产品出口——基于扩展贸易引力模型的经验分析 [J]．工业技术经济，2017（10）：45-54.

[135] 张海东．技术标准与知识产权的融合动因与模式研究——基于网络效应的视角 [J]．财贸经济，2008（6）：53-57.

[136] 程恩富，谢士强．从技术标准看技术性贸易壁垒中的知识产权问题 [J]．经济问题，2007（3）：18-20.

[137] 黄卫平．国际经济学教程 [M]．北京：中国人民大学出版社，2012.

[138] Posner M. V. International Trade and Technical Change [C]．Oxford Economic Papers，1961，13（3）：323-341.

[139] 陈诗阳．知识产权保护、出口贸易和外商直接投资——一个扩展模型

分析 [J]. 当代财经, 2008 (10): 84-88.

[140] Tinbergen J. Shaping the World Economy: Suggestions for an International Economic Policy [J]. Revueéconomique, 1965, 16 (123): 327.

[141] Chakrabarti A. S., Sengupta A. Productivity Differences and Inter-State Migration in the US: A Multilateral Gravity Approach [J]. Economic Modelling, 2017, 61 (18): 156-168.

[142] Mavroidis P. C., Wolfe R. Private Standards and the WTO: Reclusive No More [J]. World Trade Review, 2017, 16 (1): 1-24.

[143] Candau F., Deisting F., Schlick J. How Income and Crowding Effects Influence the World Market for French Wines [J]. World Economy, 2017, 40 (5): 963-977.

[144] Egger P. H., Francois J., Nelson D. R. The Role of Goods-Trade Networks for Services-Trade Volume [J]. World Economy, 2017, 40 (3): 532-543.

[145] Demaria F., Drogue S. EU Trade Regulation for Baby Food: Protecting Health or Trade? [J]. World Economy, 2017, 40 (7): 1430-1453.

[146] Yang Q., Geng Y., Dong H., et. al. Effect of Environmental Regulations on China's Graphite Export [J]. Journal of Cleaner Production, 2017, 161 (32): 327-334.

[147] Bottasso A., Conti M., De Sa Porto P. C., et. al. Port Infrastructures and Trade: Empirical Evidence from Brazil [J]. Transportation Research Part A-Policy and Practice, 2018, 107 (38): 126-139.

[148] Archontakis F., Varsakelis N. C. Patenting abroad: Evidence from OECD countries [J]. Technological Forecasting and Social Change, 2017, 116 (66): 62-69.

[149] Deardorff A. V. Determinants of Bilateral Trade: Does Gravity Work in a Neoclassic World? [J]. Comparative Advantage, Growth, and the Gains from Trade and Globalization, 2011, 16: 267-293.

[150] Head K., Mayer T. Gravity Equations: Workhorse, Toolkit, and Cookbook [J]. Handbook of International Economics, 2014, 4: 131-195.

［151］ Lee J. , Cho S. Free Trade Agreement and Transport Service Trade ［J］. World Economy, 2017, 40 (7): 1494-1512.

［152］ Gammadigbe V. Regional Integration and Bilateral Agricultural Trade in the West Africa ［J］. African Development Review, 2017, 29 (69): 147-162.

［153］ Liaqat Z. Understanding Canada's International Trade under the Trans-Pacific Partnership: Lessons from Gravity Redux ［J］. Canadian Public Policy, 2017, 43 (3): 284-297.

［154］ Hur J. , Lee H. Apec Has Indeed Created Intra-Regional Trade: A Systematic Empirical Analysis ［J］. Singapore Economic Review, 2017, 62 (5): 1077-1095.

［155］ Kar M. Economic Integration and Trade Protection: Policy Issues for South Asian Countries ［J］. Contemporary Economic Policy, 2018, 36 (1): 167-182.

［156］ Anderson J. E. A Theoretical Foundation for the Gravity Equation ［J］. American Economic Review, 1979, 69 (1): 106-116.

［157］ Bergstrand J. H. The Gravity Equation in International Trade: Some Microeconomic Foundations and Empirical Evidence ［J］. The Review of Economics and Statistics, 1985, 67 (3): 474-481.

［158］ Bergstrand J. H. The Generalized Gravity Equation, Monopolistic Competition, and the Factor-Proportions Theory in International Trade ［J］. The Review of Economics and Statistics, 1989, 71 (1): 143-153.

［159］ Anderson J. E. , Van Wincoop E. Gravity with Gravitas: A Solution to the Border Puzzle ［J］. American Economic Review, 2003, 93 (1): 170-192.

［160］ 宋伟良, 王焱梅. 进口国知识产权保护对中国高技术产品出口的影响——基于贸易引力模型的扩展 ［J］. 宏观经济研究, 2016 (9): 162-175.

［161］ 余长林. 知识产权保护与我国的进口贸易增长: 基于扩展贸易引力模型的经验分析 ［J］. 管理世界, 2011 (6): 11-23.

［162］ Baldwin R. E. , Taglioni D. Gravity for Dummies and Dummies for Gravity Equations ［R］. NBER Working Paper No. 12516, 2006.

［163］ 王孝松, 翟光宇, 林发勤. 反倾销对中国出口的抑制效应探究

〔J〕．世界经济，2015，（05）：36-58.

〔164〕Head K. Gravity for Beginners〔D〕．University of British Columbia，2003.

〔165〕Kang J. W. ，Ramizo D. M. Impact of Sanitary and Phytosanitary Measures and Technical Barriers on International Trade〔J〕．Journal of World Trade，2017，51（4）：539-573.

〔166〕Crowley M. A. Do Safeguard Tariffs and Antidumping Duties Open or Close Technology Gaps？〔J〕．Journal of International Economics，2006，68（2）：469-484.

〔167〕杜凯，蔡银寅，周勤．技术壁垒与技术创新激励——贸易壁垒制度安排的国别差异〔J〕．世界经济研究，2009（11）：57-63.

〔168〕何海燕，林波，张剑．技术壁垒对我国企业科技资源配置的影响〔J〕．科学学研究，2011（6）：856-860+839.

〔169〕Smith J. M. ，Price G. R. The Logic of Animal Conflict〔J〕．Nature，1973，246（5427）：15-18.

〔170〕王先甲，全吉，刘伟兵．有限理性下的演化博弈与合作机制研究〔J〕．系统工程理论与实践，2011（S1）：82-93.

〔171〕Baumann A. ，Ritt N. On the Replicator Dynamics of Lexical Stress：Accounting for Stress-Pattern Diversity in terms of Evolutionary Game Theory〔J〕．Phonology，2017，34（3）：439-471.

〔172〕Sun J. D. ，Wang X. C. ，Shen L. F. Research on the Mobility Behaviour of Chinese Construction Workers based on Evolutionary Game Theory〔J〕．Economic Research，2018，31（1）：1-14.

〔173〕Taylor P. D. ，Jonker L. B. Evolutionarily Stable Strategies and Game Dynamics〔J〕．Levines Working Paper Archive，1978，40（2）：145-156.

〔174〕谢识予．经济博弈论（第2版）〔M〕．上海：复旦大学出版社,2002.

〔175〕Safarzynska K. ，Van Den Bergh J. Beyond Replicator Dynamics：Innovation-Selection Dynamics and Optimal Diversity〔J〕．Journal of Economic Behavior & Organization，2011，78（3）：229-245.

〔176〕游达明，杨金辉．公众参与下政府环境规制与企业生态技术创新行为

的演化博弈分析［J］. 科技管理研究，2017（12）：1-8.

［177］刘徐方. 企业技术创新行为的演化博弈分析［J］. 技术经济与管理研究，2016（9）：34-38.

［178］杨丽，魏晓平. 基于演化博弈的企业技术创新行为分析［J］. 科技管理研究，2010（21）：18-21.

［179］Safarzynska K., Van Den Bergh J. An Evolutionary Model of Energy Transitions with Interactive Innovation-Selection Dynamics［J］. Journal of Evolutionary Economics，2013，23（2）：271-293.

［180］苏先娜，谢富纪. 企业技术创新合作策略选择的演化博弈研究［J］. 研究与发展管理，2016（1）：132-140.

［181］安家康，陈晓和. 技术创新合作机制的演化博弈分析及对策研究——基于军民结合视角［J］. 经济问题，2012（5）：65-69.

［182］阮平南，张光莹. 技术创新合作中机会主义治理机制研究［J］. 北京工业大学学报（社会科学版），2015（2）：6-12.

［183］Shibayama S. Academic Commercialization and Changing Nature of Academic Cooperation［J］. Journal of Evolutionary Economics，2015，25（2）：513-532.

［184］Duan N., Xu F. Y. Collaborative Influences of Technological Innovation Capability and Government Subsidy Rate on the Stability of Eco-Innovational Cooperation in the Chemical Industry［J］. Chimica Oggi-Chemistry Today，2016，34（6）：46-52.

［185］于斌斌，余雷. 基于演化博弈的集群企业创新模式选择研究［J］. 科研管理，2015（4）：30-38.

［186］戴园园，梅强. 我国高新技术企业技术创新模式选择研究——基于演化博弈的视角［J］. 科研管理，2013（1）：2-10.

［187］游达明，杨晓辉，朱桂菊. 多主体参与下企业技术创新模式动态选择研究［J］. 中国管理科学，2015（3）：151-158.

［188］Shen Z. X., Shang Y. Y. Financial Payoff in Patent Alliance：Evolutionary Dynamic Modeling［J］. IEEE Transactions on Engineering Management，2014，

61（4）：730-737.

[189] 徐建中，徐莹莹. 基于演化博弈理论的低碳技术创新链式扩散机制研究 [J]. 科技管理研究，2015（6）：17-25.

[190] 徐建中，徐莹莹. 政府环境规制下低碳技术创新扩散机制——基于前景理论的演化博弈分析 [J]. 系统工程，2015（2）：118-125.

[191] Ozkan-Canbolat E.，Beraha A. Evolutionary Knowledge Games in Social Networks [J]. Journal of Business Research，2016，69（5）：1807-1811.

[192] 朱庆华，窦一杰. 基于政府补贴分析的绿色供应链管理博弈模型 [J]. 管理科学学报，2011（6）：86-95.

[193] 薛求知，李茜. 跨国公司对本土企业绿色创新的影响研究——基于绿色订单效应的博弈分析 [J]. 研究与发展管理，2014（1）：43-51.

[194] 鲁春义，丁晓钦. 经济金融化行为的政治经济学分析——一个演化博弈框架 [J]. 财经研究，2016（7）：52-62+74.

[195] 潘峰，西宝，王琳. 基于演化博弈的地方政府环境规制策略分析 [J]. 系统工程理论与实践，2015（6）：1393-1404.

[196] 齐兰，王业斌. 国有银行垄断的影响效应分析——基于工业技术创新视角 [J]. 中国工业经济，2013（7）：69-80.

[197] 胡凯，吴清，胡毓敏. 知识产权保护的技术创新效应——基于技术交易市场视角和省级面板数据的实证分析 [J]. 财经研究，2012（8）：15-25.

[198] 刘秀玲. 中国出口企业技术创新行业差异性研究——来自上市公司的经验证据 [J]. 财贸经济，2012（9）：93-100.

[199] 余长林，王瑞芳. 发展中国家的知识产权保护与技术创新：只是线性关系吗？[J]. 当代经济科学，2009（3）：92-100+127.

[200] 陈强. 高级计量经济学及 Stata 应用 [M]. 北京：高等教育出版社，2014.

[201] Hausman J. A. Specification Tests in Econometrics [J]. Econometrics，1978，127（5）：1860-1864.

[202] 宋来胜，苏楠. 政府研发资助、企业研发投入与技术创新效率 [J]. 经济与管理，2017（6）：45-51.

［203］柴江艺，许和连．知识产权政策的进口贸易效应：扩张或垄断？——基于中国高技术产品进口贸易的实证研究［J］．财经研究，2011（1）：68-78.

附录 A 我国高技术产品统计分类表

名称	国民经济行业分类代码
一、医药品	27
（一）化学药品	
化学药品原料药	2710
化学药品制剂	2720
（二）中药饮片加工	2730
（三）中成药	2740
（四）兽用药品	2750
（五）生物药品	2760
（六）卫生材料及医药用品	2770
二、航空航天器及设备	
（一）飞机	3741
（二）航天器	3742
（三）航空航天相关设备	3743
（四）其他航空航天器	3749
（五）航空航天器	4343
三、电子及通信设备	
（一）电子工业专用设备	3562
（二）光纤、光缆	3832
（三）锂离子电池	3841
（四）通信设备	392

续表

名称	国民经济行业分类代码
通信系统设备	3921
通信终端设备	3922
（五）广播电视设备	393
广播电视节目制作及发射设备	3931
广播电视接收设备及器材	3932
应用电视设备及其他广播电视设备	3939
（六）雷达及配套设备	3940
（七）视听设备	395
电视机	3951
音响设备	3952
影视录放设备	3953
（八）电子器件	396
电子真空器件	3961
半导体分立器件	3962
集成电路	3963
光电子器件及其他电子器件	3969
（九）电子元件	397
电子元件及组件	3971
印制电路板	3972
（十）其他电子设备	3990
四、计算机及办公设备	
（一）计算机整机	3911
（二）计算机零部件	3912
（三）计算机外围设备	3913
（四）其他计算机	3919
（五）办公设备	
复印和胶印设备	3474
计算器及货币专用设备	3475
五、医疗仪器设备及仪器仪表	
（一）医疗仪器设备及器械	358
医疗诊断、监护及治疗设备	3581
口腔科用设备及器具	3582

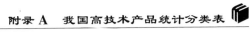

续表

名称	国民经济行业分类代码
医疗实验室及医用消毒设备和器具	3583
医疗、外科及兽医用器械	3584
机械治疗及病房护理设备	3585
假肢、人工器官及植（介）入器械	3586
其他医疗设备及器械	3589
（二）仪器仪表	
工业自动控制系统装置	4011
电工仪器仪表	4012
绘图、计算及测量仪器	4013
实验分析仪器	4014
试验机	4015
供应用仪表及其他通用仪器	4019
环境监测专用仪器仪表	4021
运输设备及生产用计数仪表	4022
导航、气象及海洋专用仪器	4023
农林牧渔专用仪器仪表	4024
地质勘探和地震专用仪器	4025
教学专用仪器	4026
核子及核辐射测量仪器	4027
电子测量仪器	4028
其他专用仪器	4029
光学仪器	4041
其他仪器仪表	4090

附录 B 我国高技术产品出口统计分类转换表

产品名称	SITC Rev. 3 编号	HS2002 编号
医药品	541、541	2936、2937、2939、2941、3003、3004、3005、3006
航空航天器及设备	792	8802、8803、8805
电子及通信设备	761、762、763、764	8517、8518、8519、8520、8525、8526、8527、8528
计算机及办公设备	751、752	8469、8470、8471、8472、9009
医疗仪器设备及仪器仪表	774、871、872、873、874	9005、9011、9013、9014、9015、9017、9018、9019、9022、9024、9025、9027、9028、9029、9030、9031、9032

资料来源：笔者根据 https：//unstats. un. org/unsd/cr/registry/regso. asp？Ci＝10&Lg＝1&Co＝&T＝0&p＝123 整理所得。

附录 C 我国高技术产品出口国家名单

收入水平	中文名称	英文名称	代码
高收入国家	比利时	Belgium	BEL
	加拿大	Canada	CAN
	捷克	Czechia	CZE
	法国	France	FRA
	德国	Germany	DEU
	西班牙	Spain	ESP
	英国	United Kingdom	GBR
	匈牙利	Hungary	HUN
	意大利	Italy	ITA
	日本	Japan	JPN
	韩国	Rep. of Korea	KOR
	荷兰	Netherlands	NLD
	波兰	Poland	POL
	新加坡	Singapore	SGP
	斯洛伐克	Slovakia	SVK
	美国	United States of America	USA
中高收入国家	阿根廷	Argentina	ARG
	巴西	Brazil	BRA
	哥伦比亚	Colombia	COL

续表

收入水平	中文名称	英文名称	代码
	墨西哥	Mexico	MEX
中高收入国家	俄罗斯	Russian Federation	RUS
	土耳其	Turkey	TUR

资料来源：世界银行数据库 https：//data. worldbank. org. cn/country，经笔者整理所得。

附录 D 2000~2015 年我国高技术产品出口额年度数据

国家	年度	出口总额 （美元）	医药品 （美元）	航空航天器 及设备 （美元）	电子及通信 设备 （美元）	计算机及 办公设备 （美元）	医疗仪器设备 及仪器仪表 （美元）
阿根廷	2000	83857646	3428029	4586	35884235	33456912	11083884
比利时	2000	286853969	39931474	2606	115284046	115198886	16436957
巴西	2000	274801414	17563403	—	130899573	83568905	42769533
加拿大	2000	317684884	20301304	2674103	175555480	82547552	36606445
哥伦比亚	2000	24359869	2501626	—	12324773	8001248	1532222
捷克	2000	18110258	3428029	28	4240604	8207496	3057333
法国	2000	848320091	39931474	32458428	482062737	211486192	95066654
德国	2000	2103802253	17563403	2724401	1122800380	541478226	248941834
西班牙	2000	241132710	20301304	35345	101880685	47906275	49696651
英国	2000	1314380337	2501626	4190082	660737943	520677472	111791853
匈牙利	2000	140376057	4969585	—	125399225	3698625	6308622
意大利	2000	340103485	55494771	737524	108562724	106723569	68584897
日本	2000	4936889527	122005768	71466709	2502575562	1105791933	1135049555
墨西哥	2000	235456337	12511002	—	175032315	33587365	14325655
韩国	2000	1027401234	55136843	20797	566294629	288240034	117708931
荷兰	2000	2361883084	82125456	1075632	427214763	1759697617	91769616
波兰	2000	79056827	7997652	—	41573075	21043389	8442711
俄罗斯	2000	108141140	10972722	567000	56677056	16589928	23334434

续表

国家	年度	出口总额（美元）	医药品（美元）	航空航天器及设备（美元）	电子及通信设备（美元）	计算机及办公设备（美元）	医疗仪器设备及仪器仪表（美元）
新加坡	2000	1105526930	31870501	16430913	617095452	356507331	83622733
斯洛伐克	2000	1364735	1006014	—	187348	15087	156286
土耳其	2000	171194381	2705793	5000	121874341	25141065	21468182
美国	2000	10927519654	432234814	88828317	4746646514	4363625013	1296184996
阿根廷	2001	67817404	4747089	—	23813810	30615226	8641279
比利时	2001	390954134	46223176	16114	202920237	120273217	21521390
巴西	2001	260788690	26846816	—	140310765	54663972	38967137
加拿大	2001	366712608	22007538	2049244	210797847	85852092	46005887
哥伦比亚	2001	30904950	3059577	—	15038073	8079680	4727620
捷克	2001	83897308	8504814	3	6370190	66157487	2864814
法国	2001	747609548	36804552	18917579	358857327	232443044	100587046
德国	2001	2485892356	191343188	6647763	1307797735	718614838	261488832
西班牙	2001	301105980	43372375	28984	139444948	62781179	55478494
英国	2001	1327999393	16543218	4265384	687935113	492113708	127141970
匈牙利	2001	117902491	6317994	445	95803107	12789758	2991187
意大利	2001	385071485	56926120	469965	132930319	108986630	85758451
日本	2001	6534108584	142880683	75333450	3614569162	1761276274	940049015
墨西哥	2001	341614299	33824922	—	203903033	77738713	26147631
韩国	2001	1522809120	57301500	366536	1040828338	334264514	90048232
荷兰	2001	2721187844	76816649	2747756	528725048	1994527464	118370927
波兰	2001	78875411	10232281	—	31318050	28352076	8973004
俄罗斯	2001	145792506	10979918	10269621	83191304	19627055	21724608
新加坡	2001	1288947801	38309320	17882539	753505632	403853025	75397285
斯洛伐克	2001	1805805	1081900	—	440022	22012	261871
土耳其	2001	76438044	4328975	151	50270936	7272209	14565773
美国	2001	11258230837	415730782	61910517	5428758364	4055853985	1295977189
阿根廷	2002	13599622	6326676	—	3102248	2263482	1907216
比利时	2002	457211865	87227413	280261	226840134	124237307	18626750
巴西	2002	330924160	36014017	4080	225465058	31795873	37645132
加拿大	2002	539307927	29990415	588941	287688065	175581068	45459438

续表

国家	年度	出口总额（美元）	医药品（美元）	航空航天器及设备（美元）	电子及通信设备（美元）	计算机及办公设备（美元）	医疗仪器设备及仪器仪表（美元）
哥伦比亚	2002	45830153	4143461	—	19801002	15576337	6309353
捷克	2002	157112912	9107094	—	53786138	89724549	4495131
法国	2002	884758073	47852824	17995925	406137354	289725044	123046926
德国	2002	3490757787	215719121	11164493	1934440215	1053109850	276324108
西班牙	2002	301318593	53691638	4845	134842833	52039097	60740180
英国	2002	1521863281	24015627	7042786	746148634	591596319	153059915
匈牙利	2002	412424002	5032949	—	363628698	32133146	11629209
意大利	2002	663043489	74476934	1287675	181871044	164941148	240466688
日本	2002	8858447406	157899102	79143183	4214650490	3401272038	1005482593
墨西哥	2002	553500938	47754017	—	352966506	123821792	28958623
韩国	2002	1832663014	70863079	1250709	1296329494	305010294	159209438
荷兰	2002	3532703615	78109491	2936027	785278568	2538893836	127485693
波兰	2002	86101265	10905861	—	36131025	26673661	12390718
俄罗斯	2002	277456443	9876096	561382	178825154	62343796	25850015
新加坡	2002	1437064159	36560247	5041208	855165908	463030191	77266605
斯洛伐克	2002	2757888	799980	—	1152597	490611	314700
土耳其	2002	189698285	5054312	51	131519578	12991603	40132741
美国	2002	16752976436	435442147	67229428	8508457970	6445053259	1296793632
阿根廷	2003	63466409	8326110	—	21645239	23547358	9947702
比利时	2003	760048863	100029620	30126	344720241	283178470	32090406
巴西	2003	518927734	46415153	—	388199753	38970905	45341923
加拿大	2003	954752606	51129282	2473366	454193656	386366611	60589691
哥伦比亚	2003	63857797	5696091	—	41979197	9447247	6735262
捷克	2003	325833275	11693854	269586	186147203	120427784	7294848
法国	2003	3056266863	58502786	23795855	839594746	1952896943	181476533
德国	2003	6232906380	275065119	25960385	2947283745	2543577038	441020093
西班牙	2003	542614054	85673324	2440	286910673	96969914	73057703
英国	2003	2227895098	29195492	17984143	1093553896	884122871	203038696
匈牙利	2003	1097407324	20812382	7828	1039900791	30069373	6616950
意大利	2003	838703909	92604452	1030051	335807627	215040814	194220965

续表

国家	年度	出口总额 （美元）	医药品 （美元）	航空航天器 及设备 （美元）	电子及通信 设备 （美元）	计算机及 办公设备 （美元）	医疗仪器设备 及仪器仪表 （美元）
日本	2003	12649871086	202102531	74926986	5230930433	5689180595	1452730541
墨西哥	2003	687108707	47220722	59932	423945965	158388647	57493441
韩国	2003	3109612093	82616078	5870760	1770424734	765072892	485627629
荷兰	2003	6035140760	107660201	4068742	1429819715	4333682043	159910059
波兰	2003	106543800	12651431	——	50375237	27694717	15822415
俄罗斯	2003	508890031	16375682	5111538	268719365	171271543	47411903
新加坡	2003	2098921005	42687778	13828617	1052614802	849906621	139883187
斯洛伐克	2003	5195366	184416		3148738	1064930	797282
土耳其	2003	370763109	7542800	7330	264781424	65226602	33204953
美国	2003	26541049817	550351102	114071413	11022696003	13243570132	1610361167
阿根廷	2004	139253813	12148087	——	81407501	26869639	18828586
比利时	2004	1240359789	85181068	43654	518149980	586003313	50981774
巴西	2004	849975901	61986151	322312	637377577	78197263	72092598
加拿大	2004	1412993757	43903132	2229772	631420575	650033352	85406926
哥伦比亚	2004	93897834	10723435	——	61547760	10337955	11288684
捷克	2004	403825443	9740146	267925	209425818	174393841	9997713
法国	2004	3880768689	54625993	27966191	1400882275	2113105645	284188585
德国	2004	9362256178	303893002	21665874	4243717745	4081571877	711407680
西班牙	2004	757293196	85096227	2258346	373153803	204614239	92170581
英国	2004	3444713729	33965345	13645695	1627042565	1445974421	324085703
匈牙利	2004	1578872247	30474490	12019	1420558110	69882599	57945029
意大利	2004	1180873812	97780987	403671	708622433	185434379	188632342
日本	2004	15546483645	221161619	115917588	6370969328	6740648781	2097786329
墨西哥	2004	1192655342	28725642	——	688952039	352748571	122229090
韩国	2004	5616868637	109746409	7694389	3198511625	1718556875	582359339
荷兰	2004	9123467151	115228474	15669593	2286661669	6511489015	194418400
波兰	2004	175286484	10066549	1901	105885418	35679283	23653333
俄罗斯	2004	670716572	21730370	2295123	462451333	100980640	83259106
新加坡	2004	3916445889	50646399	18054140	2535546713	1108687890	203510747
斯洛伐克	2004	38672559	418508	——	8225359	8585597	21443095

续表

国家	年度	出口总额（美元）	医药品（美元）	航空航天器及设备（美元）	电子及通信设备（美元）	计算机及办公设备（美元）	医疗仪器设备及仪器仪表（美元）
土耳其	2004	441048478	13541219	812137	259331157	108711578	58652387
美国	2004	39028368505	667183704	92307906	16987827140	19094799544	2186250211
阿根廷	2005	234725793	16017413	—	145208086	44721853	28778441
比利时	2005	1516777181	115909731	50227	777334232	563771103	59711888
巴西	2005	1438136537	81081567	2349000	1068814216	145560212	140331542
加拿大	2005	2299310480	55202126	3853772	1066496945	1063658568	110099069
哥伦比亚	2005	184428470	10637459	—	136230682	17511381	20048948
捷克	2005	493750798	7992572	135125	257969388	211163579	16490134
法国	2005	3864270242	72820798	48623288	1810601015	1745008337	187216804
德国	2005	12480164961	341446424	54135684	5601760535	5782511925	700310393
西班牙	2005	1252012083	101688820	26679	632931181	371281782	146083621
英国	2005	4378514754	48422832	10873107	2329390816	1561604160	428223839
匈牙利	2005	1512418856	6114536	3814	1257853902	94502653	153943951
意大利	2005	1471580292	114976447	1172171	698000809	350853831	306577034
日本	2005	18066947237	245809358	128562404	6308086494	8218532704	3165956277
墨西哥	2005	1455891177	35893864	—	870611853	373861601	175523859
韩国	2005	6608379112	122778818	2740307	3978355333	1745033274	759471380
荷兰	2005	13114148279	141404585	17482146	2944001358	9744447353	266812837
波兰	2005	506087596	10158448	40821	337861895	114662493	43363939
俄罗斯	2005	1179849290	23703739	2740552	886531323	134473670	132400006
新加坡	2005	4721554466	55899282	26278284	3127619443	1258777475	252979982
斯洛伐克	2005	140325022	500162	—	38648385	37910069	63266406
土耳其	2005	678770204	22115330	7198213	325491049	177726856	146238756
美国	2005	51060476250	741337456	108469702	23847713653	23725639038	2637316401
阿根廷	2006	336929502	21794176	1641	228955419	47094183	39084083
比利时	2006	1398846333	90373515	20136	727862648	500828878	79761156
巴西	2006	2173743461	100474255	1478590	1560124086	230584964	281081566
加拿大	2006	3097051202	72153655	6171525	1416555915	1448026625	154143482
哥伦比亚	2006	268973425	18573221	—	189519282	29701061	31179861
捷克	2006	760164765	6689073	242493	235073195	448269767	69890237

续表

国家	年度	出口总额 （美元）	医药品 （美元）	航空航天器 及设备 （美元）	电子及通信 设备 （美元）	计算机及 办公设备 （美元）	医疗仪器设备 及仪器仪表 （美元）
法国	2006	4501791716	110668864	69329187	1987290858	2115352213	219150594
德国	2006	14707902543	370897712	52786482	6564817151	6886925075	832476123
西班牙	2006	1775161844	113478749	101947	1029694269	383138465	248748414
英国	2006	5278276158	65028978	18989908	2897060657	1818662914	478533701
匈牙利	2006	1936757218	5488866	27429	1374702575	252629507	303908841
意大利	2006	1784850012	134494480	3646120	764154835	501149539	381405038
日本	2006	17862997131	303405395	222133830	6207585621	8254871794	2875000491
墨西哥	2006	2461947697	54010273	114440	1342957282	744757771	320107931
韩国	2006	7862999327	161120951	41220425	4865359375	1758976693	1036321883
荷兰	2006	15651907845	175103395	15501112	3451055421	11693290767	316957150
波兰	2006	1042405317	12560442	2330	554231531	224039258	251571956
俄罗斯	2006	1966477194	26668181	1299363	1369603167	347090226	221816257
新加坡	2006	7103579835	65242471	78016700	4856092577	1785781301	318446786
斯洛伐克	2006	331778278	899916	39981	94323649	53421771	183092961
土耳其	2006	959408743	30503280	20333	375887471	283151283	269846376
美国	2006	64983283418	747562238	279041102	30574056795	29862961428	3519661855
阿根廷	2007	591618979	33341878	—	313178213	178412839	66686049
比利时	2007	1494635031	130059875	669612	806637001	467736461	89532082
巴西	2007	3050548923	136747404	2046736	1783836272	394768249	733150262
加拿大	2007	3726253425	74493218	9685246	1535626456	1907762078	198686427
哥伦比亚	2007	414428439	35618986	—	237516182	95034803	46258468
捷克	2007	1530146180	6079861	128719	582138657	638137037	303661906
法国	2007	7378718479	120281202	187919020	2245163070	4548200652	277154535
德国	2007	15169575019	440036808	77212727	5239351777	8171152885	1241820822
西班牙	2007	2407483479	156941883	104040	1326366179	524948286	399123091
英国	2007	7511930722	79493823	95556413	3493205872	3386710854	456963760
匈牙利	2007	3168441668	6296819	937652	2407346729	221281977	532578491
意大利	2007	2347421860	190880799	4343895	1151953919	557897952	442345295
日本	2007	18978028672	371230206	166969926	6940317070	8233061832	3266449638
墨西哥	2007	4058429621	62603049	612214	1971614557	1298142308	725457493

续表

国家	年度	出口总额 （美元）	医药品 （美元）	航空航天器 及设备 （美元）	电子及通信 设备 （美元）	计算机及 办公设备 （美元）	医疗仪器设备 及仪器仪表 （美元）
韩国	2007	9502027726	253162697	7565955	5500826611	2249839718	1490632745
荷兰	2007	22075739184	258401786	33671520	5001081446	16313048183	469536249
波兰	2007	1768349560	17676018	6340	904818432	255350140	590498630
俄罗斯	2007	3300262535	42919230	5608199	2373310014	513214258	365210834
新加坡	2007	7502529227	76950942	17662869	4337132910	2653048481	417734025
斯洛伐克	2007	973333070	1119027	19484	231954720	91662950	648576889
土耳其	2007	1780879944	51601956	615933	738135955	475341016	515185084
美国	2007	73839940506	993512627	270805441	31293637488	36425847474	4856137476
阿根廷	2008	779862239	45015982	825	356581353	286848003	91416076
比利时	2008	1515766952	170566450	287110	686804594	542443245	115665553
巴西	2008	4804453105	217331916	63	2645419838	526317279	1415384009
加拿大	2008	4565420943	103625326	21968992	1744005861	2475155425	220665339
哥伦比亚	2008	607044031	40819310	—	374042221	139196166	52986334
捷克	2008	2065002284	10059262	109115	892284261	835813382	326736264
法国	2008	7073632910	156158804	90586696	2172568165	4322835780	331483465
德国	2008	16492119812	664670685	79525677	4157101742	10057656379	1533165329
西班牙	2008	2492831529	197285386	51504	1235154487	758896281	301443871
英国	2008	7999985016	117816888	82067712	3729126185	3573096011	497878220
匈牙利	2008	3916199419	8804035	33032	2937327060	173130767	796904525
意大利	2008	3392919150	256608560	8390652	1274418681	1300372289	553128968
日本	2008	21038583390	439299877	182597338	7975007185	8780051935	3661627055
墨西哥	2008	5002814178	94453869	1234016	2486672785	1512212128	908241380
韩国	2008	14932000986	315421984	27806096	8793313004	3977119756	1818340146
荷兰	2008	21034127340	363892733	6364895	4982043784	15104632423	577193505
波兰	2008	2735794446	29073812	206016	1036295602	508382416	1161836600
俄罗斯	2008	4334000090	46728579	3273587	3049511070	756245280	478241574
新加坡	2008	7362022470	90528688	31295746	3492117944	3272253416	475826676
斯洛伐克	2008	1263324725	1360600	2380	427984265	120855690	713121790
土耳其	2008	1989931911	62823366	170132	843682404	471862068	611393941
美国	2008	77056161578	1473709500	341298129	31873989281	37705687951	5661476717

续表

国家	年度	出口总额 （美元）	医药品 （美元）	航空航天器 及设备 （美元）	电子及通信 设备 （美元）	计算机及 办公设备 （美元）	医疗仪器设备 及仪器仪表 （美元）
阿根廷	2009	805399717	47809704	—	343304453	286926622	127358938
比利时	2009	1204869393	212025639	223637	443123512	445694971	103801634
巴西	2009	3774428972	195096088	14060	1909023182	458950789	1211344853
加拿大	2009	3858670914	103596186	36910631	1578142340	1949655132	190366625
哥伦比亚	2009	538530167	41179191	—	256471178	189434435	51445363
捷克	2009	2091521359	10429049	101191	730663347	1108762394	241565378
法国	2009	7089882975	322790985	88043322	2064651409	4268751483	345645776
德国	2009	13209908511	682693049	65980407	3355116482	7623050625	1483067948
西班牙	2009	2425166841	173956496	74445	1226251108	773233838	251650954
英国	2009	7729660710	127066366	126267965	3658959459	3314101426	503265494
匈牙利	2009	3487173706	8280740	14417	2705448312	131354965	642075272
意大利	2009	3240930568	277389216	9259674	1307118836	1198184748	448978094
日本	2009	19088327949	460395341	39889688	8202255785	7471088033	2914699102
墨西哥	2009	5126869405	106584367	86676	2295078191	1424115427	1301004744
韩国	2009	14947014718	326412525	5528483	8808628842	3933688045	1872756823
荷兰	2009	15885641387	297754120	11747107	3969277478	11097604347	509258335
波兰	2009	2309779819	27238088	800479	781651425	648589021	851500806
俄罗斯	2009	2452993795	63335921	1451530	1351486377	655754377	380965590
新加坡	2009	7335890919	135639096	8446550	2147624828	4630479912	413700533
斯洛伐克	2009	822088564	858365	—	422614166	107376164	291239869
土耳其	2009	1981479379	68674958	122983	633159627	716438447	563083364
美国	2009	74714370220	1552460452	277709118	29159283222	38428146162	5296771266
阿根廷	2010	1572589718	61581319	34347	662103501	675490976	173379575
比利时	2010	1369915457	248741053	94425	453622069	511633763	155824147
巴西	2010	5533250095	252290635	610745	2655702685	779939564	1844706466
加拿大	2010	4609079848	118315378	48071996	1810831850	2367764512	264096112
哥伦比亚	2010	829585951	49454415	9209	404237140	299802797	76082390
捷克	2010	3300273292	15668372	88853	933009491	1889860926	461645650
法国	2010	8564419835	588197442	86960789	2476507900	4981526798	431226906
德国	2010	16633525851	935966040	38180954	3968845652	9764414304	1926118901

续表

国家	年度	出口总额 （美元）	医药品 （美元）	航空航天器 及设备 （美元）	电子及通信 设备 （美元）	计算机及 办公设备 （美元）	医疗仪器设备 及仪器仪表 （美元）
西班牙	2010	3330133898	224807508	167048	1451846324	1231758134	421554884
英国	2010	9235258611	160180312	132514321	3625497906	4623679211	693386861
匈牙利	2010	4423092207	11381501	78592	3380182105	184943770	846506239
意大利	2010	4247557242	339363214	13616351	1468295324	1790989282	635293071
日本	2010	26821060529	474942754	49415766	13171228883	9115509881	4009963245
墨西哥	2010	7420136798	129697269	435693	3428327618	1838937330	2022738888
韩国	2010	18081562600	331834163	57451452	9754582400	4965771588	2971922997
荷兰	2010	22435375294	347496233	4764664	5237356563	16263460071	582297763
波兰	2010	2834924029	32231286	1153101	910886322	734932733	1155720587
俄罗斯	2010	5023994326	100664538	2115043	2307299693	1727623891	886291161
新加坡	2010	6576309248	121668755	16150320	2024227362	3887237889	527024922
斯洛伐克	2010	1178605297	3199570	—	371466484	204305887	599633356
土耳其	2010	2533183955	76341114	99224	684774595	1087027771	684941251
美国	2010	93389634790	1806061829	418935888	33461934845	50650466799	7052235429
阿根廷	2011	1836777107	75831477	4980	907594115	612331973	241014562
比利时	2011	1595925516	292228635	8053879	459005765	630960417	205676820
巴西	2011	6701839792	293008494	91627	3416133099	951074229	2041532343
加拿大	2011	4444625791	118814669	72810743	1694138464	2243830421	315031494
哥伦比亚	2011	1098274590	72329580	1396	521395854	410057311	94490449
捷克	2011	3920885584	11146409	296987	1625455896	1921824128	362162164
法国	2011	7673257742	426222026	93650122	2888739613	3740684061	523961920
德国	2011	17423074229	888075210	75731658	4198466111	9944603847	2316197403
西班牙	2011	2756843422	256615653	295510	1395775799	713046468	391109992
英国	2011	8913576071	208482301	104024229	4097588754	3767723676	735757111
匈牙利	2011	4528604510	11737433	93528	3468425738	221525208	826822603
意大利	2011	4590288542	322558763	22626106	1635307926	1877878935	731916812
日本	2011	30984313564	522427061	23704131	14634778128	10658187119	5145217125
墨西哥	2011	9070139299	157608676	4780256	4155378688	2081355549	2671016130
韩国	2011	20463365097	341983577	8283388	11850416562	4076440348	4186241222
荷兰	2011	25907804080	400559878	5406481	6924888463	17826936628	750012630

续表

国家	年度	出口总额（美元）	医药品（美元）	航空航天器及设备（美元）	电子及通信设备（美元）	计算机及办公设备（美元）	医疗仪器设备及仪器仪表（美元）
波兰	2011	2714311401	41691826	440170	1031572117	636690541	1003916747
俄罗斯	2011	5852882266	102426604	1922415	2664995957	2007223374	1076313916
新加坡	2011	7008162295	156721057	15310634	2347305993	3913323236	575501375
斯洛伐克	2011	1477297727	2665681	7403	313528813	265691111	895404719
土耳其	2011	2976053685	88642680	36319152	1001825328	1057036970	792229555
美国	2011	102179348116	1860622387	523166153	35670825841	56554631798	7570101937
阿根廷	2012	1741758372	66238769	52465	1103030469	291783739	280652930
比利时	2012	1522222243	276216708	2093508	455069515	537733219	251109293
巴西	2012	6677981959	319843599	381261	3266683831	1010862408	2080210860
加拿大	2012	5322803441	115079275	74326493	2447145760	2350505909	335746004
哥伦比亚	2012	1154481591	67160656	720	550353862	438923662	98042691
捷克	2012	2949401843	14718282	518416	1089226120	1683702985	161236040
法国	2012	6209273172	427264108	210877492	2352778591	2663773413	554579568
德国	2012	18814083982	722767309	62740332	4360946833	10856622237	2811007271
西班牙	2012	2425153757	272206737	393701	1309668789	516654461	326230069
英国	2012	9648731214	230395421	94935982	3752561459	4728935515	841902837
匈牙利	2012	3710155468	13059869	21588	2641410568	214397192	841266251
意大利	2012	4352472844	299698222	20518189	1429884350	1847942696	754429387
日本	2012	33859689427	561267091	25632157	15583243311	11712272991	5977273877
墨西哥	2012	9621959064	162391798	984566	4273279399	2006131640	3179171661
韩国	2012	27035999488	441188576	23156071	18555982100	3685183622	4330489119
荷兰	2012	27550473273	397401112	4400488	9155845108	17187642672	805183893
波兰	2012	3102313639	35748123	193726	1223982352	631641759	1210747679
俄罗斯	2012	6891399381	98149545	2492628	2958576695	2683635399	1148545114
新加坡	2012	7645506147	143685483	25617914	2466080202	4224294667	785827881
斯洛伐克	2012	1371739497	2540327	887	279648288	435423635	654126360
土耳其	2012	3217171815	105199971	12034948	940688642	1086960984	1072287270
美国	2012	113154863021	1819999749	544469779	44551206399	57531364174	8707822920
阿根廷	2013	2182624815	70146680	3280	1400693643	287462955	424318257
比利时	2013	1578382777	293149448	813571	475013821	530691776	278714161

续表

国家	年度	出口总额（美元）	医药品（美元）	航空航天器及设备（美元）	电子及通信设备（美元）	计算机及办公设备（美元）	医疗仪器设备及仪器仪表（美元）
巴西	2013	7130557316	309989911	329195	3811376292	954494752	2054367166
加拿大	2013	5111471644	122509835	81328395	2292738518	2245676945	369217951
哥伦比亚	2013	1454959193	83300170	11234	700194653	557249019	114204117
捷克	2013	3492282990	14284506	393950	1331101237	1849818617	296684680
法国	2013	5086350318	375882869	143327924	2115766730	1866860427	584512368
德国	2013	17853605895	726084762	68184158	4977873957	9593517389	2487945629
西班牙	2013	2446245407	239556295	1574647	1357589554	585656722	261868189
英国	2013	11024702251	259837024	107953156	4798436367	4982105869	876369835
匈牙利	2013	3718590598	16302428	43706	2838853161	243386116	616071008
意大利	2013	4363132098	303902613	38069418	1423802724	1737907298	782377181
日本	2013	34405983084	492736389	47843158	16178587525	11629700780	5167088817
墨西哥	2013	10735910847	204572331	1300164	5184814398	2197704276	3093037291
韩国	2013	30889882873	464467670	10560186	21522738721	3919803481	4135944792
荷兰	2013	30175265113	453680795	5995675	10762662721	18046002482	906923440
波兰	2013	3101998517	46395361	655089	1200226613	707059584	1147661870
俄罗斯	2013	6749939749	117242424	4204383	3229214527	2088020847	1311257568
新加坡	2013	7685179343	139242708	15778122	2428171521	4279910856	822076136
斯洛伐克	2013	1815921575	1745693	2614	343083841	525772766	945316661
土耳其	2013	3310843304	110296933	16195588	956484940	1196635646	1031230197
美国	2013	116027140058	1829868008	734918297	48553195188	56112407982	8796750583
阿根廷	2014	1557900057	71871289	4437	1034451050	182289124	269284157
比利时	2014	1687931762	327622732	2031937	551208637	513666101	293402355
巴西	2014	6294647916	398175438	2120740	3449118658	719963462	1725269618
加拿大	2014	5535046178	156114686	94269982	2676048896	2235707995	372904619
哥伦比亚	2014	1800977980	83949730	11970805	903941598	661603586	139512261
捷克	2014	4088936226	14417523	460025	1801214339	1921806300	351038039
法国	2014	5056625143	324847292	172923805	2189530663	1754264928	615058455
德国	2014	19390350915	706201061	157442916	5795161187	10041877072	2689668679
西班牙	2014	3048385619	273611607	7468012	1840027637	619826727	307451636
英国	2014	11507715108	310161512	119264549	4714832859	5359809779	1003646409

续表

国家	年度	出口总额 （美元）	医药品 （美元）	航空航天器 及设备 （美元）	电子及通信 设备 （美元）	计算机及 办公设备 （美元）	医疗仪器设备 及仪器仪表 （美元）
匈牙利	2014	3389412473	12971293	594876	2469680223	281986854	624179227
意大利	2014	4799414657	300719519	41764485	1786953437	1785803924	884173292
日本	2014	32612908327	505422603	127018723	14939101957	11621567752	5419797292
墨西哥	2014	10921382173	205002759	5128079	5035409512	2415937257	3259904566
韩国	2014	30305450203	520752651	112660102	21867829083	3666385099	4137823268
荷兰	2014	31776578399	520695241	12660544	11654605207	18574697154	1013920253
波兰	2014	3843923417	61975413	161584	1408810550	910817178	1462158692
俄罗斯	2014	7883997255	126435747	4959219	4485857791	1977981906	1288762592
新加坡	2014	8677754259	154128802	37700833	3037010563	4497077465	951836596
斯洛伐克	2014	1617955351	3692989	2992	419286915	425973646	768998809
土耳其	2014	3724329077	126323030	8795860	1461114139	1248292016	879804032
美国	2014	122419864606	2009691463	860968969	54726061581	55261202212	9561940381
阿根廷	2015	1553130396	73628793	6982	1001389219	193529196	284576206
比利时	2015	1683805608	336345393	8932376	589624316	465210567	283692956
巴西	2015	6925876640	430577216	4153085	3658392462	684167853	2148586024
加拿大	2015	5875535849	174859936	79386740	2847586932	2386959384	386742857
哥伦比亚	2015	1904930512	84758692	8945732	857693936	794857214	158674938
捷克	2015	4540360904	15768396	543892	2058693289	2059386935	405968392
法国	2015	5304889598	335869347	185948683	2257684931	1899547281	625839356
德国	2015	24934071128	714859632	138573862	9648476256	11586392034	2845769344
西班牙	2015	2743330906	293857626	9985736	2015869353	63928926	359689265
英国	2015	11982404264	358693605	139683027	4608937649	5689320628	1185769355
匈牙利	2015	3538036547	13869376	605839	2568025250	306843976	648692106
意大利	2015	5123910855	295783395	43862086	1956283535	1859683203	968298636
日本	2015	31134664782	525869327	115869373	13186393673	11618593677	5687938732
墨西哥	2015	11229632749	208520762	8857326	4860687623	2683268476	3468298562
韩国	2015	31253474474	575280256	99581086	22852090267	3586920028	4139602837
荷兰	2015	33798736394	564028692	11156736	13059228671	19005719616	1158602679
波兰	2015	4165179589	72185983	368902	1690368902	721969086	1680286716
俄罗斯	2015	8800520712	138692071	5183027	4960212467	2289630386	1406802761

续表

国家	年度	出口总额 （美元）	医药品 （美元）	航空航天器 及设备 （美元）	电子及通信 设备 （美元）	计算机及 办公设备 （美元）	医疗仪器设备 及仪器仪表 （美元）
新加坡	2015	9766683504	171085778	45860267	3843023752	4648084679	1058629028
斯洛伐克	2015	1947173628	5196208	3985	471997168	668108376	801867891
土耳其	2015	3983527488	138501867	9981018	1580823691	1386208076	868012836
美国	2015	127635781432	2209258615	925821067	59582607358	55085286783	9832807609

资料来源：联合国 UN Comtrade 数据库 https：//comtrade. un. org／，经笔者计算整理所得。